무라카미 하루키
지금 어디에 있니

※ 일러두기

1. 인용된 일본어 번역은 표기와 띄어쓰기를 한국어 번역판에 있는 그대로 표기하였고, 일본어 번역 중 저자가 번역한 경우는 '인용자 번역' 이라고 표기했습니다.
2. 본문에서 인용되는 모든 단행본에는 『』(겹낫표)를, 소설, 시, 노래 등의 제목에는 「」(홑낫표)를 사용했습니다.
3. 본문에 사용된 인물도 등의 저작권은 저자에게 있으며, 사용된 도판 중 위키백과·나무위키 등 공용 사이트의 저작권 만료 또는 사용 제약이 없는 퍼블릭 도메인 이미지는 출처 표시를 생략하거나 소장처를 표기했습니다. 이외에 소장처가 분명치 않은 도관은 정보가 확인되는 경우 이에 따른 적법한 절차를 밟겠습니다.

무라카미 하루키
지금 어디에 있니

역사적 트라우마에 저항하는 단독자
1949~1992

김응교 지음

책읽는고양이

프롤로그

1. 하루키 소설은 쓰레기인가, 마약인가,
   비타민인가, 콜라인가

 1989년에 『상실의 시대』로 제목이 바뀌어 번역된 『노르웨이의 숲』을 읽은 당시 20대였던 K는 이 소설을 이해할 수 없었습니다. K가 체험하지 못한 일본을 배경으로 펼쳐지는 하루키의 소설은 K에게 권태로운 이야기로 다가왔습니다.
 1980년대 한국인 독자는 하루키의 소설을 잠깐 시원하려

---

* K는 이 책을 쓴 김응교의 이니셜이다. 하루키가 일인칭 화자 '나'로 쓴 소설이 많아, 혼동을 피하기 위해 이 책을 쓴 김응교를 K로 표시하기로 한다.

고 마시는 콜라처럼 읽었습니다. 아니면 마약처럼 현실 도피용으로 읽는 경우도 많았지요. 당시 중요한 평론가 중 한 명이었던 유 아무개 교수는 하루키 소설이 베스트셀러가 되었을 때 '쓰레기'라는 말까지 했습니다. 쓰레기 정도는 아니지만, K는 하루키 소설을 권태롭게 읽었습니다. 유교적 윤리의식 안에서 문학을 배워온 K는 그 평에 어느 정도 공감했습니다.

하루키 문학에 대한 고정관념이 깨진 것은 K가 일본에서 공부하고 일본에서 선생이 되고 나서였습니다. 대학 수업에서 하루키 등단작이 한글로 어떻게 번역되었는지 검토하는 수업을 할 때였습니다. 학생 중 한 명이 얼굴을 계속 숙이고 있었습니다. 곁으로 가보니 흐느끼고 있었습니다. 그 학생은 하루키 소설에 나오는 등장인물과 비슷한 체험을 한 것 같았습니다.

민주주의와 분단 극복을 윤리적 잣대로 삼아 문학을 읽어왔던 K는 사회 발전기를 지나 오랜 정체기에 들어간 일본 사회는 한국과 좀 다르다는 것을 느꼈습니다. 일본인들에게는 권태와 상실이 중요한 증환(症幻, sinthome)이었습니다.

일본인의 상실을 이해하지 못했던 K는 비로소 하루키 문학이 갖고 있는 또 다른 역할을 알 수 있었습니다. K가 하루키의 소설을 이해하게 된 계기는 바로 그날 일본인 학생이 눈물을 흘리는 모습을 본 순간이었습니다. 독자의 상황에 따라서 하루키의 작품은 쓰레기가 되기도 하고, 반대로 위로의 약이 되기도 하는 겁니다.

이후 K는 하루키 소설에 대한 여러 평가를 생각해봤습니다. 하루키 소설은 쓰레기인가, 마약인가, 비타민인가, 콜라인가. K가 만났던 일본인 중에는 하루키 소설은 비타민이라고 표현하는 이들도 있습니다. 하루키 문학을 힐링으로 받아들이는 일본인들이 적지 않습니다. 치유(治癒, いやし) 말입니다.

하루키 문학의 핵심은 치유라고 하는 것을 K도 조금은 이해하기 시작했습니다. 그 사실을 부정적으로 보는 평론가도 있습니다. 그 치유가 건강한 치유인가, 묻는 겁니다. 소위 '치유 마케팅'을 한다는 비판입니다. 힐링을 내걸고 책을 판다는 지적이지요.

과연 하루키 소설이 좋은 의미의 '힐링'을 가능하게 하는지, 아니면 그저 책을 많이 팔기 위한 '힐링 마케팅'인지, K는 한 권 한 권 하루키 소설을 정리하기 시작했습니다.

2. 하루키 오디세이

하루키가 쓴 대표 소설을 읽으면, 대부분 주인공이 모험하는 이야기로 읽힙니다. 상실을 겪고 여러 모험을 통해 다시 살아가겠다는 단독자의 의지를 깨닫는 구조이지요.

하루키의 소설은 처음부터 끝까지 하나의 모험입니다. 오디세우스가 트로이에서 고향 이타카(Ithaca)로 귀환하는 길에 수많은 모험을 하듯이 말입니다.

24권으로 구성된 호메로스의 장편 서사시 『오뒷세이아』는 1~4권까지가 텔레마코스 이야기, 5~12권은 아버지 오디세우스가 인내하며 모험하는 이야기, 13~24권까지는 오디세우스가 귀향하여 가정이 사랑을 회복하는 이야기입니다.

텔레마코스 콤플렉스

호메로스의 『오뒷세이아』에 여러 인물이 등장하는데, 그중 오디세우스의 아들 텔레마코스(Telemacus)가 가장 인상에 남습니다. 그리스어 '텔레'는 '멀리(far off, from afar, distant)'라는 뜻입니다. 텔레폰(telephone)은 멀리서 말하는 소리를 들을 수 있는 전화입니다. 텔레스코프(telescope)는 먼 곳을 볼 수 있는 망원경입니다. 텔레비전(television)은 먼 곳의 영상을 볼 수 있는 수상기입니다. 텔레파시(Telepathy)는 멀리 있는 마음(pathy, pathos)을 느낄 수 있는 능력을 뜻합니다.

멀리(tele) 전쟁터(macus)에 나가 있는 아버지를 그리워하는 아들이 텔레마코스입니다. 오디세우스가 트로이 전쟁에 참전하러 나갈 때, 텔레마코스는 엄마 뱃속에 있었지요. 20년이 지나 텔레마코스는 성인이 되었으나 아버지는 돌아오지 않습니다. 오디세우스는 고향 이타카로 가서 사랑하는 아내 페넬로페와 아들 텔레마코스를 만나고 싶었으나, 풍랑과 많은 시련들이 그의 귀향길을 방해하여 너무도 가까운 거리를 10여 년 동안 헤맵니다.

이타카에서 트로이까지의 거리는 지금으로 보면 가깝지만, 그 가까운 길을 오디세우스는 10여 년이나 떠돕니다. 당시로는 까마득히 머나먼 트로이 전쟁터에서 돌아오지 않는 아버지 오디세우스를, 먼 바다를 보며 애타게 기다리는 아들 텔레마코스가 애절하기만 합니다.

텔레마코스는 절망하지 않습니다. 끝까지 아버지가 돌아오리라 희망합니다. 텔레마코스는 아버지를 언젠가는 만날 수 있으리라 믿고, 망망대해 앞에서 기다립니다. 기다리는 데 그치지 않고, 아버지의 흔적을 찾아 나섭니다.

자, 그대들은 날랜 배 한 척과 전우 스무 명을 마련해주시오.
그들이 나를 위해 왕복 여행을 준비할 수 있도록 말이오.
나는 스프르테와 모래가 많은 퓔로스에 가서 오랫동안
떠나고 안 계신 아버지의 귀향에 관해 수소문해볼 참이오.
(호메로스, 『오뒷세이아』, 숲, 2015, 제2권 212~215행)

텔레마코스는 아버지의 이름만 들어도 눈물을 흘립니다. 아버지를 기다리고 또 찾아 헤매던 텔레마코스는 마침내 돌아온 아버지와 함께, 어머니를 괴롭히고 아버지의 모든 것을 앗으려 했던 이들에게 복수합니다.

제임스 조이스, 프란츠 카프카, 니코스 카잔차키스 등이 『오뒷세이아』를 재창조하는데, 특히 텔레마코스는 정신 분석학의 측면에서 다시 분석되고 있습니다.

아버지를 미워한다는 '오이디푸스 콤플렉스'(지그문트 프로이트)를 전복시키는 패러다임으로 아버지를 한없이 그리워하는 심리를 '텔레마코스 콤플렉스'(마시모 레칼카티, 루이지 마리아 이페코코)라고 하지요.

아버지를 미워하고 아버지에게서 멀어지고 싶다는 오이디푸스 콤플렉스의 반대가 텔레마코스 콤플렉스입니다. 놀랍게도 아버지를 미워하는 사람이 반대로 아버지를 너무도 절실히

스타벅스 로고 세이렌.

그리워한다는 양면을 봅니다. 아버지를 미워했다는 카프카는 산문 「귀향」에서, 하루키는 소설 「야쿠르트 스왈로스 시집」에서 텔레마코스 증후군을 보입니다. 역설적으로 두 작가가 얼마나 아버지를 그리워하는지, 두 작품에 절실하게 나타납니다.

하루키의 많은 소설은 아버지, 아버지의 세대, 아버지가 만들어놓은 부조리한 악의 시스템을 증오합니다. 그 증오가 큰 이유는 진정한 아버지, 진정한 아버지의 세대, 인간을 위한 참의 시스템을 만나고 싶기 때문이지요.

세이렌의 유혹을 뚫고

24권의 가운데인 제12권에 「세이렌 자매」를 둔 것이 이채롭습니다. 스타벅스의 로고 그림이 바로 세이렌(Siren)입니다. 세이렌이 아름다운 노래를 불러 선원들을 홀렸듯이, 스타벅스는 그윽한 커피 한 잔으로 손님들을 홀려서 스타벅스 안에 끌어들이겠다는 의미이겠죠.

>지금 내가 하는 말을 명심하세요.
>내가 한 말을 나중에 어떤 신이 몸소 그대에게 상기시킬 거예요.
>그대는 먼저 세이렌 자매에게 가게 될 것인데
>그들은 자기들에게 다가오는 인간은 누구든 다 유혹해요.
>누구든 영문도 모르고 가까이 다가갔다가 세이렌 자매의 목소리를
>듣게 되면, 그의 아내와 어린 자식들은 더 이상 집에 돌아온
>그의 옆에 서지 못할 것이며 그의 귀향을 반기지 못할 거예요.
>세이렌 자매가 풀밭에 앉아 낭랑한 노랫소리로 호릴 것인즉
>그들 주위에는 온통 썩어가는 남자들의 뼈들이 무더기로
>쌓여 있고 뼈 둘레에서는 살갗이 오그라들고 있어요.
>(『오뒷세이아』, 제12권 37~46행)

원작에서 오디세우스는 세이렌의 노래를 들으려 했습니다. 두 세이렌이 등장하여 유혹의 노래를 부르고, 이어서 세 자매, 네 자매가 등장하여 오디세우스와 그의 일행을 홀리려

오디세우스와 그의 일행을 홀리려 나타난 세이렌. Herbert James Draper, 1909년.

했습니다.

오디세우스는 마녀 키르케의 조언을 듣고, 밀랍으로 선원들의 귀를 막고 자신은 귀를 막지 않고 몸을 배에 묶은 상태로 노래를 듣습니다. 오디세우스는 세이렌의 유혹에 자신을 실험해봅니다. 매혹에 빠져보되 죽지 않을 만큼만 빠지는 방식입니다.

하루키가 쓴 소설에 등장하는 주인공들도 비슷합니다. 세이렌을 닮은 여성들이 주인공 남자를 유혹합니다. 주인공은 쌍둥이나 왼쪽 손가락이 없는 여성, 혹은 귀 모델 등과 동행하며 온갖 시련을 겪습니다.

오디세우스가 3000여 년 전에 고난을 극복하는 모험을 떠났듯, 하루키의 많은 소설은 한 인간이 자신의 정체성을 찾아가는 모험입니다. 다가오는 상실이나 유혹에 시달리고, 그 원인을 찾아 모험합니다. 때로는 아무것도 보이지 않는, 텅 빈 어두운 바다, 까닭 모를 유혹을 뚫고 항해하는 오디세우스의 모험입니다.

이제 하루키는 현대 지구의 많은 문제를 견디며 때로는 죽고 극복하는 모험을 합니다. 하루키의 모험을 '하루키 오디세이'로 명명하고 추적해보기로 합니다.

이제부터 시도하는 '하루키 오디세이'는 한 사람의 생애를 검토하는 것이 아닙니다. 하루키가 쓴 작품을 한 권 한 권 분석하면서 추적하는 겁니다. 하루키가 쓴 중요 작품을 검토하며, 그가 평생 시도했던 모험 길을 함께 가보려고 합니다.

3. 하루키 문학에는 역사가 없다?

무라카미 하루키 문학을 우습게 봐야 수준 있는 문학인이라고 말하는 평론가나 학자가 있습니다. 일본은 물론이고 세계 여러 나라에 하루키 문학에 대한 연구서와 평론집이 있는데, 한국에는 몇몇 연구자의 어려운 연구서 외에 비평집은 거의 없는 상황입니다. 약속이나 한 듯 평단에서는 그를 외면합니다.

하루키에 대한 의미 있는 비판도 있으나, 깊이 읽지 않고 쉽게 말하는 이들은 "하루키는 역사를 외면한다"고 합니다. 정말 하루키는 역사를 외면할까요.

역사적 사실과 기억 투쟁

사실 하루키는 거의 모든 소설 곳곳에 배경이 되는 역사적 사실을 서술해놓습니다. 소극적이고 몽환적이고 개인적이라 해도, 하루키 문학에 역사가 나오는 것은 사실입니다. 사실은 거의 모든 소설에 역사 문제가 나옵니다. 몇 가지만 대표적인 작품을 들어봅니다.

1982년 『양을 쫓는 모험』에서 하루키는 일본 극우 파시즘의 숙주를 추적하고, 어떻게 언론과 정치와 자본이 연계해 있는지 드러냅니다. 이 소설에는 1970년 11월 25일 미시마 유키오의 할복, 1936년 2·26 사건 등이 나옵니다. 1945년 8월 9일 소련이 만주와 사할린에 기습 침공하여 만주국과 일본 제국은 와해됐지만, 이후에도 극우의 숙주인 양의 '혈혹'이 살아남았다는 설정입니다. 극우의 악성(惡性) 숙주를 없애기 위해 추적하는 심리 스릴러입니다. 판타지이면서도 반(反)파시즘 소설로 읽을 수 있습니다.

1988년에 낸 『댄스 댄스 댄스』에서 하루키는 '번영하는 일본 자본주의'의 타락을 비판합니다. '나'의 친구인 영화배우 고탄다를 통해 일본 고도 소비 사회의 '국제 지하 고급 섹스 산업'을 드러내고, 소설 속에서 관계자들을 모두 사망시킵니다. 『양을 쫓는 모험』에서 벌이는 투쟁이 극우 파시즘 숙주와의 전쟁이라면, 『댄스 댄스 댄스』에서 벌이는 투쟁은 고도 자본주의의 권태 속에 쓰레기가 되어가는 인간 군상과의 실존적 전쟁입니다. 그 전쟁을 하루키는 '제설(除雪) 작업'이라고 명명합니다.

1992년 『국경의 남쪽, 태양의 서쪽』에서는 부패한 일본 자본주의를 비판합니다. 주인공 하지메의 장인은 부동산 투기와 주가 조작으로 부를 축적한 인물입니다. 다른 나라를 침략하던 일본의 자본가들은 이제는 타인의 고통을 생각하지 않고 남을 속여 돈의 제국을 만들고 있습니다.

1997년 하루키는 2차 피해라도 막겠다며 '지하철 사린 사건'의 피해자를 인터뷰한 『언더그라운드』를 출판합니다. 피해 입은 사람들을 한 명 한 명 찾아가 인터뷰하는 것은 쉬운 일이 아닙니다. 이어서 1998년에 낸 『약속된 장소에서』는 가해자인 옴 진리교 신자 여덟 명에 대한 인터뷰를 정리한 책입니다. 재해가 없기를 바라는 절실한 마음이 없다면 도저히 할 수 없는 작업입니다. 두 권의 인터뷰집은 하루키 문학의 현실성을 가장 잘 웅변하는 고정점 같은 책입니다.

2002년에 낸 장편 소설 『해변의 카프카』에는 전쟁에 참여한 아버지 세대의 원죄로 인해 아버지를 미워하는 오이디푸스 콤플렉스를 겪는 다무라 카프카가 등장합니다. 한편 전쟁 중인 1944년에 이상한 비행체 때문에 혼수상태에 빠졌다 깨어난 후 지적 장애를 겪는 나카타 노인이 나옵니다. 나카타 노인은 전쟁 세대를 암시하는 '조니 워커'(다무라 카프카의 아버지)를 살해합니다.

2009년에 낸 『1Q84』에는 사이비 종교 단체가 어떻게 탄생하는지, 그 단체에서 아이와 여성이 어떻게 착취되는지 드러냅니다. 1995년에 '지하철 사린 사건'을 일으킨 옴 진리교를 패러디 한 '선구'라는 사이비 종교 단체가 그 대상입니다. 주인공 아오마메는 소녀들을 성폭력한 '선구'의 교주를 살해합니다. 덴구는 '선구'의 조직과 비밀을 소설로 누설하여, 두 사람은 '선구'의 위협을 받습니다.

2017년에 낸 『기사단장 죽이기』에는 중국에 침략한 일본군이 난징에서 행한 잔혹한 학살 내용이 명확하게 서술돼 있습니다. 일본의 극우들은 하루키 작품을 반(反)애국적이라고 비난하면서, 불매 운동에 나서기도 했습니다. 사실 이 소설은 '예술(가)이란 무엇인가'라는 측면에서 읽을 수 있는 소설인데 말입니다.

1949년에 태어난 무라카미 하루키는 단카이(團塊) 세대와 시라케(しらけ) 세대의 특징을 동시에 보여줍니다. 그가 쓴

작품 연도	장편 소설	역사적 내용
1982	『양을 쫓는 모험』	1970년 11월 25일 미시마 유키오의 할복 사건을 시작으로, 일본 극우 파시즘의 숙주를 추적한다.
1988	『댄스 댄스 댄스』	타락한 일본 고도 소비 사회의 국제 지하 고급 섹스 산업을 드러내고, 소설 속에서 관계자들을 모두 사망시킨다.
1992	『국경의 남쪽, 태양의 서쪽』	부동산 투기와 주식을 조작하여 부를 축적한 인물을 비판한다.
1997	『언더그라운드』	2차 피해라도 막겠다며 '지하철 사린 사건'의 피해자를 인터뷰한다. 절실한 마음이 없다면 도저히 할 수 없는 작업이다.
1998	『약속된 장소에서』	가해자인 옴 진리교 신자 여덟 명을 인터뷰한 책이다. 두 권의 인터뷰집은 하루키 문학의 현실성을 가장 잘 웅변하는 고정점이다.
2002	『해변의 카프카』	주인공은 아버지 세대로 인해 오이디푸스 콤플렉스를 겪는 다무라 카프카다. 1944년에 이상한 비행체 때문에 혼수상태에 빠졌다 깨어난 후 지적 장애를 겪는 나카타 노인은 전쟁 세대 '조니 워커'(다무라 카프카의 아버지)를 살해한다.
2009 ~ 2012	『1Q84』	1995년에 '지하철 사린 사건'을 일으킨 옴 진리교를 패러디 한 '선구'는 소녀들을 성폭행한다. 주인공 아오마메는 '선구'의 교주를 살해하고, 덴구는 '선구'의 비밀을 누설한다.
2017	『기사단장 죽이기』	일본군이 난징에서 행한 잔혹한 학살 내용이 나온다. 극우들이 반(反)애국적이라며 불매 운동을 했다.

『양을 쫓는 모험』은 단독자 의식이 없는 단카이 세대에 대한 경고이고, 절망하는 군상들이 나오는 『노르웨이의 숲』은 방황하는 시라케 세대에게 주는 위로로 읽힙니다.

하루키의 '싸우는 문학'과 한계

문제는 그가 역사적 사실을 언급하는 것이 과연 독자의 인식을 깨우치고 있는가, 혹은 사회적 변혁을 겨냥하고 있는가, 독자의 몸을 현실의 변혁에 참여하도록 하는가, 그 기능에 대한 물음이겠지요.

역사적 사실을 인용하고 문제를 깨닫게는 하지만, 그것을 변혁하도록 나서게 하는 동력이 하루키 소설에서는 보기 어렵습니다.

스스로 '비국민(非國民)'을 자처하고 오키나와에서의 미군 핵무기 문제나 부조리한 사회를 비판한 오에 겐자브로(大江健三郞, 1935~2023)의 문학과 비교하면, 하루키의 문학은 너무 소극적입니다.

식민지와 폭력의 문제, 난민 어린이의 불법 장기 이식 문제, 일본군 위안부 문제 등 끔찍한 소재를 소설로 쓴 재일 한국인 양석일(梁石日, 1936~2024)은 손상된 아시아인의 몸을 주제로 글을 썼습니다. 남자의 신체는 군인이 되어 훼손당하고, 여자들은 성적 도구로 훼손되는 아시아인의 신체를 양석 일은 '아시아적 신체'라는 용어로 표현했습니다. 양석일의 문학과 비교해도 하루키의 문학은 너무도 몽환적이고 도시적 이고 개인적입니다.

노벨 문학상을 받은 한강의 『소년이 온다』, 『작별하지 않는다』와 비교하면 조금 차이가 있습니다. 하루키는 가해자의 폭력에 참여했다가 상처받은 이를 썼다면, 한강은 철저하게 피해자의 입장에서 소설을 씁니다. 하루키의 문학이 오에 겐자브로 소설만치 적극적이고 실천적이지는 않습니다만, 역사적·지구적 문제를 담고 있는 것은 분명합니다. 이 세계의 문제를 다루고 있다는 점에서 하루키 문학을 몰역사적이라는 비판은 타당하지 않다고 봅니다.

특히 일본 사회가 아시아에 피해를 입힌 역사 문제와 부조리한 자본주의의 문제를 숨기는 삭제의 죄악을 행하고 있는 반면, 하루키는 많은 작품에서 일본의 역사 문제와 일그러진 자본주의 문제를 끈질기게 드러냅니다. '삭제의 죄악'에 맞선 '기억 투쟁'이라 할 만한 면이 분명 있습니다.

하루키의 등단작인 『바람의 노래를 들어라』에는 하트필드라는 작가가 등장합니다. 하루키가 만들어낸 가공의 작가 하트필드는 하루키의 운명을 예감하게 하는 듯한 존재입니다.

하트필드는 문장을 무기로 싸울 수 있는 몇 안 되는 뛰어난 작가 중 하나였다. 헤밍웨이, 피츠제럴드와 같은 동시대의 작가와 견주어도 하트필드의 그 전투적인 자세는 결코 뒤지지 않을 거라고 나는 생각한다. 다만 유감스럽게도 하트필드 자신은 마지막까지 자기가 싸우는 상대의 모습을 명확하게 포착하지 못했다. (村上春樹, 『風の歌を聽け』, 講談社文庫, 1979, 1장, 인용자 번역)

하루키는 "문장을 무기로 싸울 수 있는 몇 안 되는 뛰어난 작가"가 되고 싶었던 모양입니다. 아닌 게 아니라, 『양을 쫓는 모험』으로 대표되는 그의 많은 작품은 주인공이 시대의 부조리에 맞서는 '싸우는 문학' 입니다.

하루키는 "자기가 싸우는 상대의 모습을 명확하게 포착하지 못했"지만, 현대 일본과 세계의 역사·종교·가정 등 다양한 문제를 포착하려고 애쓴 작가입니다. 한국에서 역사 문제를 지적하고 목소리 높이는 것은 쉽습니다. 시민들이 동의하기 때문이지요. 반대로 일본이라는 일억 단결의 '극우 사회'에서, 하루키 정도라도 일본 현대사의 문제를 지적하는 것은 쉽지 않습니다.

4. 왜 '하루키'인가

일본에서도 그렇고 다른 나라에서도 '무라카미 하루키 현상'이라고 하지 않고 '하루키 현상'이라고 줄여서 말합니다. '무라카미 하루키 문학'도 그냥 '하루키 문학'이라고 하고요. 왜 그렇게 표현할까요.

서양에서는 성 대신 이름을 부르기도 했지요. 나폴레옹, 미켈란젤로, 레오나르도, 단테, 루소 등 긴 성 대신 이름으로 간단히 부르는 경우도 많습니다. 이름을 부른다고 경멸하는 것은 아니고요.

비슷한 연배인 데다 성이 같은 소설가 무라카미 류와 구별하기 위한 것이라고 생각할 수도 있습니다. 물론 무라카미 류 문학을 '류 문학'이라고 하지는 않습니다.

하루키 문학이 독자에게 친밀하게 느껴지기 때문일 수 있습니다. 일본에서는 친한 사람을 부를 때 이름을 부르는 경우가 있습니다. 이름을 부를 수 있다는 것은 그만치 친밀하다는 뜻이죠. 우리가 시인 김소월을 '소월', 윤동주를 '동주', 김수영을 '수영'이라 하는 것과 유사합니다. 무라카미 하루키 문학은 독자에게 친밀하게 스며들어 있다는 뜻입니다.

하루키는 1980년대 초부터 그를 알아보고 사인을 해달라는 독자들이 생깁니다. 재즈 클럽에서, 거리에서, 야구장에서, 전철 안에서, 빌딩 로비에 앉아 있는데 청년이 알아보고 말을 걸거나 사인해달라고 하는 일들이 빈번해집니다. 그때부터 유명인이 된 것을 실감하기 시작합니다.

이런 식으로 하나둘 꼽아보니, 소설을 쓰기 시작한 뒤로 육년 동안 길에서 모르는 사람이 내게 알은 체를 한 횟수는 전부 여덟 번이다. 대충 일 년에 한 번꼴보다 조금 많은 셈인데, 이 '모르는 사람이 말을 건 빈도'가 나 같은 직업에 종사하는 인간에게 많은 편인지 적은 편인지를 잘 모르겠다. (무라카미 하루키, 「소설가의 유명세에 대하여」, 『세일러복을 입은 연필』, 문학동네, 2012, 89면)

이 책의 일본어판은 1986년에 나왔으니 그보다 앞서서 하루키는 독자들이 자신을 알아보는 일을 체험하기 시작한 것이죠. 이 책 뒷부분에 있는 「하루키 연맹」은 여러 곳에서 하루키를 찾는 사람들이 늘고 있는 상황을 재미있게 은유한 글입니다. 글 끝에 '하루키 구함'의 진상이 나쁜 일이 아니면 좋으련만, 이라며 즐거운 염려도 합니다.

일본에서 '하루키 문학'이라는 표현은 1980년대 중반부터 독자들이 자발적으로 쓰기 시작했습니다. 하루키 연맹과 비슷한 '하루키 클럽'이 도처에서 모였습니다. 이 현상을 하루키 자신도 좋은 이미지로 보고 그에 대한 에세이를 쓰기도 한 것입니다.

1987년 『노르웨이의 숲』이 세계인에게 크게 읽히면서 '하루키 문학'이라는 표현은 자연스럽게 정착됐습니다. 세계에 그의 문학이 더 알려지면서 하루키처럼 마라톤을 즐기고 와인과 양이나 고양이 같은 동물을 좋아하는 사람을 '하루키스트(ハルキスト, Harukist)'라고 하며, 프랑스에서는 '무라카미언(Murakamian)'이라는 말도 생겼습니다. 이것이 마케팅 전략으로 이어졌고, 그 표현이 우리말로 그대로 쓰이고 있습니다.

이제 '하루키'라는 단어는 무라카미 하루키의 작품을 지칭하는 고유 명사로 굳어버린 상황입니다. 다만 이름이 고유 명사로 굳어버렸다는 것은 한편으로는 상업화되었다는 의미이기도 하죠. 무비판적으로 받아들이면, 하루키 현상의 노예가 될 수도 있습니다.

이 책은 순서대로 읽을 필요가 없습니다. 차례를 보고 끌리는 제목의 글부터 읽어도 됩니다.

차례

프롤로그 ——5

1. 하루키 소설은 쓰레기인가, 마약인가, 비타민인가, 콜라인가——5
2. 하루키 오디세이——8   3. 하루키 문학에는 역사가 없다?——14
4. 왜 '하루키'인가——22

1. 나는 조개가 되고 싶다 ——31
1949년 하루키의 탄생, 『고양이를 버리다』(2020)

하루키의 '아버지 콤플렉스'——37   고양이를 버리다——44
카프카의 '아버지 콤플렉스'——53   아시아적 아버지 콤플렉스——59

2. 바람, 코끼리, 쥐 인간은 무엇인가 ——65
1979년 30세 '소설가 하루키'의 탄생, 『바람의 노래를 들어라』

30세, 나도 쓸 수 있다——67   워크맨과 함께 태어난 신인——69
완벽한 문장 따위는 존재하지 않아——71   코끼리는 무슨 뜻일까——73
가상 인물, 데릭 하트필드——78   '쥐 인간'은 무엇일까——83
코끼리 세대 / 쥐 세대——88   성장에 함께하는 여성——91
'바람'은 무엇일까——92   단단해진 단독자——98

3. 1970년대, 핀볼을 통해 '나'를 찾는 순례 ——105
1980년 31세, 『1973년의 핀볼』

1969~1973, 듣기만 하는 인간——107 왜 1973년이고, 쥐덫인가——109

우물과 무의식——113 이름을 가진 존재, 나오코——115

핀볼의 세계——119 쌍둥이 자매는 무엇일까——122

무의식을 인물로 내세운 소설——128

쥐, 현실에 적응하지 못하는 무의식——130

배전반, 사회와 개인을 연결하는——133

판타지의 순례기——139 고요한 11월과 새로운 모험——148

4. 양, 일본 극우의 근원을 찾아 ——151
1982년 33세, 『양을 쫓는 모험』

1장은 왜 '1970년 11월 25일'일까——154 귀 모델의 역할——161

상징적 판타지의 시작——165 다시, 쥐란 무엇일까——174

양이란 무엇일까 ——178 일본인과 일본 사회에 내재한 양——180

양 박사, 고다마 요시오——185 나약한 '쥐'의 진정한 욕망——191

거대 담론 안의 개인들——197 무의식을 쓴 소설——199

5. 인간 의식 속의 두 가지 세계 —— 203

1985년 36세, 『세계의 끝과 하드보일드 원더랜드』

옛날 옛날에—— 205　　정보 전쟁 시대의 하드보일드 원더랜드—— 209
세계의 끝이라는 '기억'—— 211　　세계의 끝의 그림자와 카프카—— 216
야미쿠로와 2인조 테러—— 220　　세계의 끝과 무의식—— 223
기억, 그림자, 카를 융—— 227　　아코디언과 「대니 보이」—— 232
밥 딜런과 핑크빛 통통한 손녀—— 235　　불멸과 니체의 영원회귀—— 243
매트릭스와 메타버스의 세계—— 248

6. 판타지와 유머를 통과하는 깨달음 —— 251

1986년 37세, 『빵가게 재습격』

판타지, 머뭇거림과 일탈—— 253　　「빵가게 재습격」—— 257
「코끼리의 소멸」—— 264　　「패밀리 어페어」—— 269
「쌍둥이와 침몰한 대륙」—— 273
「로마제국의 붕괴 · 1881년의 인디언 봉기 · 히틀러의 폴란드 침입 · 그리고 강풍세계」—— 278
「태엽 감는 새와 화요일의 여자들」—— 288
판타지의 4단계, 순례자의 길—— 290

7. 연결된 고통과 삶의 자리 —— 295

1987년 38세, 『노르웨이의 숲』

상실의 노래, 노르웨이의 숲—299 나오코의 '우물'—305
위대한 개츠비, 나가사와의 욕망—310 무엇이 위대한가—312
하루키와 개츠비—320 사랑을 찾는 반딧불이—325
닫혀 있는 시대, 1968년 전공투—329 미도리, 수선화와 니체—331
뒤틀림, 히즈미와 나오코—339 교토 아미 사, 헤테로토피아—344
『설국』의 '니가타 헤테로토피아'—350 연결된 고통—358
장례식, 이시다 레이코와 함께—361 성행위라는 의식—363
지금 어디야? - 삶의 정황(Sitz im Leben)—366

8. 고도 자본주의의 제설 작업, 춤을 추라 —— 373

1988년 39세, 『댄스 댄스 댄스』

낭비의 시대—376 문화적 제설 작업—377
댄스 댄스, 양 사나이를 만나다—383 하루키와 니체의 춤—389
전화국처럼 연결된 인간들—396
정상적인 연결이 끊어진 유키와 고탄다—398
형사 문학과 어부, 카프카의 패러디—401 여섯 개의 유골들—403
'나'를 살리는 여성—405 여행객, 순례자의 마음으로 쓴 소설—407

9. 버블 시대의 '중간 단독자' —— 411
1992년 43세, 『국경의 남쪽, 태양의 서쪽』

반복과 차이—413   열두 살의 첫사랑—414
내 속의 악과 가족의 균열—418
로빈스 네스트, 안락하고 부패한 도시—420
태양의 서쪽, 히스테리아 시베리아나—426
죽음의 경계선에 있는 섹스—429
기획과 우연 사이에서, 정사 장면—438

에필로그 —— 442
하루키 노트를 내놓는다
참고문헌 —— 449
찾아보기 —— 453

1. 나는 조개가 되고 싶다

1949년 하루키의 탄생
『고양이를 버리다』(2020)

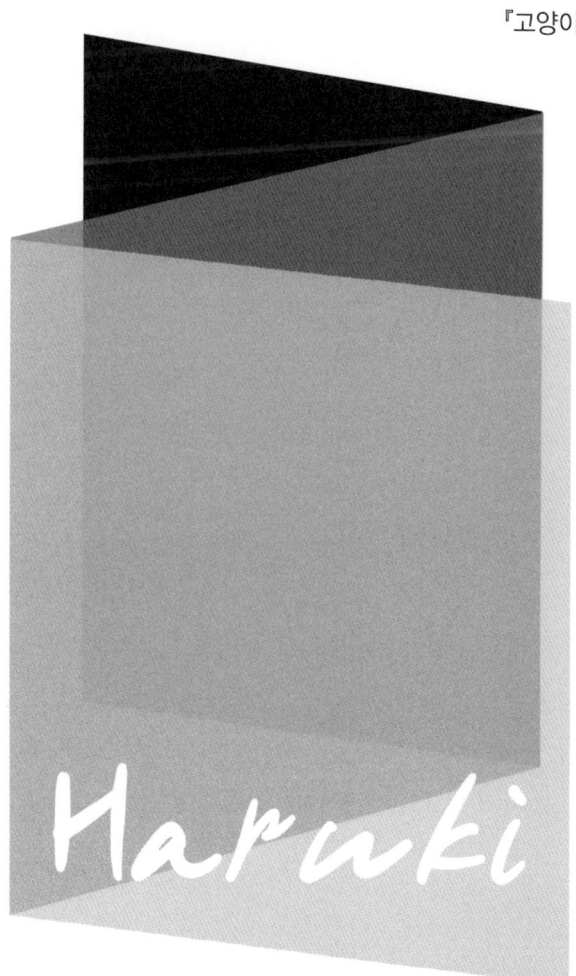

1949년 1월 일본 교토시 후시미구에서 한 아이가 태어난다. 태어난 직후 효고현 니시노미야시(西宮市)로 이사해 도쿄에 오기 전까지 대부분 여기서 지낸다. 이 책은 하루키의 생애보다 작품을 중요하게 분석하려는 책이니, 어린 시절을 세세하게 나열할 생각은 없다. 다만 하루키와 관련된 에피소드 하나를 언급하고 싶다.

1955년 시립 하마와키(浜脇) 소학교(초등학교)에 입학해서 3학년까지 다니다가, 1957년 9월 1일 집에서 가까운 곳에 개교한 시립 고로엔(香櫨園) 소학교 분교생으로 전학한다. 1958년 9세의 하루키가 했다는 독특한 에피소드가 몇 군데 블로그에 쓰여 있다.

무라카미 하루키가 소학교 시절, 선생님이 하루키에게 "어른이 되면 무엇이 되고 싶어?"라고 물었다고 한다. 하루키는 "나는 조개가 되고 싶다."라고 말했다는 에피소드가 잘 알려져 있다.

아쉽게도 이 인용문에 대한 확실한 근거는 찾지 못했다. 신문 인터뷰에서 봤다는 이도 있는데, 일본의 어떤 신문에서도 찾지 못했다.

하루키는 『그러나 즐겁게 살고 싶다』라는 책에서 자신에 대한 헛소문을 염려하기도 했다. 신문이나 라디오 인터뷰에서 자기가 했던 말을 자신도 기억 못하는 경우가 많다고 한다. 라디오 인터뷰를 하다가 따분해서 입에서 나오는 대로 "좋아하는 거요? 두부부침이요. 하루에 세 모는 먹는 거 같아요."라고 말했더니, 하루키는 매일 두부부침을 먹는다는 게 정설로 굳어졌다(「나에 관한 헛소문 사태」)고도 했다.

"나는 조개가 되고 싶다."라는 말을 하루키가 하고도 기억 못할 수 있다. 하루키가 말하지 않은 뜬소문일 수도 있다. 다만 근거가 없다 하더라도, "나는 조개가 되고 싶다."라는 말은 하루키 문학을 생각하는 데에 꽤 의미 있는 자극을 준다. 1958년에 텔레비전 드라마 〈나는 조개가 되고 싶다(私は貝になりたい)〉가 방영되었기 때문이다.

드라마 〈나는 조개가 되고 싶다〉(1958) 포스터.

　이 드라마의 원작은 포로 학대와 살해 혐의로 전범이 된 육군 중위 출신의 가토 데츠타로(加藤哲太郎)가 쓴 옥중 수기로, 드라마와 영화로 여러 번 제작되었다. 1958년 처음 텔레비전 드라마로 방영되어 당시 최고의 시청률을 보여준 이 드라마를 하루키가 보았을 가능성이 크다.

　작은 항구 마을의 조그마한 이발소에서 일하던 주인공 시미즈에게 소집 영장이 온다. 다리가 좋지 않아 이발사로 전쟁에 나갔지만, 그는 상관에게 미군 포로를 죽이라는 잔혹한 명령을 받는다. 시미즈는 미군 포로를 죽이지 못하고 벌벌 떤다.

전쟁이 끝난 뒤 가까스로 가족 품으로 돌아왔으나, 느닷없이 들이닥친 미군 헌병에게 시미즈는 전범으로 체포된다. 미군 포로를 죽였다는 살인죄로 억울하게 교수형 당하는 시미즈의 마지막 말이 드라마의 제목이다.

"천황도 싫고, 병사도 싫다. 나는 다시 인간으로 태어나기 싫다. 짐승으로 태어나면 혹사당한다. 다시 태어난다면 병사로 끌려갈 수 없는 깊은 바다 속 바위에 달라붙어 아무 걱정 없이 사는 조개로 태어나고 싶다."

사실 시미즈는 미군을 찌르지 않았다. 찌르는 척하면서 슬쩍 베었을 뿐이다. 이 이야기는 전형적인 일본의 피해자 코스프레 서사라는 비판을 받지만, 일본인은 '반전(反戰) 스토리'로 받아들인다.

하루키가 9세 때 이 드라마를 보고 공감했다는 것은 우리로 말하면 드라마 〈모래시계〉를 보고 공감했다는 의미와 비슷하다. 후에 쓰겠지만, 하루키의 많은 작품에는 역사적 사건이 언급된다.

〈나는 조개가 되고 싶다〉의 스토리는 하루키 작품 전체를 떠올리게 한다. 〈나는 조개가 되고 싶다〉에 나오는 주인공 시미즈처럼, 하루키 소설에 나오는 많은 주인공은 일본 현대사 속에서 직간접으로 받은 상처로 트라우마를 겪고 있다. 하루키의 주인공들은 부조리한 역사에 저항하지도 반성하지도 않는다. 하루키의 소설에서 부조리한 역사란 그저 장식이나 곁가지일까. 분명한 것은 그 스토리 안에서 주인공은 시미즈처럼 억울하게 당하는 경우가 많다는 사실이다. 그 대신 하루키 소설의 주인공들은 판타지 안에서 복수하기도 한다. "나는 조개가 되고 싶다."는 고백은 하루키 문학의 다양한 주제 중 중요한 주제일 것이다.

하루키의 '아버지 콤플렉스'

주목받는 작가의 생애에 관심 갖는 것은 당연하다. 어떤 과정으로 저 위치에 올랐을까, 궁금하지 않을 수 없다. 아이 적 겪은 심리 상태가 평생을 좌우하는 경우를 우리는 여러 작가에게서 경험한다. 하루키의 많은 소설과 에세이를 읽으면서, 이해가 안 되는 몇 가지가 있다.

첫째, 왜 하루키 소설에 나오는 아버지들은 대부분 부정적인가.

하루키 소설에서 아버지들은 집에서는 가정적이지만 전쟁에 참여했던 인물로 나온다. 장편 『해변의 카프카』와 『기사단장 죽이기』의 아버지, 단편 「토니 타키타니」에 나오는 아버지가 그러하다. 세 소설에 나오는 아버지는 모두 일본 표현대로 '대동아 전쟁'에 참여한 아버지다. 왜 하루키는 전쟁에 참여한 아버지를 소설에 등장시켰을까.

둘째, 왜 중국의 전투 지역, 가령 노몬한 전투 지역 같은 곳을 찾아다닐까.

『하루키의 여행법』이라는 책이 있다. K가 이 책을 산 이유는 순전히 표지 사진 때문이다. 하루키가 드넓은 평원에 부서져 녹슨 채 있는 탱크 위에 서 있는 사진이었다. 위스키에 생선 요리를 즐기며 그리스며 지중해 해변을 즐기는 작가로 알았는데, 평원에 널브러져 있는 탱크 위에 서 있는 사진이 괴이하게 다가왔다.

1999년에 『하루키의 여행법』이 나왔을 때, K는 하루키가 역사를 다루는 방식이 그리 편치 않았다. 소설에서 역사를 무슨 양념처럼 다루는 이 사람이 나쓰메 소세키처럼 전쟁을 은근히 찬양하려는 것일까. 살인자가 살인했던 현장을 확인하려는 작업일까. 영 불편했다.

K는 이 책의 표지 사진을 보며 조금 부아가 치밀었지만, 대

(왼쪽) 1999년 문학사상에서 출간한 『하루키의 여행법』은 2015년 같은 출판사에서 『나는 여행기를 이렇게 쓴다』라는 제목으로 재출간했다. (오른쪽) 『하루키의 여행법』 일본판.

체 뭐라고 썼을지 궁금했다. 특히 「노몬한의 철의 묘지」라는 기행문이 K의 마음을 끌었다. 권태로운 일상만 쓰는 작가가 어떻게 1939년 5월 11일부터 1939년 9월 16일까지 벌어졌던 '노몬한 전투'에 관심을 가졌을까. 이 전투를 몽골어와 러시아어로는 '할힌골 전투'라 하고, 일본어로는 '노몬한 사건(ノモンハン事件)'이라고 한다. 과연 하루키가 어떻게 썼을까 궁금해서 책을 사지 않을 수 없었다.

아주 오랜 옛날 초등학생 시절에 역사책에서 노몬한 전쟁의 사진을 본 적이 있었다. 지금도 분명히 기억하고 있지만, 그 사진에는 기묘하게 뭉툭한 낡아 빠진 탱크와 비행기 사진이 실려 있었다. 그리고 1939년 여름 만주에 주둔한 일본군과 소비에트 몽고 인민공화국(외몽고) 연합군 사이에 만주국 국경선을 둘러싼 치열한 전투가 벌어지고, 일본군이 큰 피해를 입고 격퇴당했다는 짧은 기술이 있었다. (무라카미 하루키, 『하루키의 여행법』, 문학사상, 1999, 127면)

"아주 오랜 옛날 초등학생 시절에 역사책에서 노몬한 전쟁의 사진을 본 적이 있었다."라는 표현에서 멈칫했다. 어떻게 노몬한 전쟁에 관심을 갖기 시작했을까. 하루키는 여기서 멈추지 않고 "노몬한에서의 전쟁에 관해 기술한 책이 눈에 띄면 열심히 읽었"다고 썼다. 열심히 읽었는데 그에 관한 소설은 긴 시간이 지났지만 쓰지 않았다는 것도 신기했다.

특별히 '운명적인 해후'라고 할 정도는 아니었지만 그래도 인간은 묘한 곳에서 묘한 것과 부딪히는 법이다. 어쨌든 나는 그 책들을 빌려서 틈나는 대로 읽었다. 그 결과 나는 몽고의 이름도 없는 초원에서 펼쳐졌던 그 피비린내 나는 단기간의 전쟁에 나 자신이 지금도 역시 어렸을 때와 마찬가지로 강하게 이끌

노몬한 전투는 몽골·러시아·중국의 국경이 서로 가까운 위험한 지역에서 일어났다.

리고 있음을 깨달았다. 왜 그런지는 알 수 없지만 어쨌듯 나는 그 전쟁에 빠져들고 있었다. (『하루키의 여행법』, 128면)

전쟁터 한 번 답사하는 것을 "운명적인 해후"라고까지 생각하는 이유가 궁금했다. "왜 그런지는 알 수 없지만 어쨌듯 나는 그 전쟁에 빠져들고 있었다."라고 썼다. 그렇게 생각하는 배경이 궁금했다. 왜 중국 지역에서 벌어졌던 전쟁에 어린 시절부터 이토록 의문을 갖고 있었을까.

지도를 보면 노몬한의 위치가 당시 소련과 외몽골과 만주국 국경 사이, 위험한 자리라는 사실을 확인할 수 있다. 전투는 할하강 유역에서 '소련·몽골 연합군'과 '관동군·만주 연합군'이 무력 충돌하며 벌어졌다.

강제규 감독이 만든 영화 〈마이웨이〉에 노몬한 전투의 '반자이 백병전'과 일본의 패배가 나온다. "텐노 헤이카 반자이(천황 폐하 만세)!"를 외치며 폭탄을 안고 탱크에 달려드는 자살 공격은 거의 허무한 정신 승리 전술이었다. 노몬한 전투는 일본보다 기술이 발전했던 소련의 탱크와 일본의 '반자이 백병전'이 부닥친 무모한 전투였다. 이 전투에서 1만 8,000명의 일본 병사가 전사했다. 일본은 부대의 전략을 '반자이 백병전'에 집중했다. 태평양 전쟁에서도 미국이 대전차를 만들어 전투를 수행할 때, 일본은 '반자이 백병전'에 도움이 되는 경전차로 전쟁에 참여했고, 전쟁의 결과는 이미 명확했다.

이 여행기를 읽으면서 K는 무라카미 하루키가 무식한 '반자이 극우'라는 관념을 지울 수 있었다. 아래와 같은 서술 때문이다. 길지만 인용해본다.

노몬한에서 목숨을 잃은 일본군 병사는 2만 명 정도였지만,

노몬한 전투에 투입된 소련군의 BT-5 경전차.

태평양 전쟁에서는 실로 200만 명이 넘는 병사들이 전사했다. 그리고 가장 중요한 것은 노몬한에서도 뉴기니아에서도 대부분의 병사들이 거의 의미 없는 죽음을 당했다는 것이다. 그들은 일본이라는 밀폐된 조직 속에서 이름도 없는 소모품으로 아주 운 나쁘게 비합리적으로 죽어갔던 것이다. 그리고 이 '비합리적인 죽음', '운 나쁜' 혹은 '비합리성'을 우리는 '아시아성(性)'이라고 부를 수 있을지도 모른다. (『하루키의 여행법』, 129면)

하루키는 야스쿠니 신사 식으로 전쟁에서 죽은 사람을 영웅 혹은 신으로 표현하지 않는다. 오히려 '거의 의미 없는 죽음', '소모품', '비합리적인 죽음'으로 판단했다. 이 여행기를 읽으면서 K는 깨달았다. 하루키는 소설과 산문을 다르게 쓴다. 필체도 다르고, 주제 자체가 다르다. 하루키 소설은 주제 주위를 빙빙 돌 뿐, 좀체 주제를 직접 겨냥하지 않는다. 반면 산문은 아주 쉬운 문체로 주제부터 명확히 쓰고 들어간다.

두 가지 질문 중 첫째, 왜 하루키 소설에 나오는 아버지는 부정적인지? 둘째, 왜 전쟁터를 찾아가는지? K는 그 의문에 대한 답을 오랫동안 뭉개고 지내왔다. 그러다가 2019년 5월 22일 『도쿄신문』에 게재된 인터뷰에서 하루키는 숨겨진 그늘을 비로소 드러냈다.

> 우리는 역사라는 것을 짊어지고 살고 있는데, 그것은 아무리 감춰도 반드시 밖으로 나온다. 역사는 자신들이 짊어져야 하는 집합적인 기억이다.

일본이 제2차 세계 대전에서 패전한 직후인 1949년 태어난 하루키는 작품이나 공개 발언을 통해 일본 사회가 침략의 과거사를 마주 봐야 한다고 강조해왔다.

고양이를 버리다

2019년 5월 10일 발매된 월간지 『분게이순주(文藝春秋)』 6

『분게이슌주(文藝春秋)』 2019년 6월호에 게재된 하루키의 에세이 「고양이를 버리다」.

월호에 게재된 에세이 「고양이를 버리다―아버지에 대해 이야기할 때 내가 말하는 것들(猫を棄てる-父親について語るときに僕の語ること)」에서, 하루키는 아버지가 제국주의 시절 징병돼 중국을 침략한 일본군이었다는 충격적인 사실을 처음 공개한다.

이 에세이는 고양이 이야기로 시작한다. 소학교 시절 아버지와 함께 고양이를 버리고 왔는데, 집에 돌아오자 고양이가 집에 와 있었다는 것이다. 왜 이런 이야기를 썼을까. 버리고 버리려 해도 어느새 집에 돌아온 고양이처럼, 인간이 저지른 과오는 잊으려 잊으려 해도 버릴 수 없다는 비유다.

이 에세이를 읽고 K는 그간 이해 안 되고 막혀 있던 의문들, 왜 그가 집에서 일찍 독립했는지, 왜 그의 소설에 나오는 아버지가 부정되는지, 왜 노몬한 전투 현장을 찾아갔는지, 하루키 작품에 보이는 '아버지 콤플렉스'를 조금씩 이해할 수 있었다.

하루키의 아버지 무라카미 치아키(村上千秋)는 1917년 교토의 한 절 주지승의 차남으로 태어났다. 어머니는 오사카 출신 상인의 딸이었다. 아버지는 그 아버지가 주지승이어서, 하이쿠를 좋아하는 승려로 계속 살았던 사람이다.

1938년, 무라카미 치아키는 20세 나이에 제16사단 제16연대에 입영한다. 이어 교토 대학에 입학할 예정이라는 이유로 징집이 해제된다. 하이쿠를 좋아하는 국어 교사가 된 아버지, 역시 국어 교사인 어머니로부터 하루키는 일본 문학을 배운다.

소학교 시절, 아버지에게 들은 끔찍한 이야기는 하루키에게 평생 지울 수 없는 상처를 주었다. 아버지와 난징(南京) 학살 사건에 얽힌 이야기다.

『고양이를 버리다』 일본어판.

　이 부대의 행동에는 유난히 피비린내 나는 평판이 따라다녔다. 혹시 아버지가 이 부대의 일원으로 난징공략전에 참가한 것은 아닐까 하는 의혹을 오래도록 품고 있었던 탓에, 그의 종군 기록을 구체적으로 조사해보려는 결심이 좀처럼 서지 않았던 것이다. 또 생전에 아버지에게 직접, 전쟁 중의 일을 자세하게 물어보는 것도 내키지 않았다. 그래서 피차 아무것도 묻지 않고 아무 얘기도 하지 않은 채, 아버지는 2008년 8월 아흔 살 나이에 온몸으로 전이된 암과 중증 당뇨로 숨을 거뒀다. (무라카미 하루키, 『고양이를 버리다』, 비채, 2020, 41면)

아버지가 배치됐던 16사단 전체가 후에 필리핀에서 거의 궤멸당하는 참혹한 전쟁을 치른다. 다행히 아버지는 소집 해제된다. 아버지가 돌아오지 않았으면 당연히 하루키는 태어날 수 없었다. 어느 날 아버지는 중국인 참수에 대해 말한다. 다만 신참에게 그런 일을 시켜 이른바 '담력'을 키워주곤 했던 때라 직접 참여한 건지 여부가 애매한 말투였다. 소학교 저학년 때였다.

아버지는 처형 당시의 광경을 담담하게 얘기했다. 중국 병사는 자신이 죽을 것을 알면서도 두려워하지 않고, 소란을 피우지도 않고, 그저 눈을 감고 조용히 거기에 앉아 있었다. 그리고 참수되었다. 실로 훌륭한 태도였다, 하고 아버지는 말했다. 참수된 중국 병사에 대한 경의를——아마도 죽을 때까지, 깊이 품고 있었던 듯하다. (『고양이를 버리다』, 49면)

1938년 군에 징집된 아버지가 목격한, 군도(軍刀)에 사람의 목이 떨어져 나가는 잔인한 광경은 어린 하루키에게 강렬한 트라우마를 남겼다. 이때부터 아버지를 포함한 아버지 세대에 대한 반발이 하루키의 심리에 형성된다. 그의 소설에 왜 아버지를 부정적으로 표현하는 부분이 많은지, 단단히 얽혀 있던 실타래가 조금 풀렸다.

하루키가 왜 전쟁이 일어났던 장소를 찾아다니는지도 조금씩 이해되었다. 특히 왜 하루키가 '난징 대학살'에 관심을 가졌는지 알 수 있었다.

> 나 같은 인간은 '남경 대학살'이라든가 '만인갱(萬人坑)'과 같은 전쟁 중에 중국 대륙에서 자행된 대량 학살 사건을 다룬 책을 일본에서 읽고 있으면 일단 사건의 경위는 머릿속에서 파악할 수 있어도 숫자의 스케일 면에서는 어딘가 납득할 수 없는 구석이 있었다. 아무리 인간을 한꺼번에 죽인다 해도 현실적으로 정말 그렇게 많이 죽일 수 있는지 실제적으로 고개를 갸웃거리게 되는 것이었다. 어쩌면 일본의 대부분 독자들도 나와 똑같은 감상을 품고 있지 않을까? (『하루키의 여행법』, 131면)

『고양이를 버리다』에서 하루키는 아버지가 매일 아침마다 성의를 다해 "전쟁에서 죽어간 사람들을 위해서" 독경을 읊는다고 쓴다. 전쟁의 트라우마 속에서 번민하는 '아버지'의 아들로서 하루키는 자신을 성찰한다.

하루키는 그 사건이 "병사이자 승려였던 그의 영혼에 크나큰 응어리가 되어 남아 있었던 것은 분명"하다고 쓴다. 아버지의 회상을 통해 자신의 마음속에도 강렬하게 트라우마가 남는다. 아버지의 상처에서 아들의 상처로 "트라우마가 계승"(『고양이를 버리다』, 51면)된 격이다. 성장하고 자아가 발달하면서 하루키와 "아버지 사이의 심리적인 갈등은 점차 심해"(『고양이를 버리다』, 83면)진다.

결국 하루키는 집에서 일찍 독립하는 길을 택한다. 집을 나가 와세다 대학 주변에서 허드렛일을 하고 아르바이트를 한다. 이 독립은 아버지 권력으로부터 벗어나려는 노력이었고, 하루키 소설의 행간에도 이 의지는 숨어 있다. 하루키 소설에는 주요 인물의 아버지가 등장하지 않거나, 주인공이 아버지와 관계없이 외톨이로 고군분투하는 이야기가 많다. 하루키는 아버지 체제에서 벗어나려 했다.

> 우리는 광대한 대지를 향해 떨어지는 수많은 물방울 중 이름 모를 한 방울에 지나지 않는다. 한 방울의 빗물 나름의 생각이 있다. 한 방울 빗물의 역사가 있어서, 그것을(역사를) 이어나가야 한다는 한 방울 빗물의 책무가 있다. (『고양이를 버리다』, 93면)

하루키 문학은 역사적인 증언을 많이 담아가는 방향으로

흘러갈 조짐이 보인다. 일본에서 1994년에 출간된 『태엽 감는 새 연대기(ねじまき鳥クロニクル)』에서 1939년 만주와 몽골 국경 지역인 노몬한에서 일어난 대규모 충돌 사건인 노몬한 사건을 중요 테마로 썼다. 한국에서는 『하루키의 여행법』이라는 제목으로 출간된 여행기 『변경・근경(邊境・近境)』(1998) 속에도 노몬한이 있다.

> 이름 없는 몽골 초원에서 벌어진 피비린내 나는(血なまぐさい) 단기간의 전쟁에…… 왜 그런지 알 수 없지만 나는 그 전쟁에 빠져들었다.

이 여행기를 읽으면 『해변의 카프카』에서 왜 주인공 소년이 그렇게도 역사적 비극으로 괴로워하는지가 조금은 풀린다.

2014년 『마이니치신문(每日新聞)』 인터뷰에서도 "1945년 종전(패전)에 대해서도, 2011년 후쿠시마 제1 원전 사고에 대해서도 일본은 아무도 진심으로 책임을 지지 않고 있다."라고 지적했다.

한국에서 2017년에 출간된 『기사단장 죽이기』에선 1937년 중국 난징 대학살에 대해 일본인으로 말하기 어려운 사실을 소설에 써서 논란을 불러일으켰다.

10만 명이든 40만 명이든 엄청나게 많은 사람들이 살해된 것은 부정할 수 없는 사실이다.

일본의 극우들은 하루키 소설 불매 운동에 나섰다. 아버지 세대에 대한 불신은 하루키에게 점점 커져, '시스템 악'이라는 표현을 하기에 이른다. 하루키가 말하는 '시스템 악'이라는 표현에는 일본의 군부, 부패한 자본주의, 사이비 종교 단체의 트러스트가 들어 있다.

그는 팬들과 만나는 자리나 신문 칼럼에서 소설에 쓰지 않는 직접적인 언급을 하곤 한다.

자기 나라에 좋은 역사만을 젊은 세대에 전하려는 세력에 맞서야 한다.

작가가 되고 이후 아버지와의 관계는 '더 굴절되어', "이십 년 이상 전혀 얼굴을 마주하지 않았다."라고 쓴다. 2008년에 아버지가 사망하기 직전에 '화해 같은 것'을 했다고 하루키는 적었다. 부친이 죽고 5년 뒤부터 하루키는 아버지의 군경력을 조사하기 시작한다. 『기사단장 죽이기』에서 난징 학살에 대한 표현은 이런 조사 이후에 나온 부분이다.

카프카의 '아버지 콤플렉스'

하루키와 프란츠 카프카(Franz Kafka, 1883~1924)의 관계는 단행본 분량으로 쓸 수 있을 정도로 깊다. 하루키 소설에는 카프카 작품이 패러디 되거나 인유(引喩)되어 자주 등장한다.

가령 『세계의 끝과 하드보일드 원더랜드』(1985)에서 그림자를 떼어내고 문지기를 통과하는 장면은 카프카의 단편 「법 앞에서」를 패러디 한 부분이고, 하루키 자신이 소설에서 그 사실을 살짝 밝히기도 한다.

『해변의 카프카』의 주인공 다무라 카프카는 프란츠 카프카와 비슷한 면이 많다. 다무라 카프카는 아버지로부터 떠나는 인물인데, 아버지를 떠나고자 하는 욕망은 바로 프란츠 카프카의 욕망이었다. 소설 전체가 카프카를 인유하고 있다고 볼 수 있다.

한 가지 주제를 목표로 하지 않고, 애매모호한 여러 주제를 떠올리게 한다는 점에서 하루키의 문학과 카프카의 문학은 닮았다. 하루키의 문장에는 "프란츠 카프카적인 무거움과 가슴 답답함이 드리워"(『하루키의 여행법』, 139면)진 문장이 많이 나온다.

하루키는 카프카의 작품 이전에 카프카의 삶 자체에 공감한다.

태어나자마자 작가가 만나는 첫 번째 타자는 부모다. 부모가 어떤 사람이냐는 그 작가의 작품에 많은 영향을 준다. 카프카와 하루키는 모두 작품에서 아버지로부터 받은 억압을 보여준다.

카프카의 유년 시절은 고독했다. 카프카는 중산층 유대인 가정에서, 가난한 백정의 아들로 자란 상인 헤르만 카프카와 율리에 뢰비의 셋째 아들로 태어났다. 두 형이 어려서 죽어 카프카는 맏아들이 된다. 자수성가한 아버지는 일밖에 몰랐고, 어머니도 아버지의 사업을 거들었다. 카프카는 유모에게 맡겨져 자랐다. 카프카는 돈 벌기에 바쁜 아버지의 몰이해 속에 몽상적인 내면생활을 기록해갔다. 아버지 이미지는 카프카의 무의식을 평생 억압했다.

그의 소설에서 아버지 이미지는 물질적인 성공과 사회적인 출세 외에는 숭배할 것이 없는, 거칠고 실질적이며 오만한 상점 주인이다. 가부장인 아버지는 카프카의 상상 속에서 때때로 혐오스러운 폭군으로 등장한다.

소년 시절의 프란츠 카프카.

당시 유럽에 살던 유대인들은 크게 둘로 나뉘었다. 서부 유럽에는 '유럽 문화에 동화된 유대인'이 살고 있었고, 동부 유럽에는 히브리 문화의 고유성을 지키려 했던 유대인이 살고 있었다. '동화된 유대인'이었던 아버지는 유대인 공동체의 예배와 의례를 마지못해 지킬 뿐, 카프카를 서부 유럽인으로 키우려 했다. 소심하고 죄의식을 지닌 온순한 소년 카프카는 규율이 엄격한 고등학교인 알트슈테터 슈타츠 김나지움에서도 모범생이었다. 사실 카프카는 권위주의와 고전어를 강조하는 암기식 억압에 반발하고 있었다.

그 모든 권위에 대한 불만이 아버지 이미지에 모인다. 카프카는 권위적이고 냉정한 아버지와 평생 거리를 두었다.

> 아버지는 힘, 건강, 식욕, 목소리, 언변, 자기만족, 자부심, 끈기, 순발력, 이해심 그리고 어느 정도의 아량 등, 어느 모로 보나 영락없는 카프카 집안사람이십니다. (프란츠 카프카, 『아버지에게 드리는 편지』, 문학과지성사, 1999, 18면)

실제로 부친 편지가 아닌 에세이 『아버지에게 드리는 편지(Brief an den Vater)』(1919)를 보면, 카프카의 아버지는 마초(macho)적 인물이었다. 마초는 마초를 숭앙한다는데, 카프카는 그 반대였다. 차별받는 약자와 유대인에게 동조하던 카프카는 때로는 사회주의자들에 대한 공감을 표시했고, 제1차 세계 대전 전에는 체코 무정부주의자 회합에 참석했으며, 말년에는 사회주의화된 시오니즘에 뚜렷한 관심과 공감을 보였다.

낮에 직장에서 일하고 밤에 글 쓰는 일은 그의 몸을 허약하게 만들었다. 카프카에게 무능하다는 생각을 주입시킨 위압적인 아버지 때문에, 아버지에게 묶인 끈을 잘라버리려고 결혼을 생각한다.

연인 펠리체 바우어를 만난 후 창작력이 더욱 솟아올랐다. 카프카는 펠리체 덕분에 아버지를 등장시킨 소설 「선고(Das Urteil)」(1913), 『변신(Die Verwandlung)』(1916)을 연이어 썼다. 안타깝게도 한 가족을 이끌어갈 만한 사회성이 결여되어 있다고 스스로 생각한 카프카는 펠리체 바우어와 결혼할 수 없었다. 자신이 타자와 친교를 맺지 못하고 고립되었고, 아이가 있으면 일과 글쓰기를 병행할 수 없을 것 같다고 판단하자 카프카는 결혼에 자신이 없었다. 게다가 아버지는 펠리체와의 결혼을 반대했다. 카프카는 그녀와 약혼을 두 번이나 번복했고, 결국 사랑이 아닌 글쓰기를 선택했다. 결혼한다 해도 자신 또한 한 아버지가 되는 평범한 삶에 실패할까 두려워 문학으로 도피했다고 카프카는 고백한다.

『변신』에서 그레고르는 작가인 카프카 자신으로 볼 수 있다. 카프카가 아버지에게 쓴 편지에 『변신』의 창작 동기가 되는 부분이 있다.

> 아버지께서도 아마 기억나실 겁니다. 어느 날인가 제가 한밤중에 일어나 물을 달라고 계속 칭얼대며 징징거린 적이 있었지요. 분명 목이 말라서는 아니었고 다분히 한편으론 아버지 어머니의 화를 돋우기 위해서, 또 한편으론 그냥 이야기가 하고 싶

어서였던 것 같아요. 몇 차례 호된 위협을 퍼부었으나 소용이 없자 아버지는 저를 침대에서 들어내 파블라취(발코니형 복도——인용자)로 끌고 나가 그곳에 저를 한동안 속옷 바람으로 혼자 세워두셨지요. (『아버지에게 드리는 편지』, 25면)

카프카에게 아버지는 거인이었고, 아버지 앞에서 카프카는 벌레처럼 초라해지는 모습이 편지에 나온다. 아버지는 독일인으로 동화하지 않는 유대인 연극배우들에게 심한 말을 하고, 그들을 벌레에 비유하기도 했다.

아버지는 제가 지금은 기억할 수 없는 어떤 섬뜩한 말들로 그를 독충(Ungeziefer)과 비교하셨지요. 그리고 제가 아꼈던 사람들에 대해선 번번이 그러셨듯이, 아버지는 그때에도 역시 거의 자동적으로 개와 벼룩의 속담을 꺼내셨지요. (『아버지에게 드리는 편지』, 35면)

『변신』에서 그레고르에게 그나마 가장 신경을 써준 사람은 여동생이었고, 어머니도 그레고르를 그리워는 했다. 아버지는 그레고르에게 여러 차례 폭력을 휘둘렀다. 그레고르는 원활하지는 않지만 말을 할 수 있었는데도 어느 누구도 벌레가

된 그레고르와 이야기해보려 하지 않았다.

카프카는 펠리체 바우어와 1917년 헤어졌고, 그해 폐결핵이 그의 온몸에 침투했다. 그때부터 자주 요양원 신세를 져야 했다. 결국 죽기 2년 전인 1922년 카프카는 연금을 받으며 은퇴했다. 1923년 카프카는 아버지의 가부장적 억압으로부터 벗어나 글쓰기에 전념하기 위해 베를린으로 갔다. 베를린에서 사회주의자인 젊은 유대 여성 도라 디아만트와의 우정으로 삶의 용기를 얻었지만, 1924년 겨울에 결정적으로 건강이 악화되어 베를린 체류는 짧은 기간으로 끝났다. 카프카는 죽음을 앞두고 "나의 원고를 모두 불태워달라."는 유언을 남기고, 빈 근처의 한 요양원에서 죽었다.

아시아적 아버지 콤플렉스

카프카 소설처럼 하루키 소설의 구석구석에 그가 '직접 혹은 무의식으로 체험한 역사'가 늘 자리하고 있다. 그 사실은 카프카의 에세이 『아버지에게 드리는 편지』, 무라카미 하루키의 『고양이를 버리다』를 통해 명확히 드러난다.

카프카와 하루키가 아버지라는 권위와 과거의 전통을 이겨내는 중심에는 '오욕(汚辱)'을 이겨내려는 의지가 있다. 오욕

	카프카의 '아버지'	하루키의 '아버지'
출신	상인 출신 유대인	일본 불교 주지승의 아들, 군인 출신, 교토대 졸업
교육 방법	부르주아 유럽인으로 성장하도록 '독일어' 교육	매주 토요일 일본 문학 작품 읽히며 최고 일본인이 되기를 바람
아버지가 등장하는 작품	「변신」, 「판결(선고)」, 「시골의사」, 「낡은 문서」, 「황제의 칙령」, 「만리장성의 축조 때」 등	「양을 쫓는 모험」, 「해변의 카프카」, 「기사단장 죽이기」, 「야쿠르트 스왈로스 시집」 (「일인칭 단수」에 수록)
특이점	들뢰즈는 카프카가 표현한 아버지는 '과장된 아버지'라고 평가	하루키는 아버지 세대가 직간접으로 중국인 학살에 가담한 공범이라고 봄
탈출	환상 속으로 탈출	대학 2학년 때부터 집에서 나와 카페 경영, 결혼, 소설 속에서 투쟁
공통점	두 작가 모두 아버지라는 무게에 짓눌림. 두 작가에게 아버지는 세계 체제, 세계 권력과 동일시되어 나타남	

을 이겨내는 데 폭력과 도적질과 거짓의 과거를 갈래갈래 하나씩 펼쳐보면서 '해부하기' 외에 다른 방법이 있을까. 역사는 수많은 갈래가 작용하여 복합적인 요인으로 이루어진다. 카프카와 하루키는 그 복합적인 것을 무의식부터 갈래갈래 해부한다.

카프카 작품에서 아버지는 너무도 자주 나온다. 카프카 문학

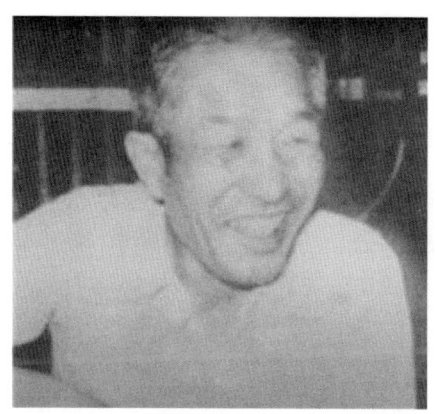
친일 문학 연구가 임종국.

에 '아버지 콤플렉스'가 과도하게 드러나는 현상을 들뢰즈는 저서 『소수 집단의 문학을 위하여: 카프카론』 2장에서 '과장된 아버지(exaggerated father)'라고 표현하기도 했다. 40대 사내가 아버지 문제로 너무 꾀병을 부린다고 읽는 이들도 있다.

반면 하루키의 작품에서 아버지는 일본이란 제국의 모습 혹은 신흥 종교 같은 이데아로, 거의 숨은 신(hidden God)으로 등장한다. 하루키가 쓴 소설 곳곳에 일본이 회피하고 있는 역사 현장이 느닷없이 나온다.

아버지가 등장하는 하루키 소설을 읽으면, 다른 시각에서 친일 문학 연구가 임종국 선생(1929~1989)이 가끔 떠오른다.

임종국 선생은 친일파 연구를 하다가 아버지의 부끄러운

친일 행위를 발견한다. 그의 아버지 임문호(1900~1972)는 일제 강점기 때 천도교 지도자로, 문학 평론가 겸 역사학자였다. 임문호는 1940년대에 '조선임전보국단' 발기인 등으로 참여하여 전시 체제에 동참할 것을 요구하는 글을 쓴다. 아들 임종국은 여동생을 붙잡고 "우리 아버지 이제 어떡하냐."며 울었다고 한다. 이내 그는 아버지의 친일 행적을 세세히 조사하여 기록으로 남겼고, 현재 임문호는 『친일인명사전』(2009)에 종교 부분 친일파로 기록되어 있다.

하루키 소설을 보면, 그가 아버지로 대표되는 일본의 국가 권력이 저지른 부끄러움을 낱낱이 찾아 기록하는 위험한 시도를 한다. 카프카가 많은 소설에 아버지 권력을 유대인을 차별하는 서부 유럽인의 권력과 비교하며 낱낱이 기록해놓았듯이 말이다. 카프카, 임종국, 하루키, 이들은 아버지로 인해 고통 받은 작가들이다. 아버지로 말미암은 이들의 고통은 오이디푸스 콤플렉스와 비슷하지만, 임종국과 하루키는 아시아의 비극적 역사를 배경으로 한다는 점에서 다르다. 임종국과 하루키의 무의식에는 아버지 세대인 일본의 국가 권력이 저지른 죄악이 있다. 이들의 아버지 콤플렉스를 '아시아적 아버지 콤플렉스'라고 명명해보고 싶다.

이들이 아버지, 아버지 세대가 저지른 권력과 폭력을 기록하는 까닭은 그들이 모두 일상과 무의식에서 고통 받으며 잊지 않고 의식하기 때문이다. 자신은 물론이고 다음 세대는 그 고통에서 벗어나기를 원하기 때문이다.

더 깊이 쓰자면 '삭제의 죄악'에 맞선 '기억의 복원'을 시도한 작가로 볼 수도 있겠다. 하루키 소설이 우울한 까닭은 그의 무의식이 아직 장례식을 치르고 있기 때문일 것이다. 섹스를 하고 와인을 마셔도, 세상은 아직 슬픔이 해결되지 않은 '상중(喪中)'이라는 사실을 늘 의식하기 때문이 아닐까.

하루키 문학에 기록된 일본의 오욕은 일본과 아시아를 위해 좋다고 K는 생각한다. 오욕을 외면하지 않고 마주하며 성찰하는 태도는, 다시는 그 오욕이 반복되지 않게 하는 지렛대이기 때문이다.

2. 바람, 코끼리, 쥐 인간은 무엇인가

1979년 30세 '소설가 하루키'의 탄생
『바람의 노래를 들어라』

30세, 나도 쓸 수 있다

1974년 25세의 하루키는 재즈 카페 '피터 캣'을 연다. 가게를 열 때 500만 엔(5000만 원 정도)이 들었는데 반은 아내와 함께 아르바이트를 해서 충당하고, 나머지 반은 은행에서 융자를 얻는다. 1975년 26세의 하루키는 7년간 다닌 와세다 대학 문학부를 졸업한다.

1976년 27세의 하루키는 별 소득 없이 재즈 카페를 경영하며 지낸다. 이해는 이름이 비슷한 소설가 무라카미 류(村上龍, 1952~)가 쓴 장편 소설 『한없이 투명에 가까운 블루』가 발표되어 베스트셀러로 주목받는 시기였다. 무라카미 류는 하루키보다 세 살이 어리지만, 하루키가 작가가 되기 전에 이미 베스트셀러를 내는 작가였다.

3년이 지난 어느 날, 하루키에게도 소설을 써야겠다는 결정적인 계기가 다가온다. 1979년 4월 진구(神宮) 야구장 외야석에서였다. 그때는 진구 야구장에 아직 의자가 없었고 그냥 잔디밭이었다.

> 히로시마의 선발 투수는 분명 다카하시였던 것으로 알고 있습니다. 야쿠르트의 선발은 야스다였습니다. 1회 말, 다카하시가 제1구를 던지자 힐턴은 그것을 좌중간에 깔끔하게 띄워 올려 2루타를 만들었습니다. 방망이가 공에 맞는 상쾌한 소리가 진구 구장에 울려 퍼졌습니다. 띄엄띄엄 박수 소리가 주위에서 일었습니다. 나는 그때 아무런 맥락도 없이, 아무런 근거도 없이 문득 이렇게 생각했습니다. '그래, 나도 소설을 쓸 수 있을지 모른다'라고. (무라카미 하루키, 『직업으로서의 소설가』, 현대문학, 2021, 45면)

야구장 외야석 잔디밭에 드러누워 맥주를 마시면서 야구 경기를 보다가, 방망이에 공이 맞는 상쾌한 소리를 듣고 하루키는 갑자기 뭔가 써보고 싶다는 생각이 든다. 응원하는 야구

팀 야쿠르트가 힘을 내고 있으니 나도 최선을 다해 살고 싶다는 생각 때문일까. 그 길로 신주쿠에 있는 기노쿠니야 서점으로 가서 만년필과 원고지를 사서 글을 쓰기 시작한다. 그때부터 '하루키 원더랜드'가 펼쳐진다.

워크맨과 함께 태어난 신인

1979년 6월, 30세의 하루키는 드디어 처녀작 『바람의 노래를 들어라(風の歌を聽け)』로 제22회 군조(群像) 신인 문학상을 수상한다. "1969년 8월 15일부터 이듬해 4월 3일까지 나는 358회의 강의에 출석하고 54회의 섹스를 하고 6921개비의 담배를 피웠다."라는 독특한 문장이 있는 이 작품의 수상에 심사 위원 다섯 명이 모두 동의했다.

1979년에 심사를 보았던 문학 평론가 마루야 사이이치(丸谷才一)의 심사평은 지금 읽어보아도 타당하다.

스물아홉 살 청년이 이만한 작품을 썼다는 것은 일본 문학의 취향이 크게 변화하고 있다고 생각됩니다. 이 신인의 등장은 하나의 사건입니다. 그리고 이 등장이 강한 인상을 남기는 이유는 작가의 배후(로 추정되는) 문학 취향의 변혁에 있다고 할 수 있

습니다. 이 작품이 모든 심사위원 다섯 명의 지지를 받았다는 것은, 매우 흥미로운 일이었습니다. (富岡幸一朗,「『風の歌を聽け』-〈象〉を語る言葉」,『ユリイカ』, 2000년 3월 임시호, 82면에서 재인용)

이 평가 이후 40여 년이 지났지만 "이 신인의 등장은 하나의 사건"이라고 평한 심사 위원의 평가는 틀리지 않았다. 한 달 후 7월 1일 소니가 세계 최초로 휴대용 스테레오 플레이어 '워크맨'을 발매하고, 그달 25일에 이 소설은 고단샤에서 단행본으로 출간된다. '워크맨'과 『바람의 노래를 들어라』는 1979년 일본 문화의 새 흐름을 알리는 신호탄이었고, 그 무렵 미소 대립의 냉전 구조는 붕괴된다.

당시 베스트셀러 작가 무라카미 류는 대담에서 하루키에게 "하루키 씨도 한 번쯤 밀리언셀러 같은 걸 써놓는 게 좋을 거예요."라는 조언을 한다. 비슷한 나이지만 작가로서 선배였던 류의 조언이 덕담이 되었을까, 자극이 되었을까. 이후 하루키는 책을 낼 때마다 밀리언셀러를 넘어서고, 조언을 했던 무라카미 류를 뛰어넘는 작가가 되었다.

이제 그의 첫 소설을 읽어보자. 오사카 출신의 주인공 '내'가 도쿄에서 공부하다가 여름 방학에 고향으로 와서 친구와

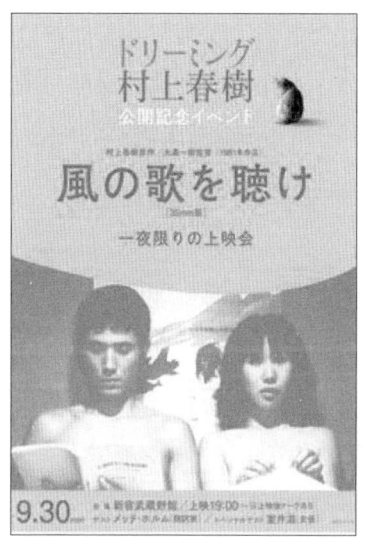

영화 『바람의 노래를 들어라(風の歌を聴け)』 포스터.

함께 대략 15일 동안 지내는 일종의 일기다. 이 소설은 1981년 영화로도 제작되었다.

완벽한 문장 따위는 존재하지 않아

소설의 첫 문장이라면 소설의 배경이 되는 공간이나 연대나 사건이 나올 법한데, 이 소설에서 그런 내용은 3장에서야 나온다. 앞부분에는 문장이 어떻고 어떤 작가가 좋다느니 등,

문학에 대한 이야기가 나온다. 미리 써두는데, 이 소설은 대단히 분열적이다. 하나의 주제나 목적을 향해 달리지 않고 마구 분열된 세대의 모습을 깨진 거울처럼 그대로 드러낸다. 첫 문장을 읽어보자.

"완벽한 문장 따위는 존재하지 않아. 완벽한 절망이 존재하지 않듯이 말야."
내가 대학생 시절에 우연히 알게 된 어떤 작가는 나에게 그렇게 말했다. 내가 그 진짜 의미를 이해할 수 있던 것은 먼 훗날의 일이지만, 적어도 일종의 위로로 받아들이는 것은 가능했다. 완벽한 문장 따위는 존재하지 않는다, 라고. (『風の歌を聽け』, 1장 첫 문장, 인용자 번역)

성실한 작가는 완벽하지는 않지만 '최고의 문장'을 위해 절망한다. 완벽한 문장을 향하여 수없이 절망하며 쓴다 해도, 인간은 완벽한 문장에 이를 수 없다. 절망하고 절망하여 '완벽한 절망'을 했기에 '완벽한 문장'에 도달할 수 있을 것 같지만, 금방 그 문장도 완벽하지 않다는 것을 깨닫는다. 완벽한 문장에 이를 수 없기 때문에, 원고를 프린트해놓고 붉게 수정하거나 원고를 찢으면서 절망한다. 성실한 작가라면 자신의

문장에 절망하고 또 절망하면서 끝내 "완벽한 문장 따위는 존재하지 않아(完璧な文章などといったものは存在しない)."라는 사실을 깨닫는다. "완벽한 문장(完璧な文章)"을 향한 치열한 고투 이후에 절망한 글쟁이만이 쓸 수 있는 정언(定言)이 이 소설의 첫 문장이다.

완벽한 문장에 이를 수 없다는 사실을 깨달은 글쟁이는 완벽한 문장에 앞서 쓰고 싶은 대상에 더욱 몰두한다. 이 정언은 완벽한 문장에 목을 매기보다는, 자유롭게 글을 쓰라는 위로로 받아들일 수도 있다. 완벽한 문장보다는 자유로운 문장을 쓰겠다는 생각으로 전환될 때, 첫 문장은 "적어도 일종의 위로(ある種の慰め)로" 다가오는 것이다. 문장만 그럴까. 삶도 비슷하지 않은가. 절망하고 절망한다고 완벽한 삶을 사는 것은 아니다.

이 소설은 앞부분에 관념적인 개념들이 몇 가지 나온다. 그중 코끼리, 데릭 하트필드, 쥐 인간, 바람의 의미 등을 설명하면서 소설을 풀어가려 한다.

코끼리는 무슨 뜻일까

"완벽한 문장"이 왜 불가능한지, 하루키는 코끼리를 표현하는 방식으로 설명한다. 소설 첫 페이지 10행 정도에 코끼리가 등장한다.

그렇지만 그래도 역시 무엇인가를 쓰려고 하는 단계가 되면 항상 절망적인 기분에 사로잡히게 된다. 내가 쓸 수 있는 영역이 너무나도 제한된 것이었기 때문이다. 예를 들어 코끼리에 대해서 무언가를 쓸 수 있게 되었다고 하더라도 코끼리 사육사에 대해서는 아무것도 쓸 수 없을지도 모른다. 그런 것이다.
팔 년간 나는 그러한 딜레마를 계속 안고 살았다. 팔 년간, 긴 세월이다. (『風の歌を聽け』, 1장, 인용자 번역)

코끼리에 대해 쓰고 싶은데 8년간 쓰지 못했다고 한다. 코끼리에 대해 쓸 수 있더라도 '코끼리 사육사(象使い)'에 대해서는 쓸 수 없을 거라고 한다. 코끼리의 형태를 대강 쓸 수는 있지만, 코끼리를 보살피는 사육사의 심리까지 쓰기는 어렵다는 뜻으로 읽힌다. 코끼리 사육사를 묘사하려면 그의 몸, 그가 자라온 배경, 사육사의 고민 등 더 깊이 상상하며 써야 한다. 일단 과연 '나'를 짓누르고 있는 코끼리는 무엇일까.

코끼리는 평원으로 돌아가고 나는 좀 더 아름다운 말로 세상

을 얘기하기 시작하겠지. (『風の歌を聽け』, 1장, 인용자 번역)

코끼리가 평원으로 돌아간다는 말은 무엇일까. 이제 코끼리 이야기는 평원으로 돌려보내고 다른 얘기를 하자는 뜻으로 읽을 수 있다. 아니면 소설을 쓰고 자신의 고통이 정리된다면 코끼리는 자연 그대로 평원으로 돌아간다고 한다. 그제야 비로소 '나'는 아름다운 말로 세상을 얘기할 수 있다. 코끼리가 돌아가기 전까지는 비극적인 이야기를 쓸 수밖에 없다는 말이다.

카프카는 벌레, 원숭이, 말 등 다양한 곤충이나 동물을 소설에 등장시켰다. 하루키 소설에도 동물이 자주 나온다. 수수께끼 같은 그의 초기 소설을 풀어내려면 동물이 무슨 뜻인지 상상하며 읽어야 한다. 소설에서는 '쥐'가 동물원에 가자고 제안하는 데 그치지만, 영화에는 '나'와 '쥐'라는 별명의 사내가 고베시에 있는 오지(王子) 동물원에서 지내는 장면이 나온다.

"자아, 어디로 갈까요?"
"동물원."
"좋지." 하고 나는 말했다. (『風の歌を聽け』, 27장, 인용자

번역)

주인공 '나'는 무료한 일상에서 벗어날 곳을 상의한다. 그들이 가기로 한 곳은 동물원이다. 동물은 다양한 수사법으로 시도 때도 없이 등장한다.

그녀의 몸은 깡통 연어처럼 완전히 얼어 있었다. (『風の歌を聽け』, 34장, 인용자 번역)

"작년에 말이야. 소를 해부했어."
"그래?"
"배를 째보니까, 위 속에는 한 줌의 풀밖에 들어 있지 않았지. 나는 그 풀을 비닐봉지에 담아서 집에 들고 와 책상 위에 놓았지." (『風の歌を聽け』, 35장, 인용자 번역)

"자네가 없어지면 쓸쓸해, 원숭이 콤비도 해산이군." (『風の歌を聽け』, 38장, 인용자 번역)

하루키 소설에 나오는 연어, 소, 원숭이, 개구리 등 다양한 동식물 중에 초기 소설에서 돋보이는 동물은 코끼리다.

초기 소설에 코끼리는 계속 등장한다. 핀볼 게임 기기가 잔뜩 쌓여 있는 창고를 "죽음을 예감한 코끼리", "창고는 코끼리 무덤"(『1973년의 핀볼』, 5장, 22장)으로 표현한다. 코끼리가 인간 세계와 관계있는 상징이라는 짐작은 할 수 있지만 명확하지는 않다. 『양을 쫓는 모험』에서는 더욱 구체적으로 나온다.

> 세계——이 말은 언제나 내게 코끼리와 거북이가 필사적으로 떠받치고 있는 거대한 원반을 생각나게 했다. 코끼리는 거북이의 역할을 이해하지 못하고, 거북이는 코끼리의 역할을 이해하지 못한다. (무라카미 하루키, 『양을 쫓는 모험』, 문학사상, 2021, 상권 제5장 176면)

이 인용문에서 코끼리는 세계의 한편을 떠받치고 있는 어떤 힘이나 시스템이다. 코끼리는 세상의 한편을 구성하는 구체적인 현실이라는 것을 어렴풋이 알 수 있다. 코끼리는 현대인의 초상이며, 현실을 떠받치는 조직 사회의 구조. 그 코끼리가 긍정적인 시스템인지 부정적인 시스템인지, 그 평가는 없다. 다음 문장에서 더욱 정확히 표현된다.

"또 비유를 하자면, 자네는 자신의 의식 밑바닥에 있는 코끼리 공장으로 내려가서, 자네의 손으로 코끼리를 만들고 있었다는 거야. 그것도 자네 자신도 모르는 사이에." (무라카미 하루키, 『세계의 끝과 하드보일드 원더랜드』, 문학사상, 2018, 2권 25장 134면)

지금까지 나온 코끼리는 무덤이나 세상과 연결되었고, "자네의 손으로", "자네 자신도 모르는 사이에" 코끼리 같은 사회 조직을 만들고 있다고 한다. 누구나 자신도 모르는 사이에 거대한 코끼리 조직에 포함되어 있다. 누구는 군대에, 누구는 학교에, 누구는 기업에, 누구는 종교나 정치계라는 거대한 코끼리 시스템에 관계되어 있는 것이다. 내 손으로 나도 모르게 그 코끼리 시스템을 만들고 있다고 한다. 이쯤에서 우리는 이 코끼리를 통해 어린 시절 하루키에게 평생 잊지 못할 충격을 주었던 아버지, 그 아버지 세대가 일으켜 세운 거대한 '코끼리 사회 시스템'을 떠올리게 된다.

가상 인물, 데릭 하트필드

하루키 소설에는 등장인물의 실명이 잘 나오지 않는다.

'나', 쥐, 이런 식이다. 다만 '데릭 하트필드'라는 작가 이름이 나온다.

불행하게도 하트필드 자신은 모든 의미에서 '불모(不毛, ふもう)'의 작가였다. 그의 책을 읽어보면 알 수 있다. 문장은 읽기 힘들고 스토리는 엉망이고 테마는 치졸하다. 그럼에도 불구하고 하트필드는 문장을 무기로 싸울 수 있는 몇 안 되는 뛰어난 작가 중 하나였다. 헤밍웨이, 피츠제럴드와 같은 동시대의 작가와 견주어도 하트필드의 그 전투적인 자세는 결코 뒤지지 않을 거라고 나는 생각한다. 다만 유감스럽게도 하트필드 자신은 마지막까지 자기가 싸우는 상대의 모습을 명확하게 포착하지 못했다. 결국 불모라는 건 그런 뜻이다. (『風の歌を聴け』, 1장, 인용자 번역)

『바람의 노래를 들어라』에 나오는 '데릭 하트필드(デレク ハートフィールド)'라는 작가는 하루키가 지어낸 수수께끼의 인물이다. 이 인용문에는 하루키의 미래가 예견되는 세 문장이 있다.

첫째는 하트필드가 "모든 의미에서 '불모'의 작가(全ての意味で不毛な作家)"라는 문장이다. 불모(不毛)란 아무런 발

전이나 성과가 없는 상태를 뜻한다. 작가로서 성공할 수 있을지 걱정하는 듯한 이 불모의 불안은 하루키의 내면이 아닐까.

둘째는 하트필드가 "문장을 무기로 싸울 수 있는…… 작가(文章を武器として戰うことができる…… 作家)"라는 문장이다. "싸울 수 있는 작가"라는 표현은 여러 뜻으로 해석할 수 있다. 자신의 내면과 싸울 수 있는 작가이기도 하고, 시대와 싸울 수 있는 작가이기도 하다. 싸우려면 문장을 무기로 다듬어야 한다. 문장을 무기로 하려면 독자를 자기편으로 끌어들여야 한다. 이 문장은 하루키가 쓰고자 하는 소설의 전략을 말한다.

하루키의 문체에 대한 의식은 15세였던 1964년 4월, 효고현립 고베 고등학교로 진학할 때 이미 축조되기 시작했다. 고베 고등학교에서 서클은 신문위원회를 선택하여 들어간다. 3학년 때는 신문위원회 회장이 된다. 하루키의 간결한 문체는 이때 이미 다듬어지지 않았을까. 『바람의 노래를 들어라』에 나오는 조숙한 문체 의식은 남보다 빨랐던 문장 훈련에서 기인할 것이다. 하트필드라는 작가는 하루키가 되고자 하는 가상의 목표인 것이다.

셋째는 가상의 작가인 하트필드는 "헤밍웨이, 피츠제럴드와 같은 동시대의 작가와 견주어도" 뒤지지 않을 거라는 문장이다. 특히 "전투적인 자세(戰鬪的な姿勢)"가 뒤지지 않을 거

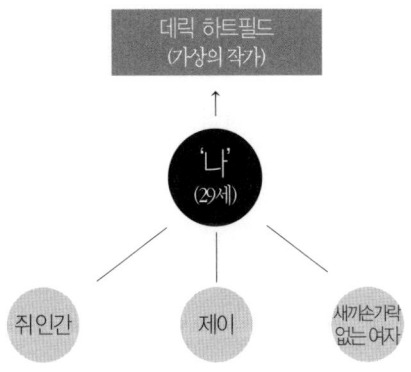

『바람의 노래를 들어라』 인물도. ⓒ김응교

라고 한다.

하루키는 고교생 때부터 영어 원서를 읽기 시작한다. 외국 선원들이 고베의 헌책방에 팔고 간 영문 페이퍼백에 몰두하며, 이때부터 커트 보니것, 트루먼 커포티, 레이먼드 챈들러, 스콧 피츠제럴드 등의 미국 소설을 읽는다. 영어 원서라 절반은 이해할 수 없어, 틈만 나면 영어 사전을 왼손에 들고 재미 삼아 번역하기 시작한다. 하루키의 독특하고 자발적인 습관은 이후 수많은 영미 소설 번역을 위한 든든한 기초가 된다. 하루키는 나아가 도스토옙스키, 레이먼드 카버, 커트 보니것, 리처드 브라우티건 같은 작가들을 좋아하기 시작한다.

인용문에는 일본 문학 작품이 전혀 언급되지 않았다. 하루키도 일본 문학은 거의 읽지 않고 별 관심 없는 듯이 지나치곤 하지만, 사실은 그렇지 않다. 나쓰메 소세키, 다니자키 준이치로, 아쿠타가와 류노스케, 가와바타 야스나리, 다자이 오사무, 사카구치 안고, 미시마 유키오 등이 하루키 문학에 알게 모르게 영향을 주었다.

가상의 작가 '데릭 하트필드'가 "1938년 6월의 어느 맑은 일요일 아침, 왼손에는 히틀러의 초상화를 끼고 오른손에는 우산을 든 채로 엠파이어 스테이트 빌딩의 옥상에서 뛰어내린" 마지막 죽음 장면은 하루키의 무의식을 표현한 듯싶다. 하루키의 내면에는 히틀러 같은 폭력, 초상화라도 알리고 싶은 인정 욕구, 한편에는 우산을 펴들고 살고자 하는 실존 의식이 겹쳐 있다.

데릭 하트필드가 떨어져 있는 모습을 보았을 때 "개구리처럼 납작해져 죽었다."라는 표현은 카프카의 『변신』에서 "그레고르 잠자의 몸이 완전히 납작하고 말라 있었다(flach und trocken)."란 표현과 비슷하다. 비참하게 죽은 데릭 하트필드의 모습은 카프카가 가정부의 입을 빌려 그레고르 잠자의 죽음을 "그것이 뒈졌다(Es ist krepiert)."라고 표현한 문장을 떠오르게 한다.

'쥐 인간'은 무엇일까

'쥐'는 『바람의 노래를 들어라』 3장, 4장에서 처음 등장한다. 이 소설은 1979년 스물아홉이 되어버린 '내'가 되돌아본, 1970년 8월 8일부터 26일까지 친구 '쥐'와 제이와 더불어 보낸 대략 두 주간, 15일간의 이야기다. 이 시기는 일본의 경제적 풍요가 그 초석을 다져가던 시기였지만, 정치적으로는 아직 그 혼란이 극복되지 않았던 시기이기도 했다. 1960년대 중반부터 1970년대 초에 이르는 이 시기는 일본 현대사에 있어서도, '나'와 쥐 그리고 하루키에게도 매우 중요하고 의미 있는 정치적 변화의 시기라고 할 수 있다.

"부자 따윈, 전부 빌어먹으럼."

쥐는 카운터에 양손을 짚은 채 나를 향해서 우울한 듯이 그렇게 소리쳤다.

혹은 쥐가 소리친 상대는 내 뒤에 있는 커피 밀인지도 모르겠다. 나하고 쥐는 카운터에 이웃해서 앉아 있었고, 구태여 나를 향해서 소리칠 필요는 없었기 때문이다. (무라카미 하루키, 『바람의 노래를 들어라』, 모음사, 1991, 3장 17면)

처음 읽을 때는 '쥐'가 실제 포유동물 쥐인지 혼란스럽다. 일본어 원서를 보면 '鼠'(ねずみ, 쥐)라고 한자로 명확히 나온다. 같이 대화하고 생활하는 것을 읽으며 등장인물 별명이 '쥐'라는 사실을 확인한다.

> 내가 쥐하고 처음 만난 것은 삼 년 전 봄의 일이었다. 그것은 우리들이 대학에 들어간 해였고, 둘다 상당히 취해 있었다. 그러니까 도대체 어떤 사정으로 우리들이 새벽 네시가 조금 지난 시간에 쥐의 까만 피아트 600을 같이 타게 되었는지 도대체 기억이 없다. 공통의 친구라도 있었던 거겠지. 어쨌든 우리들은 많이 취했었고, (『바람의 노래를 들어라』, 4장 21면)

왜 '쥐'일까. 등장인물의 얼굴 모습이 쥐 상일까. 『바람의 노래를 들어라』 18장을 보면, 쥐 인간의 외모는 "키가 크고 조금 이상한 사람 말이야. 몰리에르를 읽고 있는" 키가 큰 사람이다. 『양을 쫓는 모험』 8장을 보면 쥐 인간과 양 사나이를 비교하고 있다.

> 양 사나이의 키는 우편함보다 조금 큰 정도였다. 아마 150센티미터쯤일 것이다. (『양을 쫓는 모험』, 하권 제8장 175면)

양 사나이는 손등을 뚫어지게 쳐다보다가 뒤집어서 손바닥을 바라보았다. 그 행동은 쥐가 자주 하던 짓이다. 그러나 양 사나이가 쥐일 리는 없다. 키가 20센티미터 이상이나 차이 난다.
(『양을 쫓는 모험』, 하권 제8장 184면)

양 사나이가 150센티미터인데 쥐 인간이 20센티미터 이상 크니, 쥐 인간의 키는 170센티미터 이상이다. 하루키의 초기 3부작 『바람의 노래를 들어라』, 『1973년의 핀볼』, 『양을 쫓는 모험』에는 3명의 같은 인물이 등장한다. '나'와 '제이'와 '쥐'라는 인물이다.

첫째는 하루키가 프로이트(S. Freud, 1856~1939) 책을 읽고 영향 받았을 가능성이 있다. 하루키가 정신 분석학 책에 몰두한 사실은 잘 알려져 있다. 프로이트의 저서 중 『쥐 인간』, 『늑대 인간』이 있다. "독일어 Spielratte라는 단어를 나눠보면 spiel은 놀이 또는 도박, ratte는 쥐라는 뜻을 가지고 있다. 말 그대로는 '놀다-쥐'인데, 구어체 독일어에서는 도박꾼을 이른다."라며 프로이트는 인간 심리 중 쥐다운 면을 강박증과 연관시켜 언급하기도 했다.

둘째는 소설에서 '내'가 태어난 1948년이 '쥐해'였다. '쥐 인간'은 '나'와 3개월 차이로 태어났다. 실제 하루키는 1949년에 태어났지만, 쥐해의 특성을 빌려 말하고 있다.

'쥐 인간'은 하루키의 분신으로 볼 수 있겠다. 쥐 인간이 등장하면 하루키는 '우리'로 표현한다. 이 소설은 '나'의 고백체 문장이지만, 내가 나를 완벽하게 대변할 수 없다. 왜냐하면 우리가 생각하는 '나'는 그저 우리 내면에 있는 자아(ego)가 인식하는 나의 이미지에 불과하기 때문이다. 이때 쥐 인간이 하루키의 무의식을 반영하는 역할을 한다. "공통의 친구라도 있었던 거겠지. 어쨌든 우리들은 많이 취했었고,"라는 표현에서 그 단서를 찾을 수 있다.

카를 융(Carl Gustav Jung, 1875~1961)에 따르면 우리 내면에는 자아(ego)와 자기(self)가 존재한다. 자아란 앞서 말했듯이 내가 생각하는 나의 이미지이며 우리가 평소에 생각하는 '나'이고, 자기란 자아가 발견하지 못한 내면의 잠재성을 담고 있는 본래의 자신이다. 게다가 자아는 의식을 지배하는 특성을 지녀서, 자아가 한번 정립한 이미지는 쉽게 깰 수 없다.

도표에서 아래 그림자(Shadow) 부분의 역할을 맡은 인간이 '쥐 인간'이라 할 수 있겠다. 인간 내면에는 무한한 가능성이 있지만 우리 자신은 그 사실을 알지 못한다는 것이다. 융은 자신의 내면에 독특한 잠재력이 있음을 알고 이를 이끌어내

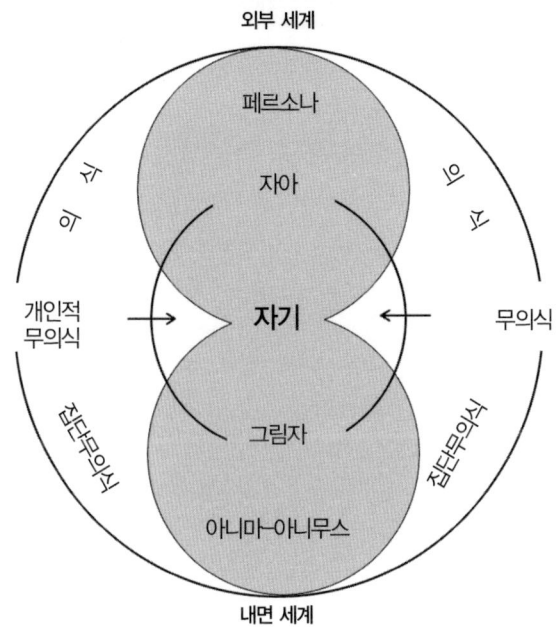

카를 융의 페르소나와 그림자 개념.

기 위해 노력하는 과정이 진정한 자기가 되는 길이며, 이 과정은 청소년기에 꼭 필요하다고 보았다. 이러한 단계를 개성화(individuation) 과정이라고 정의한다.

쥐는 훔쳐 먹거나 기생해서 살아가는 포유동물이다. 부잣집 아들로 술이나 마시며 놀고먹고 사는 쥐라는 인물은 실제 쥐의 삶과 유사하다. 쌀 창고에 기생해서 살아가는 실제 쥐처럼, 소설 속의 쥐 인간은 부자 아버지의 재산에 기생하여 살아간다. 쥐를 하루키의 분신으로 볼 수도 있지만, 부의 축적 속에 행복을 희구하면서도 권태로운 당시의 일본 청년들을 상징할 수도 있다.

코끼리 세대 / 쥐 세대

코끼리 세대는 '나'와 '쥐'와 '제이'에 앞서 있던 세대일 것이다. 앞 장에서 하루키의 원초적인 아픔, 곧 아버지에 대한 아픔을 썼는데, '쥐의 아버지'들이 어떻게 살았는지 이렇게 설명한다.

소문에 의하면 쥐의 아버지는 옛날에는 지독히 가난했던 것 같다. 전전(戰前)의 이야기다. 그는 전쟁이 시작되기 직전에 고생해서 화학 약품 공장을 손에 넣었고, 방충 연고를 팔기 시작했다. 그 효과에 대해서는 꽤 미심쩍은 점이 있었지만, 일이 잘되느라고 전선이 남방으로 확대되어 가자, 그 연고는 날개 돋친 듯 팔리기 시작했다.

전쟁이 끝나자, 그는 연고를 창고에 처박아 넣고, 이번에는 수상한 영양제를 팔기 시작하였고, 한국 전쟁이 끝났을 무렵에는 갑자기 그것을 가정용 세제로 바꿔 버렸다. 그 성분은 전부 똑같다고 하는 이야기다. 있을 법한 이야기다.

이십오 년 전, 뉴기니의 정글에는 벌레 먹는 연고를 잔뜩 처바른 일본군 병사의 시체가 산을 이루었고, 이제는 어느 가정의 변소에도 그것과 똑같은 마크가 붙은 화장실용 파이프닦기가 뒹굴고 있다.

그렇게 해서 쥐의 아버지는 부자가 되었다. (『바람의 노래를 들어라』, 28장 89면)

쥐의 아버지를 설명하고 있지만, 이 글에는 전쟁 이후 세대가 전쟁 전 세대를 보는 시각이 담겨 있다. 하루키의 아버지 세대 모습이 너무도 구체적으로 투영되어 있다. 국가주의라는 시스템에 갇혀 살아야 했던 '코끼리 세대'라 할 수 있는 아버지 세대들의 죽음은 도처에 암호처럼 써 있다.

"내 숙부는 중국에서 죽었어."
"그래……. 많은 사람이 죽으니깐 말이야. 하지만 모두 형제지." (『바람의 노래를 들어라』, 38장 123면)

이 말들은 앞뒤 흐름과 상관없이 나온다. 읽다 보면 그냥 넘어갈 수도 있다. 이 소설이 발표되었을 당시에는 독자들 대부분이 그냥 넘어갔을지도 모르나, 2019년 6월호 『분게이슌주』에 하루키가 발표한 에세이에서 그 의미가 명확해졌다. 하루키의 아버지는 난징 학살 사건에 관계한 일본군 병사였다. 하루키의 데뷔작부터 앞 세대의 역사적 비극으로 인한 트라우마가 몰래 숨어 있던 전염병이 느닷없이 튀어나오듯 언급되곤 한다.

주인공 '나'의 순례길이 끝나가는 부분에서 중국, 즉 '차이나'는 또 등장한다.

> 버스 승강구에는 두 사람의 승무원이 양쪽에 서서 표와 좌석 번호를 체크하고 있었다. 내가 표를 건네 주자, 그는 "이십일 번 차이나."라고 말했다.
> "차이나?"
> "네, 이십일 번의 C석, 이니셜 레터입니다. A는 아메리카, B는 브라질, C는 차이나, D는 덴마크. 저 녀석이 잘못 알아들으면 곤란하니까 말이에요." (『바람의 노래를 들어라』, 38장 124면)

A, B, C, D는 일본이 말하는 1940년대 소위 '대동아 전쟁' 때 아시아인이 일본을 중심으로 대항해야 했던 적국의 이니셜이기도 했다. A는 아메리카, B는 영국, C는 차이나, D는 덴마크였다.

성장에 함께하는 여성

주인공 '나'는 어느 날 쥐 없이 혼자 맥주를 마시다가, 화장실에서 정신을 잃고 바닥에 쓰러진 여자를 발견한다. 여자는 왼쪽 손에 새끼손가락이 없다. 연인들은 약속할 때 새끼손가락을 걸어 약속하기도 한다. 새끼손가락이 사라졌다는 것은 '상실(喪失)'을 의미하기도 한다. 이 시대를 사는 사람은 새끼손가락이든 무엇이든 '상실'한 채 살아간다.

새끼손가락이 없는 여자(小指のない女の子)를 '나'는 그녀의 집까지 데리고 간다. 걱정이 되어 그녀의 집에서 하룻밤을 묵는다. 다음 날 아침, 잠에서 깬 여자는 자기 옆에서 잠을 잔 '나'를 오해하고 불쾌해하며 일하러 간다.

일주일이 지나 아무 목적 없이 길거리를 거닐던 '나'는 우연히 눈에 띈 레코드 가게에 들어간다. 그곳에서 종업원으로 일하고 있던 여자를 다시 만난다. '나'는 여자에게 같이 밥을 먹자고 하지만 여자는 거절한다. 며칠이 지나 여자에게서 전화가 와서, 자기가 너무 무례했던 것 같다며 사과한다. 이후 서로 몇 번 만나며 친해진다. 여자는 여덟 살 때 진공청소기 모터에 손이 끼어 새끼손가락이 잘려 나갔다고 한다.

진공청소기의 모터에 새끼손가락이 끼어서 잘려 나갔다는

여자의 설명에 '나'는 "지금 어디에 있지?"라고 묻는다. 여자는 잊어버렸다며 새끼손가락이 없는 게 별로 마음에 걸리지 않는다고 대답한다.

독자는 사라진 손가락의 의미를 상상할 수밖에 없다. 사라진 손가락은 태어나고 자라고 사라지는 삶을 생각하게도 하고, 방황하는 인간 존재를 생각하게도 한다.

여자는 일주일 정도 여행을 다녀온 뒤, '나'를 만나 같이 밥을 먹고 산책한다. 항구 근처 창고지에서 풍경을 말없이 바라보던 여자는 '나'에게, "혼자 있을 때 여러 사람이 내게 말을 거는 소리가 들린다."라고 고백한다. 여자는 울고, '나'는 여자를 위로해준다. 두 사람은 서서히 사랑 비슷한 감정을 느끼는데, 여름 방학이 끝나고 '나'는 도쿄로 떠나야 한다. 겨울에 다시 고향에 왔지만 '나'는 레코드 가게에서 그녀를 볼 수 없었고, 그녀가 살고 있던 아파트에서도 그녀를 볼 수 없었다. '나'의 곁에 있던 이 여성 자체가 '상실'로 존재한다.

'바람'은 무엇일까

『바람의 노래를 들어라』가 나왔던 1979년을 생각해보자. 바람이란 그 시대 '희망 없는 젊은이들의 황량한 마음'이라

할 수도 있겠다. 이 소설에 '바람'은 가끔 등장한다. 첫 번째 바람은 끔찍한 바람이다.

> 세 번째 상대는 대학의 도서관에서 알게 된 불문과 여학생이었다. 그녀는 이듬해 봄방학에 테니스 코트 옆의 초라한 잡목 숲 속에서 목을 매고 죽었다. 그녀의 시체는 신학기가 시작될 때까지 아무도 눈치채지 못하고, 꼭 이주일 동안 바람에 흔들리면서 매달려 있었다. 지금은 날이 저물고 나면 아무도 그 숲 가까이는 가지 않는다. (『바람의 노래를 들어라』, 19장 66면)

주인공 '나'는 스물한 살의 나이에 세 여자와 잤는데, 세 번째 상대가 목을 매 죽는다. 나무에 매달린 시신은 "바람에 흔들리면서 매달려" 있었다. 시체를 어루만지며 벗한 것은 '바람'이었다. 어떤 희망도 찾을 수 없었던 젊은 영혼을 위로하듯 바람이 함께하고 있다. 그 바람을 "나쁜 바람"이라고 쓰기도 했다.

> "머리 위를 말이야, 언제나 나쁜 바람이 불고 있어."
> "바람 방향이라는 건 바뀌는 거야."
> "정말 그렇게 생각해?"

"언젠가는." (『바람의 노래를 들어라』, 36장 118면)

"언젠가는" 바람 방향이 바뀌기를 바라는 '나'의 바람은 하루키의 바람일 것이다. 이 소설에 등장하는 '나', '쥐', '제이', '그녀'는 모두 1970년대를 견뎌온 초상들이다. 그들의 텅 빈 마음을 훑고 지나가는 황량한 '바람'을 하루키는 전하려 한다.

하루키가 좋아했던 팝송 가사들이 '바람'을 여는 열쇠가 될 수 있다. 당시는 라디오 세대였다. 이 소설에도 라디오 DJ가 하는 방송 대본이 몇 번 나온다. 이 시대는 베트남 전쟁을 반대하는 히피들이 모여 불렀던 「샌프란시스코」의 시대였다.

> If you're going to San Francisco
> 만약 샌프란시스코에 갈 거라면
> Be sure to wear some flowers in your hair
> 머리에 꽃을 몇 개 꽂고 가세요
> If you're going to San Francisco
> 만약 샌프란시스코에 갈 거라면
> You're gonna meet some gentle people there
> 거기에서 친절한 사람들을 만날 거예요

1967년 스콧 매켄지가 불렀던 이 노래에는 베트남 전쟁에 반대하는 젊은이들이 머리에 꽃을 꽂고 반전 데모에 참여하는 모습이 그대로 보인다. 같은 시기의 여러 노래가 『바람의 노래를 들어라』에 나온다.

하루키는 중고교 시절부터 팝송을 좋아했다. 고교 때는 학교의 두발 단속 교칙에 반기를 들어 한 달간 등교 거부를 한다. 잡지 『헤이본 펀치』를 애독하는 하루키에게 팝송은 반항의 상징이었다. 1966년 비틀스가 일본 무도관에서 공연한다. 원래 무도관은 일왕이나 고위층이 연설하는 곳이었다. 극우들이 비틀스를 칼로 베어버리겠다며 반대하여 30분만 공연한 해괴한 공연이었다. 하루키는 이 공연을 보러 갈 만큼 마니아였다.

『바람의 노래를 들어라』에는 1965년에 발표된 비치 보이스의 「캘리포니아 걸스(California Girls)」(15장), 밥 딜런의 「내슈빌 스카이라인(Nashville Skyline)」(18장), 「에브리데이 피플(Everyday People)」, 「우드스톡(Woodstock)」, 「스피릿 인 더 스카이(Spirit in the Sky)」, 「헤이 데어 론리 걸(hey there lonely girl)」(24장), 1960년에 발표된 엘비스 프레슬리의 「굿 럭 참(Good Luck Charm)」(37장) 등이 나온다.

특히 얼마 전 노벨 문학상을 받은 밥 딜런의 음악을 인용했다는 것이 눈에 든다. 그중 「바람만이 아는 대답(Blowin' in the Wind)」의 가사는 이 소설과 관계가 있지 않을까.

> How many roads must a man walk down
> 사람은 얼마나 많은 길을 걸어야
> Before you call him a man?
> 사람이라고 불릴 수 있을까?

우리말로 「바람만이 아는 대답」으로 알려져 있는데, 원래 제목은 "바람 속에 있다네"라고 번역할 수도 있다.

바람만이 세상의 대답을 아는데, 그 까닭은 바람만이 모든 사건 주위를 훑고 지나며 목격하기 때문일 것이다. 슬픔이 있는 곳, 전쟁이 있는 곳, 그 주위를 바람이 불며 목격하는데 우리는 알아차리지 못한다. 3절을 보면 베트남 전쟁의 상흔이 더욱 명확히 드러난다.

> Yes, and how many times must a man look up
> 사람은 얼마나 여러 번 올려봐야
> Before he can see the sky?
> 하늘을 볼 수 있을까?
> And how many ears must one man have

밥 딜런, 「바람만이 아는 대답」 앨범.

도대체 얼마나 많은 귀가 있어야

Before he can hear people cry?

사람들 울부짖는 소리를 들을 수 있을까?

Yes, and how many deaths will it take 'till he knows

도대체 얼마나 많은 사람들이 죽어야 알 수 있을까?

That too many people have died?

많은 사람이 희생됐다는 사실을

The answer, my friend, is blowin' in the wind,

친구여, 그 대답은 바람결에 흩날리고 있다네,

The answer is blowin' in the wind.

그 답은 불어오는 바람 속에 있다네.

바람은 시대의 흐름이기도 할 것이다. 밥 딜런은 개인과 역사의 수수께끼들에 대한 답이 불어오는 바람 속에 있다고 한다. 1962년 4월 16일 단 10분 만에 썼다는 이 노래는 반전(反戰) 가요로 알려져 있다. 『바람의 노래를 들어라』가 반전 소설은 아니지만, 밥 딜런 노래의 가사에 나오는 바람, 젊은이들의 텅 빈 마음을 목도하는 '바람'이라는 상징을 소설에 인유하여 썼을 수 있다.

밥 딜런이 삶에 대한 답이 "바람 속에 있다네(Blowin' in the Wind)"라고 한 말에 대해, 하루키는 "바람의 노래를 들어라"라는 제목으로 화답한 것으로 볼 수도 있다. 바람 속에 답이 있다고 하니까.

단단해진 단독자

『바람의 노래를 들어라』의 끝은 스물아홉 살 '나'와 '서른 살' 쥐의 이야기로 마무리된다. '제이스 바'는 세련된 술집으로 리뉴얼됐고, 하루키의 분신으로 보이는 '쥐'는 매년 크리스마스 때 자기가 쓴 소설을 '나'에게 보낸다. '왼쪽 새끼손가락 없는 여자애'는 레코드 가게를 그만둔 뒤 만난 적이 없다.

결혼해서 도쿄에 사는 '나'는 여름이 오면 고향에 간다. 『바람의 노래를 들어라』에 나오는 인물들을 떠올리기는 하지만, 이상하게도 눈물은 안 나온다.

소설은 40장에서 데릭 하트필드에 대해 언급하면서 마무리된다. 짧게 그의 삶을 언급한 뒤, 엠파이어 스테이트 빌딩에 올라가 뛰어내려 "개구리처럼 납작해져 죽었다."고 한다. 그의 묘비에는 니체의 말이 새겨져 있다고 한다.

낮의 빛이 밤의 어둠의 깊이를 알 게 뭐냐.

"Wie sollte das Licht des Tages wissen, wie tief die Dunkelheit ist?" 이렇게 독일어로 번역되어 알려져 있지만, 독자는 여기서 또 속는다. 니체는 이런 글을 쓴 적이 없다. 하트필드가 가상의 인물이듯, 저 문장은 니체의 문장이 아니다. 하루키가 자기 식으로 요약해서 쓴 문장이다. 니체가 쓴 글 가운데 『차라투스트라는 이렇게 말했다』에 다음과 같이 비슷한 구절이 나온다.

밤이다. 때가 되니 나의 열망이 내게서 샘물처럼 솟아오른다. 말을 하고자 하는 열망이 나를 덮치고 있구나.

밤이다. 때가 되니 물을 솟구쳐 올리는 온갖 샘들이 한층 더 소리를 높이고 있구나. 나의 영혼 또한 물을 솟구쳐 올리는 샘이다.

밤이다. 이제야 비로소 사랑하는 자들의 노래가 모두 잠에서 깨어나는구나. 나의 영혼 또한 사랑하는 자의 노래다. (프리드리히 니체, 「밤의 노래」, 『차라투스트라는 이렇게 말했다』, 책세상, 2010, 180면)

굳이 말하자면 이 소설의 결말은 '낮'의 세계만 말하는 이들에 대한 조롱이라 할 수 있다. 낮에 볼 수 없는 것을 어두운 밤에 볼 수 있다. 낮에 들을 수 없는 벌레 우는 소리며 물소리며 멀리서 개 짖는 소리가, 어두운 밤에는 똑똑하게 들려온다. 그런 의미에서 모리스 블랑쇼(Maurice Blanchot, 1907~2003)는 중성(中性)의 글쓰기를 강조했다.

시선은 이렇게 시선을 가능하게 하는 것 속에서 시선을 중성화하는 힘을, 시선을 멈추게 하거나 중단시키지 않고, 오히려 결코 시선이 끝나지 않도록 하는 힘을, 시선을 모든 시작으로부터

(왼쪽) 프랑스의 작가, 문학 비평가, 철학자 모리스 블랑쇼. (오른쪽) 모리스 블랑쇼, 『문학의 공간』.

절단하여, 그것을 꺼지지 않고 밝히지 않는 떠도는 어렴풋한 빛으로 만드는, 그 자체 닫혀 있는 시선의 순환 상태로 만드는 힘을 발견한다. (모리스 블랑쇼, 『문학의 공간』, 그린비, 2010, 32면)

블랑쇼는 코스모스의 글쓰기가 아니라, '카오스의 글쓰기'를 강조했다. 중성 혹은 바깥, 카오스의 글쓰기로 이 세계의 진리를 더욱 확실히 드러낼 수 있다고 했다. 어디에도 기댈 수 없는 환경을 겪으면서, '나'는 단독자로서 자신의 길을 걷는다.

제2차 세계 대전이 끝나고 자본주의 세계는 부를 축적했으나 베트남 전쟁으로 다시 한 번 절망에 빠진다. 1970년대 일본의 젊은이들은 패전을 극복한 선진국에 살지만, 전망을 잃고 권태와 체념에 빠진 존재들이었다.

권태와 체념에 공감하지 못하는 사람에게 『바람의 노래를 들어라』라는 소설은 '쓰레기'에 불과할 것이다. 하루키는 자신의 소설을 이해하지 못하고 저주할 사람들이 있을 것을 예견한 듯이 이 소설의 마지막에 명언을 남겨놓았다.

> 모든 것은 지나간다. 아무도 그걸 붙잡을 수는 없다.
> 우리들은 그렇게 살아간다. (『바람의 노래를 들어라』, 38장 124면)

> 그의 묘비에는 그의 유언에 따라 니체의 다음과 같은 말이 인용되어 있다.
> "낮의 빛이 밤의 어둠의 깊이를 알게 뭐냐." (『바람의 노래를 들어라』, 40장 128면)

인간의 고뇌와 문제는 바람과도 같기에 "모든 것은 지나간다(あらゆるものは通りすぎる)". 인간이 무엇 때문에 사는지, 그 의미는 무엇인지, "아무도 그걸 붙잡을 수는 없다. 우리들은 그렇게 살아간다(誰にもそれを捉えることはできない. 僕たちはそんな風にして生きている)."라는 것이다.

하루키가 등장시킨 도스토옙스키와 카프카, 다자이 오사무는 중성의 글쓰기를 했던 인물들이다. 하루키는 목표를 드러내는 낮의 글쓰기가 아니라, 미로를 헤매고 어둠 속에서 헤매는 글쓰기로 희망 없는 젊은이들의 무의식을 담아냈다. 그런 의미에서 '무의식의 리얼리즘'이라 할 수도 있겠다. 그 시도의 총체가 장편 소설 『노르웨이의 숲』인데, 이 소설에 대해선 뒤에서 다룰 예정이다.

『바람의 노래를 들어라』(1979)와 더불어 '청춘 3부작' 혹은 '쥐 3부작'으로 불리는 『1973년의 핀볼』(1980), 『양을 쫓는 모험』(1982)에서도 무언가를 잃어버렸고, 상실한 무엇을 찾아 미로 속을 헤매는 군상을 보여준다. 세 작품에서 등장인물은 조금씩 나이가 들어가며, 다음 작품에서 다시 등장한다.

3. 1970년대, 핀볼을 통해 '나'를 찾는 순례

1980년 31세
『1973년의 핀볼』

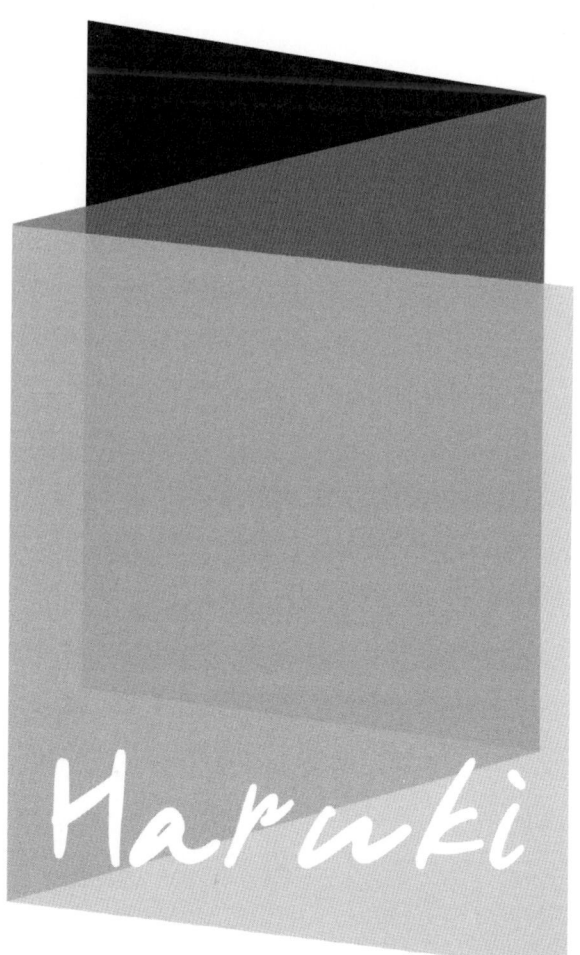

1969~1973, 듣기만 하는 인간

『1973년의 핀볼(1973年のピンボール)』에 나오는 '핀볼'은 1970년대에 유행했던 구슬 놀이 게임이다. 1980년대에 테트리스, 2000년대에 리니지 등에 몰두 혹은 중독된 적이 있는 사람이라면, 소설 제목을 보고 게임기와 인생에 얽힌 이야기라는 것을 추측할 수 있겠다. 소설은 '핀볼' 게임에 중독된 적이 있는 한 인간의 어린 시절부터 시작한다.

낯선 고장의 이야기 듣기를 병적으로 좋아했다.
한때, 10년도 전의 얘기지만, 닥치는 대로 주위의 사람들을 붙들고는 태어난 고장이며 자라난 지역 얘기를 들으며 돌아다닌 적이 있다. 남의 얘기를 솔선해서 듣는다는 유형의 사람이 극단적으로 부족했던 시대였는지, 누구나가 친절하게 그리고 열심히 얘기해 주었다. 전혀 모르는 사람이 어딘가에서 내 얘기를 듣고는 일부러 이야기하러 오기도 했다. (무라카미 하루키, 「1973년의 핀볼」, 『바람의 노래를 들어라』, 모음사, 1991, 131면)

소설의 첫 문장은 듣기만을 좋아하는 자폐성을 띠었던 '나'의 유년기를 고백한다. 타자와 제대로 된 소통을 못하는 단절된 인간의 등장이다. 첫 장의 제목이 "1969~1973"인데, 그 기간은 좌우가 대립하여 서로 갈등하는 시대였다. 정말 "남의 얘기를 솔선해서 듣는다는 유형의 사람이" "극단적으로 부족했던" 시대였다. 좌든 우든 주입식으로 강요하는 라디오 시대이자, 이념의 시대였다.

『바람의 노래를 들어라』에 나오는 '나'는 14세까지 말수 적은 자폐적 소년이었다. 1969년에 스무 살인 『바람의 노래를 들어라』의 주인공 '나'는 『1973년의 핀볼』에 등장하는 '나'의 나이와 같다. 두 소설이 이어진다고 보아도 무방하다.

'나'는 오직 '듣기'라는 행위로 타자와 연결된다. 사람이 이 세상에서 살아가려면 대화하며 살아야 한다. 인간은 대부분 태어나자마자 말을 들으며 '듣기 능력(Listening Comprehension)'이 생긴다. 엄마의 말을 들으며 작은 입을 오므려 '맘마'를 부른다. 점점 '말하는 기술(Speaking Ability)'이 능숙해지고, 문자를 해독하는 학습이 축적되면서 '읽기 능력(Reading Ability)'이 쌓인다. 책 읽는 과정에서 나를 변화시키는 엔진이 작동하고, 자연스럽게 '쓰는 능력(Writing Ability)'을 습득한다.

듣기, 말하기, 읽기, 쓰기에서 가장 초보적인 생리적 습성은 '듣기'다. '쓰기'는 의사소통의 완성이다. 네 가지 블록을 이어주는 기둥 역할은 문법(Grammar)이 한다. 네 블록 사이에 숱한 단어와 표현력을 풍성히 갖추면서, 비로소 의사소통을 위한 기본 능력을 갖추기 시작한다. 이상하게 이 소설의 주인공은 '듣기'만을 주로 한다. 의사소통을 할 수 없는 단계다. 왜 소설의 주인공을 듣기만 하는 인간으로 설정했을까.

왜 1973년이고, 쥐덫인가

1980년(31세) 6월에 출간한 『1973년의 핀볼』의 첫 문장은 1960년대와 1970년대 초반기 젊은이들의 병적 징후를 보여준다. 1969년부터 1973년까지 도쿄 학생 운동이 있던 시기에

'나'는 들을 수만 있고 의사소통을 제대로 할 수 없다. '나'는 24세, 쥐는 25세다. 소설은 1973년 9월에서 11월까지 3개월간의 이야기로, 번역을 생업으로 하는 '나'의 삶이 그려진다.

반체제 운동의 끝 무렵인 1969년을 배경으로 하는 『바람의 노래를 들어라』에 이어, 1973년이라는 해를 새로운 시대의 전환기로 설정하면서 연작 같은 장편 『1973년의 핀볼』을 발표한 것이다.

1960년대는 제2차 세계 대전 이후 억눌려 있던 젊은이들이 자유를 갈구하며 폭발했던 혁명의 시대였다. 1960년대 내내 미국에서는 흑인 민권 운동과 베트남 반전 운동이 일어났다. 1960년 한국에서는 4·19가 일어났고, 프랑스 파리에서는 1968년 5월 혁명이 일어났다. 일본에서는 1968년 6월 학생들이 도쿄 대학 야스다(安田) 강당을 점거하여 기동대가 투입되어 해산시키는 일이 일어났다. 10월에는 29만여 명의 시위대가 도쿄를 휩쓸었으며, 국회에 난입하기도 했다. 1969년 도쿄 대학 입학시험이 취소될 정도로 도쿄 학생 운동은 전국으로 확산되었다.

그는 어느 정치적인 그룹에 소속되어 있었고, 그 그룹은 대학의 9호관을 점거하고 있었다. "행동이 사상을 결정한다. 그 역

은 불가."라는 것이 그들의 모토(motto)였다. (「1973년의 핀볼」, 위의 책, 132면)

『1973년의 핀볼』첫 장의 무대인 와세다 대학에도 기동대가 투입되고, 운동권에 내분이 일어난다. 하루키는 그것을 토성 태생과 금성 태생의 대립이라고 상징적으로 표현한다. 그 대립으로 인해 사망자까지 나온다.

1968년 일본은 국민 총생산(GNP) 세계 2위였던 서독을 추월하여 세계 2위의 경제 대국에 오른다. 1970년 오사카 만국 박람회가 개최되고, 무역 흑자 시대에 들어간다.

1973년 일본에는 큰 전환기가 닥친다. 석유 수출국 기구(OPEC)가 수출을 제한하여 제1차 석유 파동이 세계를 강타했던 것이다. 아울러 1960년대 신좌익 운동은 참담한 내부 투쟁을 겪고, 반대로 시대의 흐름에 적응하지 못하는 이들은 출구 없는 닫힌 공간에 갇혀 있게 된다.

입구가 있고 출구가 있다. 대개의 것은 그런 식으로 되어 있다. 우체통, 전기 청소기, 동물원, 소스 그릇. 물론 그렇지 않은 것도 있다. 예를 들면, 쥐덫. (「1973년의 핀볼」, 위의 책, 139면)

입구만 있고 출구는 없는 것이 '쥐덫'이다. 한 번 걸리면 끝이다. 이 '쥐덫'은 1969~1973년 당시 시대에 적응하지 못하고 시대에 갇혀버린 군상을 뜻할 것이다. "사물에는 반드시 입구와 출구가 없어서는 안 된다"고 하지만 쥐처럼 잡혀버린 이들은 출구를 찾을 수 없었다. 하루키는 그 갇힌 심리를 '나'와 '쥐'를 통해 드러낸다.

'쥐덫' 이야기를 읽을 때 카프카를 읽은 사람이라면, 쥐가 등장하는 「작은 우화」가 떠오를 것이다. "아!"라는 한탄으로 시작하는 이 우화는 죽은 쥐가 자신의 생애를 회고하는 이야기다.

"아!" 쥐가 말했다. "세상이 날마다 좁아지는구나. 처음에는 하도 넓어서 겁이 났는데, 자꾸 달리다 보니 드디어 좌우로 멀리에서 벽이 보여 행복했었다. 그러나 이 긴 벽들이 어찌나 빨리 양쪽에서 좁혀드는지 나는 어느새 마지막 방에 와 있고, 저기 저 구석에는 덫이 있어, 내가 그리로 달려 들어가고 있다."
"너는 달리는 방향만 바꾸면 돼!" 하며 고양이가 쥐를 잡아먹었다. (프란츠 카프카, 「작은 우화(Kleine Fabel)」, 1920, 전문)

기만적인 자유에 속아서 정신없이 살다가, '출구'를 못 찾고 결국 고양이에게 먹혀 죽는 쥐 이야기다. "방향만 바꾸면

(왼쪽) 프란츠 카프카. (오른쪽) 유튜브 구스타보 무노즈(Gustavo Muñoz) 〈카프카-작은 우화〉(2010)

돼!(Du mußt nur die Laufrichtung ändern)"라는 고양이의 경고는 하루키 문학에서도 나타난다. 카프카는 길을 잃은 현대인 소수자의 모습을 쥐에 비유했다. 카프카 소설에서는 '자유'보다 중요한 것이 '탈출구'다. 「학술원에 드리는 보고」에서 원숭이는 우리 안에 갇힌 원숭이의 자유보다, 황금 해안으로 가는 완전한 '출구'를 꿈꾼다. 『해변의 카프카』 등 하루키 소설 곳곳에서 카프카를 만날 수 있다.

우물과 무의식

소설이 시작되고 두 번째 문단에 "그들은 마치 말라버린 우물에 돌이라도 던져 넣듯이 나를 향해서 실로 여러 가지 이야기를 하고"라는 문장이 나온다. 여기서 '우물'이라는 단어가 처음 나온다. 하루키 소설에서 우물은 중요한 상징이다.

미리 쓰자면, 우물은 현실에 있는 우물이면서 동시에 무의식을 상징한다. '우물'은 일본어로 井戸(いど)이며 '이도'로 읽는다. 하루키 소설을 일본어로 읽으면 우물은 '이도' 곧 'ido', 즉 무의식이다. 일본인들이 우물이라는 한자 井戸를 'ido'를 연상하며 '이도'라고 읽을 때, 지그문트 프로이트가 말한 무의식(id)으로 그대로 이어진다.

하루키 소설에서 연못, 우물, 동굴은 무의식을 표현하는 다양한 상징이다. 『노르웨이의 숲』과 『기사단장 죽이기』에서 우물은 현실의 우물이기도 하고, 인간의 무의식을 상징하기도 한다.

나는 우물을 좋아한다. 우물을 볼 때마다 돌멩이를 집어넣어 본다. 돌멩이가 깊은 우물 속 수면에 부딪히는 소리만큼 마음을 놓이게 하는 것은 없다. (「1973년의 핀볼」, 위의 책, 144면)

역 옆에는 넓은 연못이 있었다. 강을 막은 것 같은 형태로, 가늘고 꼬불꼬불한 연못이다. 주변에는 키 큰 수초가 무성했고,

가끔 수면에서 고기가 뛰어오르는 것이 보였다. 기슭에는 몇 명인가의 남자가 거리를 두고 앉아서, 묵묵히 입을 다문 채 칙칙한 수면에 낚싯줄을 드리우고 있었다. 낚싯줄은 마치 수면에 박힌 은바늘같이 꼼짝도 하지 않았다. 희미한 봄햇살 아래에서 낚시꾼이 데려온 것 같은 하얀 커다란 개가 클로버 냄새를 열심히 맡으며 돌아다니고 있었다. (「1973년의 핀볼」, 위의 책, 147면)

연못과 우물은 하루키와 그 세대의 무의식을 상징한다. 그 연못에는 "하얀 커다란 개가 클로버 냄새를 열심히 맡으며 돌아다니고" 있다. 그 개는 무엇일까. 무의식 주변을 맴도는 개 같은 존재들이 바로 인간 아닐까.

이름을 가진 존재, 나오코

하루키 소설에는 등장인물의 이름이 나오지 않는 경우가 많다. 유명한 작가나 가수, 작품 등의 이름은 수없이 나열되지만, 정작 등장인물들은 손가락이 네 개인 여자, 쥐, 제이, 쌍둥이 208, 209, 양 사나이 등 이상한 별명이나 기호로 호명된다. 초기 소설인 『1973년의 핀볼』에 유일하게 '나오코(直子)'라는 이름의 여성이 등장한다.

나오코(直子)도 몇 번인가 그런 이야기를 해주었다. 그녀의 말은 한마디도 빠짐없이 기억하고 있다.

"뭐라고 불러야 좋을지 모르겠어."

나오코는 해가 잘 드는 대학 라운지에 앉아서, 한 쪽 팔로 턱을 괸 채 귀찮은 듯이 그렇게 말하고는 웃었다. (「1973년의 핀볼」, 위의 책, 134면)

1969년 봄, 나오코와 '나'는 스무 살이었다. 나에게 인간이 왜 존재해야 하는지, 그 의미를 가르쳐준 나오코는 자살하면서 나에게 '상실'의 의미를 가르쳐준다. 초기 소설에 등장하는 나오코라는 이름은 이후 『노르웨이의 숲』에서 자살하여 완전히 사라진다. 사라지지만 '완전히'라고 쓸 수는 없다. 나오코라는 이름은 사라지지만 첫사랑을 잃은 아련한 상실은 하루키 문학 전체에 깔려 있다. 하루키가 74세에 쓴 『도시와 그 불확실한 벽』(2023)에서도 첫사랑의 상실은 중요한 키워드다.

돌아오는 전차 안에서 몇 번이고 자신한테 타일렀다. 모든 것은 끝나 버린 거야, 이젠 잊어버려, 라고. 그러기 위해서 여기까지 온 게 아니냐, 라고. 하지만 잊는다는 것은 불가능하였다. 나오코를 사랑했던 일도. 그리고 그녀가 이미 죽어 버린 일도. 결국 무엇 하나 끝나 있지 않았기 때문이다. (「1973년의 핀볼」, 위의 책, 148면)

'듣기'에만 몰두하는 '나'는 나오코가 죽고 그 후 핀볼에 집중한다. 마지막에는 핀볼 구슬처럼 자기 자신에게 돌아오는 순례기다. 이 순례기를 위해 "1969~1973"이라는 서장을 마치며, 말미에 이후로 쓸 구상을 붙여놓는다.

이것은 '나'의 이야기기도 하고 동시에 쥐라고 불린 사나이의 이야기기도 하다. 그 해 가을 '우리'들은 칠백 킬로미터나 떨어진 거리에 살고 있었다.
1973년 9월, 이 소설은 거기에서부터 시작한다. 그것이 입구다. 출구가 있으면 좋겠다고 생각한다. 만일 없으면 문장을 쓰는 의미 따위는 전혀 없다. (「1973년의 핀볼」, 위의 책, 150면)

이제 "핀볼의 탄생에 대하여"라는 본문이 시작된다. 이 본문은 다시 25장까지 나뉘어 있는데, 하루키는 인물에 따라 세 가지 항목으로 나누었다.

25장까지 이르는 이야기에서 가장 중요한 장은 거의 반년

서론	주요 인물	본론
1969~1973년	'나'의 장	1, 3, 5, 7, 9, 11, 12, 15, 17, 18, 20, 21, 22, 25
	'쥐'의 장	2, 4, 6, 8, 10, 14, 16, 19, 23, 24
	'나'와 '쥐'의 장	13

을 핀볼에 중독되어 사는 15장과 사라진 핀볼을 찾아 영혼이 들어간 핀볼과 마지막 대화를 나누는 22장이다. 15장과 22장을 깊이 이해한다면 작가의 의도에 다가간 것이라고 볼 수 있겠다.

결국 이 소설은 '나'와 '쥐'가 번갈아가면서 이야기를 이끌어가는 형식이다. 이런 소설 구성으로는 엔도 슈샤쿠(遠藤周作, 1923~1996)가 '과거 이스라엘'과 '현재 이스라엘'을 장을 번갈아가면서 13장의 연작 기행 소설로 쓴 『사해 부근에서(死海のほとり)』(1973)가 있다. 하루키는 『세계의 끝과 하드보일드 원더랜드』(1985)에서도 이 방식으로 장을 달리하면서 현실/공상의 세계를 구성한다. 공지영도 장편 소설 『우리들의 행복한 시간』(2005)에서 정윤수/문유정, 두 인물이 번갈아 등장하는 구성을 보인 바 있다.

정교하게 설계한 건축처럼 하루키는 '나'와 '쥐'와 '나오코'의 관계를 통해 1973년 젊은 영혼들의 무의식을 직조해낸다. 하루키는 말미에 "출구가 있으면 좋겠다고 생각한다. 만일 없으면 문장을 쓰는 의미 따위는 전혀 없다."라고 밝힌다. 곧 출구를 찾는 소설이 이 소설이다.

이렇게 하루키의 초기 소설부터 곳곳에 카프카와 비슷한 연상이 나타난다. 카프카의 「학술원에 드리는 보고」를 보면 (기만적인) 자유가 아닌 '탈출구'를 찾는 원숭이가 등장한다. 거짓 자유가 아닌, 완전히 다른 세계로 가는 '출구'를 찾으려는 시도가 카프카와 하루키의 공통된 욕망이었다. 카프카를 읽고 이해한 사람에게는 하루키 소설이 또 다른 재미로 다가올 것이다.

핀볼의 세계

1980년대에 '테트리스', 2000년대 '리니지 시리즈'라는 게임에 중독된 경험이 있는 사람이라면 이 소설을 좀 더 이해할 수 있겠다. 서장에 이어 본문 "핀볼의 탄생에 대하여"는 다음과 같은 첫 문장으로 시작한다.

레이먼드 멀로니라는 인물의 이름에 짐작이 가는 사람은 아마 없을 것이다.

한때 그러한 인물이 존재했고, 그리고 죽었다. (「1973년의 핀볼」, 위의 책, 151면)

레이먼드 멀로니는 최초의 핀볼 머신 '볼리 볼리후(Bally Ballyhoo)'를 만든 이로 알려져 있다. 1932년, 당시 미국의 노동자들은 포커나 룰렛 등의 값비싼 대가를 치르기보다 저렴하게 게임을 즐기기를 원했고, 멀로니는 간단한 놀이 기구를 구상한다. "이것은 핀볼에 관한 소설이다."라고 하루키가 썼듯이, 핀볼을 생각하는 것은 이 소설을 이해하는 중요한 키워드다.

멀로니가 만든 '볼리 볼리후' 역시 전기 장치나 플리퍼(flipper)는 없었고, 쏘아올린 공이 기계 내부에 촘촘히 박힌 핀을 따라 다양한 점수의 포지션에 들어간다. 공이 마지막에 어느 위치에 떨어지느냐에 따라 점수를 얻는다. 7개의 공을 쏘면 1센트를 받는, 당시 매우 저렴한 비용이 드는 게임이었다.

핀볼의 목적은 자기 표현에 있는 것이 아니라 자기 변혁에 있다. 에고의 확대에 있는 것이 아니고 축소에 있다. 분석에 있는 것이 아니고 포괄에 있다. (「1973년의 핀볼」, 위의 책, 154면)

 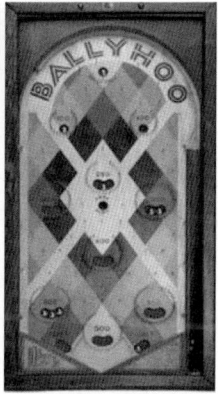

(왼쪽) 최초의 핀볼 머신 '볼리 볼리후'를 만든 레이먼드 멀로니. (오른쪽) '볼리 볼리후' 복제품.

핀볼 구슬이 어디로 튈지 쉽게 예상할 수 없는 세계를 보며 놀이하는 사람은 스릴에 빠진다.

이 소설에서 핀볼은 주인공이 몰입하는 게임이다. 존경할 만한 아버지가 없는 세대는 핀볼에 의지한다. 아버지는 모든 인간의 숙명이다. 아버지는 인간이 피할 수 없는 초자아 권력의 상징이다. 일본이라는 시스템에 숨겨진 아버지는 천황제다. 하루키는 아버지를 거부하고, 아버지 없는 세계를 그린다. 아버지 없는 세계에는 선악이 없으며, 윤리에 대한 절대적 기준이 없다. 미래를 알 수 없는 핀볼이야말로 이들이 체험하는 진정한 세계다.

'나'는 1972년 봄에 친구와 번역 사무소를 차린다. 친구와 나는 어느 정도 성공하고 만족한다. '쥐'는 1960년대식 이념에 사로잡혀 1970년대식 일본 부흥 시대에 적응하지 못하는 인물이다.

소설 후반부에서 '나'는 '스페이스십(Space Ship)'이라는 핀볼 게임에 중독되어버린다. 대학 스페인어 강사와 스페이스십에 몰두하고 중독된다. 핀볼은 '나'의 무의식적 욕구의 해소이며, 현실을 잊고자 하는 도피처였다. 처음 한 달 동안은 동전을 잃었지만, 꼭 한 달 뒤에 '나'의 점수는 여섯 자리를 넘는다. '나'는 스페이스십에 몰두하는 것이 내면에 짙게 깔린 공허를 메우는 중독이라는 사실을 깨닫는다.

쌍둥이 자매는 무엇일까

1973년은 막 '핀볼'이 흥하던 시기로 사람들은 핀볼에 관심을 가진다. 주인공 '나'는 핀볼에 각별한 관심을 보인다. 핀볼과 상상의 대화를 할 정도다. 집에서는 쌍둥이 자매와 동거하고 있었다. 이 쌍둥이 자매는 실제 인물일까. 어느 날 집에 돌아와 보니 냉랭함만 남아 있던 집에 처음 보는 여자 둘이 있었다.

『쿨하고 와일드한 백일몽』.

    왜 내 방에 살게 되었는지, 언제까지 있을 셈인지, 도대체 자네들은 뭔지, 나이는? 태생은?…… 나는 무엇 하나 질문하지 않았고, 그녀들도 말하지 않았다.
    우리들은 셋이서 커피를 마시거나 로스트 볼을 찾으러 골프 코스를 저녁에 산책하거나, 침대에서 장난치면서 나날을 보내고 있었다. (「1973년의 핀볼」, 위의 책, 1장 161~162면)

    '나'는 도쿄에서 쌍둥이 자매와 침대를 함께 쓴다. '나'는 쌍둥이 자매를 보호하려 하고, 매일 한 시간씩 쌍둥이 자매에게 뉴스를 해설해주기도 한다. 쌍둥이 자매는 미얀마와 오스트레일리아도 구별하지 못하고, 베트남이 왜 분단되어 싸우는지도 모른다. 쌍둥이 자매는 확실한 정보를 모르는 미숙한 인간으로 묘사된다.

핀볼과 대화하며 쌍둥이 자매와 동거하는 나의 모습은 상당히 비정상적이다. 쌍둥이들은 정상적인 이들이 아닌, 길거리에서 떠돌며 아무 집에 들어가 제 집인 것처럼 생활하는 기이한 삶을 살고 있었다. 환상적인 존재다.

쌍둥이 자매는 티셔츠의 숫자가 아니면 구분할 수 없다. 쌍둥이들이 입은 티셔츠에는 숫자 208과 209가 프린트되어 있다. 앞서 썼지만, 나는 그들과 함께 살아가기 시작하였고 그들의 삶을 들을 수 있었다. 거리를 떠도는 이들인 만큼 어두운 과거를 가지고 있었고, 나는 그들의 과거를 상관하지 않고 받아들인다.

'쌍둥이 자매'는 무엇일까. 침대에서 여자 둘과 잔다는 설정, 그것도 얼굴과 모든 것이 같은 쌍둥이 자매와 잔다는 설정은 변태적이기 이전에 이해하기 난해하다. 하루키는 쌍둥이 자매와 지내는 것이 꿈이라고 한 에세이에 썼다.

제 꿈은 쌍둥이 여자친구를 갖는 것입니다. 쌍둥이 자매 둘

영화 〈하이스쿨(Almost Summer)〉의 마지막 장면.

다 제 여자친구인 것 이것이 십 년 동안 품어온 제 꿈입니다.

쌍둥이 여자가 이런 글을 읽으면 어떤 기분이 들지 난 잘 모르겠다. 어쩌면 불쾌해할지도 모른다. 말이 되는 소리야, 하고 버럭 화를 낼지도 모른다. 만약 그렇다면 죄송합니다. 이건 그저 제 꿈일 뿐이에요. 꿈이란 대개 불합리하며 일상의 규제를 넘어선 것이죠. 그러니 '이건 그저 무라카미 하루키의 꿈이야' 하고 너그럽게 이해하고 읽어주십시오. (무라카미 하루키, 『쿨하고 와일드한 백일몽』, 문학동네, 2012, 61면)

이 에세이에서 하루키는, 고등학생들의 청춘 영화 〈하이스쿨(Almost Summer)〉의 마지막 장면에 "남자 주인공이 양옆에 쌍둥이 여학생을 거느리고 경쾌하게 나타"나는 장면이 나오는데 "나도 딱 한 번이라도 좋으니 그렇게 해보고 싶다."라고도 썼다.

나는 쌍둥이라는 상황을 좋아한다. 쌍둥이와 함께 있다는 가설 속의 내가 좋다. 나는 그녀들이 지닌 은밀한 분열성을 좋아한다. 그녀들이 지닌 어질어질할 정도의 증식성을 좋아한다. 그녀들은 분열하고 동시에 증식한다. 그리고 내게 그것은 영원한 백일몽이다. (『쿨하고 와일드한 백일몽』, 65면)

쌍둥이 자매 "그것은 영원한 백일몽이다."라는 고백처럼 소설에 나오는 쌍둥이 자매는 하루키의 욕망이다. 쌍둥이 자매가 있는 침대에 "나는 옷을 벗고 『순수 이성 비판』과 함께 침대로 기어들어간다."라는 소설 속 문장에서 에로틱한 장면을 상상할 수는 없다. 하루키는 쌍둥이 자매를 섹스 대상으로 설정하지 않는다. 위 에세이에는 쌍둥이 자매 삽화까지 있다.

하루키의 의도를 결핍과 상실을 극복하려는 욕망의 판타지로 이해할 수도 있겠다. 하루키의 초기 소설에서 새끼손가락

『쿨하고 와일드한 백일몽』에 실린 하루키와 쌍둥이 자매 삽화. ⓒ안자이 미즈마루

이 없는 여인은 사라지고(『바람의 노래를 들어라』), 나오코라는 여인은 자살한다(『1973년의 핀볼』, 『노르웨이의 숲』). 자신이 사랑하던 여인을 잃고, 꿈속에서라도 그 여인 대신 쌍둥이 자매를 먹여 살리는 보상 설정이 아닐까. 하루키 소설에 쌍둥이 자매와 섹스를 하는 외설적인 장면은 없다. 그저 먹여 살릴 뿐이다.

쌍둥이 자매 이야기는 현실 이야기이면서 환상과 현실 속에서 살아가는 '나'를 보여주고 있다. 쌍둥이 자매는 『이상한 나라의 앨리스』에 나오는 길을 안내하는 토끼를 연상시킨다. 앨리스를 현실을 풍자한 이상한 나라로 안내하는 토끼처럼, 쌍둥이 자매는 실제 인물이기보다 '나'의 무의식 속에서 존재한다. 쌍둥이 자매는 '나' 혹은 하루키의 무의식이나 분신으로 볼 수도 있겠다.

무의식을 인물로 내세운 소설

등단작부터 하루키는 무의식을 소설의 인물로 내세우고 있다. 소설의 인물사를 생각해보면 하루키가 새로운 소설을 시도하고 있다는 것을 알 수 있다.

고대 소설이나 서사시의 주인공은 신이나 신령 같은 천상의 존재들이다. 성경에 나오는 여호와 같은 존재, 단군 신화의 단군 같은 인물이 고대 이야기의 주인공들이다. 중세로 오면 영웅적인 인간이 주인공이 된다. 리어왕이라든지, 영주나 기사들이 주인공이 된다. 중세와 근대에 걸쳐 전형적(典型的) 인물이 나타난다. 가령 흥부는 착하고 놀부는 악하다는 도식적인 전형이 나타난다.

근대에 들어서면서 시민들이 주인공이 된다. 이 시대부터는 특이한 이력의 문제적 인물(problematic person)이 주인공이 된다. 근대를 연 주인공은 돈키호테라고 할 수 있겠다. 근대를 넘어 프로이트 심리학에서 중요하게 보기 시작한 무의식은 도스토옙스키 문학 등에서 뚜렷하게 나타난다.

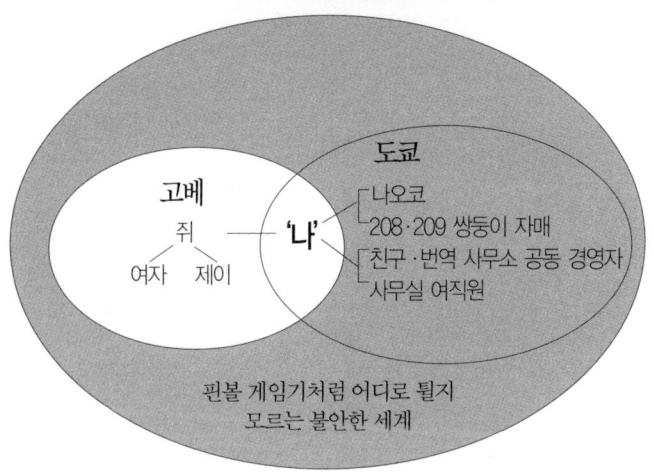

『1973년의 핀볼』 인물도. ⓒ김응교

도스토옙스키는 무의식을 소설의 대화로 담은 근대 작가다. 심리학에서는 프로이트, 철학에서는 니체가 무의식의 중요성을 열었다면, 문학에서는 도스토옙스키가 무의식의 세계를 작품에서 펼쳤다. 가령 시베리아 유형을 다녀온 뒤에 쓴 『죄와 벌』, 『악령』, 『카라마조프가의 형제들』에서는 실제 대화가 아닌 대화체 문장으로 무의식의 세계가 지루할 정도로 펼쳐진다. 하루키는 바로 이 방식을 자신의 소설론으로 굳힌다.

> 그것이 1970년대에 있어서의 내 라이프 스타일이었다. 도스토예프스키가 예언했고, 내가 굳혔다. (「1973년의 핀볼」, 위의 책, 1장 162면)

이 짧은 문장에서 쌍둥이 자매가 실제 인물이 아니라는 것이 나타난다. "도스토예프스키가 예언했고, 내가 굳혔다."라는 말은 이제 자신의 소설에서는 무의식의 세계를 인물로 등장시키는 방식을 '굳히겠다'는 장담이다.

핀볼과 쌍둥이 자매는 주인공이 선택한 무의식의 상대다. 무의식 속에서는 기계 혹은 지상에 없는 쌍둥이 자매와도 대화할 수 있다. 핀볼과 쌍둥이 자매는 갈 길을 상실한, 아버지를 상실한 '내'가 선택할 수 있는 대체 욕망이다. 하루키의 소설에는 잃어버린 상실과 허무가 있다. 그는 개인과 개인 사이에 존재하는 관계성의 부재를 추적한다. 관계의 부재는 고독을 만들고, 고독을 인식한 현대인은 핀볼이든 쌍둥이든 새로운 관계를 요구한다. 밤새 유튜브나 '야동'을 보거나 게임에 빠진 이들은 그들 나름의 살 길을 찾아 새로운 관계를 만난 것이 아닐까.

쥐, 현실에 적응하지 못하는 무의식

하루키 소설에서 '쥐'는 데뷔작 『바람의 노래를 들어라』부터 『1973년의 핀볼』, 『양을 쫓는 모험』, 『노르웨이의 숲』까지 계속 나온다.

『1973년의 핀볼』에서는 '나'와 '쥐' 이야기가 번갈아가며 서술되는데, 2장에서 '쥐'가 등장한다. 『바람의 노래를 들어라』에서 '나'는 20대 초반의 학생이었는데, 『1973년의 핀볼』에서 '나'는 이제 번역 사무소에서 일하는 사회인이다.

『1973년의 핀볼』에서 '나'는 학생에서 사회인으로 성장했는데, '쥐'는 별다를 바 없이 그대로다. '쥐'는 3년 전쯤 대학을 중퇴하고 고베에서 7백 킬로미터 떨어진 '제이스 바'에서 지내며 재즈와 술을 즐긴다. '쥐'는 인간이 아니라, 무슨 정신처럼 재현된다.

> 쥐에게는 시간의 흐름이 마치 어딘가에서 뚝 하고 끊어진 것처럼 보였다. 왜 그렇게 되어 버렸는지, 쥐로서는 알 수가 없다. 잘린 곳을 찾아낼 수조차 없다. 죽어 버린 로프를 손에 쥔 채 그는 엷은 가을의 어둠 속을 방황했다. (「1973년의 핀볼」, 위의 책, 2장 163면)

이 문장은 소설에서 인물이 아니라 정신을 형상화하는 방식이다. 쥐는 대학에 들어가면서 집을 나와 아버지가 서재 대신 쓰던 맨션에서 지내다가, 등나무 의자에 앉아 몇 시간이고 며칠이고 지낸다. 쥐는 '제이스 바'에 자주 가는데, 25년 동안 아무것도 배우지 못했다고 고백한다.

한편 바의 주인 제이는 45세의 중국인 바텐더인데, 일본어를 일본인 이상으로 잘한다. 부잣집 청년인 '쥐'와 고독한 중국인 바텐더는 "늙은 부부처럼 서로 기대면서" 보낸다. 쥐는 유방은 작고 마른 몸의 여자와 사랑을 한다.

안타깝게도 스물세 살의 '쥐'는 상실을 겪는다. '쥐'는 여자의 방이 보이는 해안가에 차를 세우고 여자를 그리워하기도 한다.

'나'는 1970년 겨울에 '쥐'와 함께 중독됐던 그 핀볼 기계가 궁금해진다. '나'는 핀볼 기계가 어디 있는지 수소문한다. 결국 냉동 창고에 핀볼 기계가 있다는 소식을 들은 '나'는 복화술사가 되어, 마치 오랜만에 만난 친구처럼 핀볼 기계와 대화를 나눈다.

마지막에 '쥐'는 우울한 과거와 청산할 방법을 찾는다. '제이스 바'에서 제이와 대화하다가 쥐는 상당히 생각했다며 결론을 말한다.

"하지만 역시 나는 가겠어. 똑같아도 괜찮아." (「1973년의 핀볼」, 위의 책, 24장 272면)

'쥐'는 태어난 고향을 떠나 자신을 알지 못하는 다른 도시로 탈출하는 길을 선택한다. 이 소설을 쓰고, 일본을 떠나 그리스 등으로 떠나는 하루키를 떠올리게 된다.

대학에 입학하자마자 집을 나와 바에서 머무는 '쥐'는 하루키의 젊은 시절을 연상하게 한다. 밤에는 자기 일을 하는 '쥐'의 생리는 바를 경영할 때 영수증 정리를 마친 심야에 글을 쓰던 하루키를 상상하게 한다. '쥐'는 어딘가 균형을 상실한 존재로서 부서진 자아, 금이 간 존재다. 고향을 떠나 다른 도시로 탈출하는 마지막 선택도 영락없는 하루키 자신이다. 여기까지만 읽어도 '쥐'는 하루키의 무의식이라는 것을 알 수 있다.

배전반, 사회와 개인을 연결하는

"전화국에서 왔습니다." 하고 사나이는 말했다. "배전반을 바꿔야 합니다." (「1973년의 핀볼」, 위의 책, 3장 168면)

일요일 아침, 쉬는데 40대 정도의 사내 '배전공'이 등장한다.

'배전반(配電盤, switchboard)'은 발전기나 변압기 등의 운전을 제어하는 데 필요한 기구를 한데 모아서 장치한 설비다. 배전반은 개개의 전화기에서 중앙 컴퓨터로 신호를 보낸다.

하루키는 초기 작품에서 사회적 관계성을 하나의 메타포로 표현한다. 바로 '배전반'이다. 작품 속 대화에서 '커다란 컴퓨터'는 사회를 의미한다. 인간은 배전반을 통해서 커다란 사회에 신호를 보내고 있다. 사회는 항상 최적화된 시스템을 구축하기를 원한다. 그것이 '안정'되어 있기 때문이다.

> "배전반은 모두 본사의 커다란 컴퓨터에 접속되어 있지요. 그런데 댁만이 남다른 신호를 내면 이것은 아주 곤란하게 되거든요. 아시겠어요?"
> "알겠습니다. 하드웨어하고 소프트웨어의 통일 문제군요."
> (「1973년의 핀볼」, 위의 책, 3장 169면)

사회적 동물인 인간에게 '배전반'은 무척이나 중요한 의미를 가진다. 배전반은 사회와 개인을 연결하는 통로이며, 더 나아가 개인과 개인의 소통의 매개체이기도 하다. 인간은 남들과 다른 신호를 보내서는 안 되며, 그러한 움직임은 '곤란한 것'이 된다. 각자의 자유로운 생각도 통제되어 있다는 말이

배전반.

다. 시스템(하드웨어) 속에서 정신(소프트웨어)은 통일된다.

사람들은 대부분 이러한 중요성을 인지하지 못한다. 오히려 그것을 귀찮아하며 아무렇게나 박아두기 십상이다. 배전반을 밀어낸 방(마음)엔 커다란 피아노가 들어앉는다.

"하지만 모두 배전반을 굉장히 귀찮아하거든요. 보통은 사용하지 않고, 게다가 부피는 크고 말이죠."

(중략)

"꼭 보물찾기 같아요. 모두가 상상도 할 수 없는 장소에다가 배전반을 집어넣거든요. 불쌍하게도. 그 주제에 방에는 쓸데없이 커다란 피아노를 넣고 인형 케이스를 장식하고 하니 정말 우

습죠."(「1973년의 핀볼」, 위의 책, 3장 169면)

배전반은 나의 자의식 속에 내재되어 있는 사회, 또는 다른 타인과의 대화 채널이 아닐까. 나는 그런 배전반에 아무런 불편을 느끼지 않지만, 세상이 바뀌어가면서 새로운 배전반으로 교체해야 한다. 또한 배전반이 아무런 원인 없이 죽어가고, 나는 그에 대한 아무런 조치도 취할 수 없는데, 이것은 사회 속에서 개인이 얼마만큼 무력한가를 의미한다.

배전공은 배전반을 손보러 왔다가, 침대 위에서 담요 밖으로 목을 내밀고 있는 쌍둥이 자매를 보고 긴장한다. 쌍둥이 자매는 배전반이 어디 있는지 알고 있다. 삶은 달걀을 얻어먹으며 배전공은 속내를 털어놓는다.

"나도 이십일 년간 여러 집을 돌아보았지만 이런 건 처음인데요."

"뭐가 말입니까?" 하고 나는 물었다.

"즉, 응……, 쌍둥이 여자하고 자는 사람이라는 것은. 이봐요, 당신도 힘드시겠어요?"

"그렇지도 않아요." 하고 나는 두번째 커피를 마시면서 말했다.

"정말입니까?"

"정말이에요."

"이이는 굉장하니까." 하고 208이 말했다.

"완전히 짐승이야." 하고 209가 말했다.

"질렸습니다." 하고 남자가 말했다. (「1973년의 핀볼」, 위의 책, 3장 172면)

앞서 썼듯이, 쌍둥이 자매는 하루키의 욕망을 상징한다. '내'가 쌍둥이 자매와 오래 머문다는 것은 그만치 무의식의 세계에 오래 머문다는 표현으로 읽을 수 있다. 소설에서 배전반은 자꾸 고장 난다. 죽어가는 배전반은 관계 혹은 대화가 상실된 사회를 상징한다.

내 얼굴도 내 마음도, 그 누구에게도 의미가 없는 시체에 지나지 않았다. 내 마음과 누군가의 마음이 스쳐 지나간다. 야아, 하고 나는 말한다. 야아, 하고 상대방도 대답한다. 그뿐이다. 아무도 손을 들지 않는다. 아무도 두 번 다시 되돌아보지 않는다.

(중략) 그들의 눈은 아무것도 보고 있지 않는 것이다. 그리고 내 눈도. 나는 텅 빈 것 같은 느낌이 들었다. 이제는 아무한테도 아무것도 줄 수가 없을지도 모르겠다. (「1973년의 핀볼」, 위의

책, 7장 195면)

하루키 특유의 허무주의적 문체는 자칫 이러한 관계성 자체를 부정하는 것처럼 보일지도 모른다. 하지만 그는 이 문제에 대해 제법 긍정적으로 대답하고 있다.

현실의 고통과 대화 단절을 이겨내지 못하는 '나'는 도피처로 핀볼 세계에 빠진다.

'나'는 배전반 이야기를 하는데, 쌍둥이 자매는 죽음을 말한다.

"왜 죽어 가고 있을까?"
"너무 많은 것을 빨아 먹은 거야, 틀림없이."
"펑크가 난 거야." (「1973년의 핀볼」, 위의 책, 9장 204면)

수명이 다한 배전반은 새로운 것으로 교체해야 한다. 그래야만 살아갈 수 있다. 대화가 안 통하는 사회는 변화되어야 한다. 하루키는 작품 속에서 아주 흥미로운 장면을 추가한다. 바로 배전반을 저수지에 장사 지내는 장례식이다. 관계는 변혁과 더불어 과거와의 청산을 통해서만 진정으로 새로워질 수 있다.

"철학의 의무는," 나는 칸트를 인용했다. "오해에서 생기는 환상을 제거하는 데 있다. 배전반이여, 저수지 바닥에 편안히 잠들라." (「1973년의 핀볼」, 위의 책, 11장 214면)

어릴 때 '듣기'만 할 수 있었던 '나'는 고장 난 배전반이었다. 이제 쌍둥이 자매라는 무의식과 함께 예의를 갖추고 "오해에서 생기는 환상"을 제거한다. 입으로 말하고 귀로 듣는 과정에서 입이 실수할 수도 있고, 귀가 잘못 들을 수도 있다. 완벽한 커뮤니케이션이란 쉽지 않고, 언제나 오해를 동반한다. 입에서 귀로 옮겨가는 과정에서 본질적인 것은 왜곡될 수 있다. 커뮤니케이션을 상징하는 배전반이라는 소통 구조 자체를 바꾸어야 한다. 새 시대의 배전반을 설치하려면 옛 배전반을 장례해야 한다.

판타지의 순례기

서론이 끝나고 본론으로 들어가면서 판타지 혹은 순례기(pilgrimage) 구조가 된다. '나'는 나오코의 고향을 찾아가 잃어버린 기억을 찾아보려 애쓴다. 나오코는 죽었지만 '나'의 기억 속에는 아직 살아 있다. '나'는 3인 번역 회사의 여자 사원과 대화한다.

"지금은 어때? 애인이 있어?" 그녀가 물었다.
나는 잠시 생각하고 나서 쌍둥이를 배제하기로 했다. "아니," 라고 나는 말했다.
"쓸쓸하지 않아?"
"익숙해졌어. 훈련으로."
"어떤 훈련?"
나는 담배에 불을 붙이고, 연기를 그녀의 머리 오십 센티미터 정도 위로 뿜었다.
"나는 이상한 별자리에서 태어났거든. 즉 말야, 갖고 싶다고 생각한 것은 무엇이든지 손에 넣었지. 하지만 뭔가를 손에 넣을 때는 다른 뭔가를 짓밟아 왔어. 알겠어?"
"조금은."
"아무도 믿지 않겠지만 이것은 사실이야. 삼 년 정도 전에 그 사실을 알았어. 그리고 이렇게 생각했지. 이젠 아무것도 원하지 말자고 말야." (「1973년의 핀볼」, 위의 책, 12장 219~220면)

번역가로 살아가는 '나'는 친구와 매혹적인 비서와 함께 번역 일을 한다. '나'는 비서와 툭 터놓고 대화를 나눌 수 있다. 여자 친구의 죽음, 의사소통을 할 수 없는 히키코모리 증세에 처해 있는 '나'는 우연히 핀볼을 만난다. 핀볼 마니아인 대학 강사가 온갖 열정들로 핀볼에 대한 백과사전식 정보를 나열한다. 여자 친구 나오코의 죽음도 잊고, 대화를 잊은 '나'는 핀볼에 미친 듯이 중독된다.

15장은 이 소설에서 극적 전환을 보여주는 중요한 장이다. '나'는 핀볼에 몰입하던 기억을 되새긴다.

내가 정말로 핀볼의 주술 세계에 들어간 것은 1970년 겨울이었다. 그 반년을 나는 어둠 속에서 보낸 것 같은 생각이 든다. 초원 한가운데에 내 사이즈에 맞은 구멍을 파고 그곳에 완전한 몸을 묻고, 그리고 모든 소리에 귀를 막았다. 무엇 하나 내 흥미를 끌지 않았다. (「1973년의 핀볼」, 위의 책, 15장 227면)

여기서 핀볼은 과거의 자신이 사회에 대해 하고자 했던 어떤 일들, 꿈들을 의미한다. 핀볼은 어떤 규칙에 의한 게임이다. 정해진 룰 안에서 자신의 테크닉을 발휘한다. '나'는 최고 스코어를 따기도 했다. 숫자를 더럽히고 싶지 않아, 라고 나는 말한다. 과거의 자신을 되돌아본다고 할까.

그런 후 쌍둥이들은 그의 곁에서 떠나고, 그는 일상 속으로 돌아간다. 이 소설은 한 젊은이가 1973년에 사회에 적응해가는 과정을 보여준다.

핀볼에 중독되어가는 '나'는 쉴 새 없이 동전을 기계에 밀어 넣고 꼭 한 달 뒤 여섯 자리를 넘는 고득점을 기록한다. 그리고 핀볼 기계가 '여신'으로 보여 대화할 정도로 중독된다. 아래 문장은 이 소설에 나오는 첫 클라이맥스 부분이다.

> 그녀는 근사했다. 스리 플리퍼의 스페이스십……, 나만이 그녀를 이해했고 그녀만이 나를 이해했다. 내가 플레이 보턴을 누를 때마다 그녀는 기분 좋은 소리를 내면서 보드에 여섯 개의 제로를 퉁겨 냈고, 그리고 나에게 미소지었다. (「1973년의 핀볼」, 위의 책, 15장 228면)

핀볼은 '나'에게 연인이요, 구원이었다. 나는 핀볼 마니아, 핀볼 오타쿠(お宅)가 된다. 마침내 핀볼에게서 말을 듣는다. 이때 핀볼은 연인인지 여신인지 구별할 수 없다. 자살한 나오코로도 보인다. 하루키는 이 부분 문장에 밑줄을 쳐서 강조한다.

> <u>당신 탓이 아니야</u>, 라고 그녀는 말했다. 그리고 몇 번이고 고

스리 플리퍼의 스페이스십.

개를 저었다. 당신은 나쁘지 않아, 힘껏 했잖아.

아니야, 라고 나는 말한다. 왼쪽 플리퍼, 탭 트랜스퍼, 구 번 타깃, 아니라니까. 나는 뭐 하나 하지 못했어. 손가락 하나 못 움직였어. 하지만 하려고 했다면 할 수 있었단 말야.

인간이 할 수 있는 것은 극히 제한된 것이야, 라고 그녀는 말한다. 그럴지도 모르지, 라고 나는 말한다. 하지만 뭐 하나 끝나지 않았어, 언제까지고 틀림없이 똑같을 거야. 리턴 레인, 트랩, 킥아웃 홀 리바운드, 하깅, 6번 타깃…… 보너스 라이트. 121150. 끝났어, 모든 게, 라고 그녀는 말한다. (「1973년의 핀

볼」, 위의 책, 15장 228~229면)

나오코가 죽고 '나'는 나오코가 사라진 상실의 마음을 핀볼에 몰두하여 채워왔다.

어느 날 그 핀볼에서 나오코의 목소리를 듣는 해괴한 체험을 하는 것이다. 기계와 대화를 하다니! 기계 앞에서 '나'는 접신(接神)의 경지를 체험한다. 절망해 있던 '나'는 핀볼과 대화하면서, 상실을 해체하고 성찰하는 경험을 한다.

이후 '그녀'였던 핀볼이 사라진다. 게임 센터는 부서졌고, 그 자리는 도넛 가게로 바뀌었다. 두 번째 클라이맥스가 되는 장면은 22장이다. 죽은 닭 냄새의 악취가 배어 있는 냉동 저장 창고의 눈부신 형광등 불빛 아래 전설 속의 '코끼리 무덤' 같은 핀볼의 묘지를 목도한다. 핀볼이 코끼리처럼 보이는 체험을 한다.

극히 호의적으로 생각한다면 그것은 코끼리 무덤처럼 보이기도 했다. 그리고 다리를 구부린 코끼리의 백골 대신에 눈에 띄는 한 핀볼 기계가 콘크리트 바닥에 쭉 늘어서 있었다. 나는 계단 위에 서서 그 이상한 광경을 가만히 내려다보았다. 손이 무의식중에 입가를 더듬고, 그리고 다시 주머니에 돌아갔다.

핀볼 기계.

　　대단한 숫자의 핀볼 기계다. 일흔여덟이라는 것이 그 정확한 숫자였다. 나는 오랜 시간을 투자해서 몇 번이고 핀볼대를 헤아려 봤다. 일흔여덟, 틀림이 없다. (중략) 일흔여덟 개의 죽음과 일흔여덟의 침묵. 나는 반사적으로 몸을 움직였다. (중략)
　　춥다. 그리고 역시 죽은 닭 냄새가 난다. (「1973년의 핀볼」, 위의 책, 22장 260면)

죽은 닭 냄새의 악취에 핀볼 기계 78대가 있다. 78개의 죽음과 78개의 침묵이 있다. 공장 창고의 스위치를 올리자 78구의 핀볼 시체가 사연을 말하듯 반짝이며 점등된다. '핀볼의 무덤'에서 '나'는 다시 핀볼과 대화한다. 필드 유리판에 손을 얹자 핀볼은 인간으로 변하면서 '나'에게 미소를 보낸다.

> 만나러 와 줘서 고마워, 라고 그녀가 말했다. 다시 못 만날지도 모르지만 건강하게 지내 줘.
> 고마워, 하고 내가 말했다. 안녕. (「1973년의 핀볼」, 위의 책, 22장 267면)

핀볼은 '그녀'가 되어 다시 찾아주어 고맙다고 한다. 죽은 핀볼과의 대화는 죽은 나오코와의 대화였다. 창고 스위치를 끄고 '나'는 집으로 돌아온다.

나오코가 자살하고, '나'는 3개월 동안 핀볼에 완전히 중독된다. 핀볼을 할 수 있는 오락장이 사라지자 핀볼을 찾아 나선 뒤, 일종의 핀볼 무덤을 보고서야 중독에서 탈출하는 순례기다. 핀볼의 죽음으로 나오코는 진정한 장례식을 치르고, '나'는 치유를 체험한다.

이제 현실로 돌아오려 할 때, 쌍둥이 208과 209는 사라지려 한다. 그들은 '나'에게 여자 친구는 아니었고, 핀볼에 중독된

동안에 상상력 속에 거하는 정령이었다. 쌍둥이 208과 209는 내 상상력 속에 거하다가, '내'가 현실로 돌아오면서 사라진다.

"무얼 생각하고 있지?" 쌍둥이 중 하나가 물었다.
"아무것도."라고 내가 말했다. 그녀들은 내가 준 스웨터를 입고, 종이 봉투에 넣은 트레이너 셔츠와 약간의 갈아입을 옷을 겨드랑이에 끌어안고 있었다.
"어디로 가?"라고 나는 물었다.
"원래 있던 곳으로."
"돌아가는 것뿐이야."
(중략)
"또 어딘가에서 만나자." 하고 내가 말했다.
"또 어딘가에서."라고 하나가 말했다.
"또 어딘가에서."라고 또 하나가 말했다. (「1973년의 핀볼」, 위의 책, 25장 280~281면)

그 "어딘가"를 찾는 것이 하루키 소설의 주제다. 이제 '나'는 현실로 돌아오고 싶다. 현실에 적응하고 싶다. '나'는 창밖으로 11월의 일요일 하루가 지나가는 모습을 바라본다. '나'는 허무와 절망이라는 고리를 끊고 단독자로서 자신만의 길을 생각하기 시작한다. 다만 '나'는 회복으로 향하지만, '쥐'는 여자를 남긴 채 거리를 떠난다.

고요한 11월과 새로운 모험

"고요한 11월의 일요일이었다."라는 말로 1973년 9월부터 11월까지 핀볼에 중독되어 슬픔과 대화 단절을 잊었던 한 청년의 순례기는 마무리된다. 이제 '나'는 스스로 실존을 자각하고, 방황과 절망에 종지부를 찍고 새로운 세계를 걷기 시작한다.

"고요한 11월의 일요일"은 아무 의미가 없는 것일까.

1973년 11월은 다나카 가쿠에이 내각이 시작되는 시기였다. 다나카 가쿠에이(田中角榮, 1918~1993) 총리는 일본과 중화 인민 공화국의 국교를 수립하는 등 청빈한 이미지를 갖고 있었으나, 퇴임 후 록히드 사건으로 복역한다.

1973년 11월은 소설의 주인공 '내'가 핀볼의 중독에서 탈출한 시기이기도 하지만, 이제 새로운 모험을 예고하는 표시로도 보인다. 다음 소설『양을 쫓는 모험』은 하루키의 소설 중 극우의 문제를 가장 노골적으로 드러낸 소설이기 때문이다.

『1973년의 핀볼』은 1960년대식 이념을 포기하고 출구를

찾지 못하는 젊은이들의 이야기다. 나쓰메 소세키는 장편 소설 『마음(こころ)』(1914)에서 국운을 걸고 싸웠던 러일 전쟁이라는 거대한 배경 위에 등장인물을 놓았고, 하루키는 1960년대식 혁명 윤리 이후의 출구 없는 포스트모던 일본을 배경으로 썼다.

『1973년의 핀볼』은 제83회 아쿠타가와상 후보에 올랐으나, 이노우에 야스시(井上靖, 1907~1991)와 나카무라 미쓰오(中村光夫, 1911~1988)의 반대로 받지 못했다. 과거의 문학관에서 볼 때 무의식을 전면에 내세운 하루키의 소설은 결코 이해하기 쉽지 않았을 것이다.

4. 양, 일본 극우의 근원을 찾아

1982년 33세
『양을 쫓는 모험』

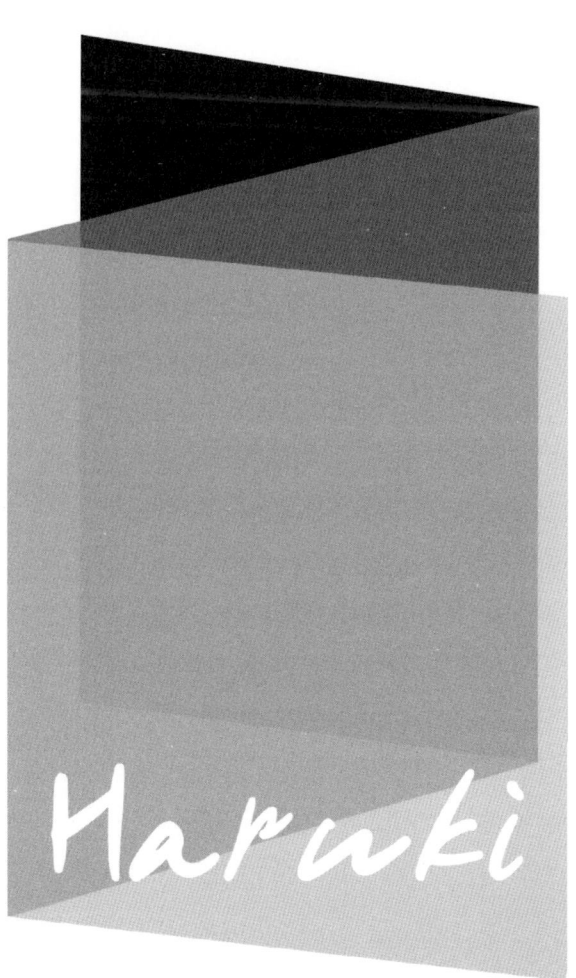

『바람의 노래를 들어라』(1979), 『1973년의 핀볼』(1980)과 함께 『양을 쫓는 모험』(1982)을 무라카미 하루키의 '쥐 3부작'이라고도 한다. 세 작품에 주인공 '나'와 쥐가 모두 나오지만, 서로 맞지 않는 부분도 있기에, 세 작품은 비슷하면서도 각각 독립된 작품으로 보아야 한다.

세 작품을 읽으면 몽상적인 짧은 파편들이 이어진다. 따로따로인 다른 이야기 같지만 읽고 나면 이어진다. 다양한 이야기가 연속/불연속으로 이어지는 것이 들뢰즈의 '리좀(rhizome)'을 떠올리게 한다.

1장은 왜 '1970년 11월 25일'일까

3부작의 마지막에 해당하는 『양을 쫓는 모험(羊をめぐる冒險)』은 앞의 두 소설의 배경인 1970년에서 10년이 흐른 뒤 '나'의 이야기를 담고 있다. 과거 학원 투쟁과 이상 실현에 몰두했던 '나'는 이제 고도로 발전된 도시 사회 속 일상을 살아가는 29세의 평범한 직장인이다.

신문을 보고 우연히 그녀의 죽음을 알게 된 친구가 전화로 내게 그 소식을 알려주었다. 그가 천천히 읽어준 조간신문의 일단 기사는 꽤 평범한 내용이었다. 대학을 갓 나온 풋내기 기자가 연습 삼아 쓴 것 같은 서툰 문장이었다.

몇 월 며칠, 어딘가의 길모퉁이에서 누군가가 운전하는 트럭에 사람이 치였다. 그 사고를 낸 누군가는 업무상 과실치사 혐의로 조사 중이다.

그 친구가 읽어준 기사는 잡지의 속표지에 실려 있는 짧은 시처럼 들리기도 했다.

"장례식은 어디서 할 것 같아?" 하고 나는 물어보았다.

"글쎄, 모르지"라고 그는 말했다. "그런데 도대체 그 애한테 집 같은 게 있었을까?"

물론 그녀에게도 집은 있었다.

나는 그날 당장 경찰에 전화를 걸어 그녀의 집 주소와 전화번호를 알아낸 후에 그녀의 집에 전화를 걸어 장례식 일정을 물어보았다. 누군가 말했듯이 수고만 아끼지 않는다면 웬만한 일은 곧 알 수 있기 마련이다. (무라카미 하루키, 『양을 쫓는 모험』, 문학사상, 2021, 상권 제1장 9~10면)

평범한 직장인 남성 '나'는 과거에 만났던 여자의 갑작스러운 죽음 소식을 접한다. 그 여자는 '누구와도 자는 여자(誰とでも寝る女の子)'로 표현된다.

하루키의 초기 장편에는 모두 '죽음'이 나온다. 이 '죽음'은 실존의 문제를 써온 하루키에게 중요한 의미를 갖는다. 실존주의에서 '죽음'이란 나이가 들면 죽는 상투적인 의미가 아니다. 실존주의에서 죽음은 삶에 새로운 의미를 주는 계기를 의미한다. 이 소설에서 '내'가 과거에 만났던 여자의 죽음은 주인공에게 그녀와 함께했던 1970년대를 추억하게 하며, '내'가 과거에 대해 정리하지 못한 감정을 드러낸다.

사실 이 여자는 제1장 마지막 문장에 "1978년 7월, 그녀는 스물여섯 살로 죽었다."라고 나오듯, 1978년에 죽었다. 소설에서 주목하는 것은 제1장 제목인 "1970년 11월 25일"에 그녀와 함께 있었다는 사실이다.

한국인이라면 특별한 사람이 생각나는 특별한 날짜가 있다. 1909년 10월 26일은 안중근이 하얼빈 역 1번 플랫폼에서 이토 히로부미를 암살한 날이다. 1950년 6월 25일 '6·25'는 더 말할 필요도 없다. 1970년 11월 13일이라면 서울 평화시장에서 전태일이 근로 기준법 준수를 요구하며 분신한 날로 기억한다. 1979년 10월 26일이라면 박정희 대통령 피격 사건 또는 '10·26 사건'으로 누구나 기억한다. '1970년 11월 25일'은 일본 현대사를 아는 일본인이라면 특별한 인물이 저절로 떠오를 것이다. 그 사람 이야기가 소설에 잠깐 언급된다.

우리는 숲을 빠져나가 ICU의 캠퍼스까지 걸어가 여느 때처럼 라운지에 앉아서 핫도그를 먹었다. 오후 2시였는데, 라운지의 텔레비전 화면에는 미시마 유키오의 모습이 몇 번이고 되풀이해 비치고 있었다. 볼륨이 고장 난 탓에 말소리는 거의 들리지 않는데, 어쨌든 그건 상관없는 일이었다. (『양을 쫓는 모험』, 상권 제1장 21면)

왜 미시마 유키오(三島由紀夫, 1925~1970)를 언급했을까. 『양을 쫓는 모험』이 미시마 유키오의 작품 『나쓰코의 모험(夏

『1970·11·25 三島由紀夫(미시마 유키오)』 표지.

子の冒險)』에서 영향을 받았기 때문일까. 나쓰코라는 아가씨가 홋카이도에 가서 발가락이 네 개인 식인 곰을 퇴치하는 판타지 『나쓰코의 모험』은 '내'가 양을 쫓아 홋카이도에 가서 양 사나이의 죽음을 보는 『양을 쫓는 모험』과 비슷하다. 하루키가 미시마 유키오를 살짝 언급한 것은 소설의 창작 동기를 넘어 미시마 유키오의 극우 사상이 이 소설의 주제를 여는 중요한 핵심어이기 때문일 것이다.

텔레비전 화면에 소설가 미시마 유키오가 나온 그날은 그가 할복자살(切腹, せっぷく)한 날이었다.

미시마 유키오는 『문화방위론』(1968) 등을 통해, 일본 문화의 정신에 질서를 부여하는 천황을 더러운 물질문명에서

구해내고, 또한 공산주의의 손으로부터 지키려면 무력이 필요하다고 주장했다. 그는 '다테노카이(楯の會, 방패회)'라는 사병 조직을 만들어 무력 훈련을 하기도 했다.

1970년 11월 25일, 미시마 유키오는 군복을 입고 '다테노카이' 부하 4명과 도쿄 자위대 사령부에 난입한다. 자위대 사령관으로 가서 총감(사령관)을 인질로 잡은 뒤, 발코니에 올라 자위대 인질을 석방하는 조건으로 자위대 병사들을 모아 달라고 요구한다. 요구대로 천여 명의 자위대 병사들이 모이자, 미시마 유키오는 발코니에서 병사들을 향해 천황제 부활과 평화 헌법 반대, 쿠데타를 하자고 연설한다.

"지금 일본 혼을 유지하는 것은 너희 자위대뿐이다. 너희는 사무라이다. 자신을 부정하는 헌법을 왜 지키고 있는가!"

일곱 번 태어나도 조국에 보답하자는 '칠생보국(七生報國)'이라고 쓰인 머리띠를 두르고 일장 연설을 했지만, 정작 자위대 병사들은 비웃으며 야유했다. 45세의 미시마 유키오는 "천황 폐하 만세!"를 외치며 할복자살했고, 그의 죽음은 제국의 군국주의를 다시 기억하게 했다.

하루키는 이 큰 사건을 일으킨 미시마 유키오의 죽음 대신

미시마 유키오의 할복자살 기사.

에 "이름은 잊어버렸다."는 한 여자의 죽음을 소설 앞부분에 써놓았다. 이 소설 어디에도 그 충격적인 화제의 인물 미시마 유키오의 이름은 없다. 하루키는 그 사건을 외면하고 무시하는 격이다. 미시마 유키오보다 한 여자의 죽음을 더 중요하게 소설 서두에 써놓았다.

미시마 유키오가 할복할 때 가이샤쿠닌(介錯人)이 미시마 유키오의 목을 칼로 쳐준다. 가이샤쿠(介錯)는 할복하는 사람의 고통을 짧게 하려고 참수해주는 행동을 말한다. 다섯 번을 내리쳐도 미시마의 목은 잘리지 않는다. 다른 부하가 미시마 유키오의 목을 자르고, 자기도 배를 가른다. 다른 이가 그의 목을 다시 잘라준다. 극단적인 극우가 벌인 시대착오적이고 엽기적인 사건이다. 놀랍게도 아직도 일본에는 암암리에 미시마 유키오의 신우익 사상을 추종하는 이들이 있다.

하루키는 제1장 제목을 "1970년 11월 25일"로 쓰고, 미시마 유키오의 이름을 한 자도 인용하지 않는다. 엽기에 대해서는 무시하는 것이 답이기 때문일까. "1970년 11월 25일"은 하루키에게 일본 역사의 의미 없는 순간을 나타내는 기표다. 그 제목은 이제 그 의미 없는 극우의 순간을 무시하겠다는 의도로 보인다. 1970년 11월 25일뿐만이 아니다. 이 소설에는 중요한 일시가 1936년 2·26 사건과 겹치고, 또 1945년 8월 9일 소련의 기습도 소설의 중요한 시간에 배경으로 흐른다. 소설의 구성을 살펴보자.

제1장: 1970년 11월 25일 / 누구와도 자는 여자의 죽음
제2장: 1978년 7월 / 이혼
제3장: 1978년 9월 / 귀 모델 여자와의 만남과 치유

제4장: 양을 쫓는 모험 Ⅰ / 양을 쫓는 상황을 설명

제5장: 쥐로부터의 편지와 뒷이야기 / 쥐와의 관계성 확인

제6장: 양을 쫓는 모험 Ⅱ / 검은 옷을 입은 비서를 통해 이야기 급전

제7장: 돌고래 호텔의 모험 / 쥐와 양이 거하던 장소

제8장: 양을 쫓는 모험 Ⅲ / 클라이맥스

에필로그

귀 모델의 역할

집에 돌아오자마자 아내는 이별 통보를 건넨다. 소설은 그 이유에 대해 "당신에게서 현실적인 친밀함을 느낄 수 없다."라는 아내의 목소리를 전한다. 아내가 전달하는 이별 통보는 '내'가 현실을 잘 살아내지 못한다는 깨달음을 준다. 이별을 동요 없이 받아들이는 '나'는 인간관계와 세상을 지나치게 캐주얼하게 바라보고 있다.

그녀에게 있어서, 나는 이미 상실된 사람이었다. 설사 그녀가 아직도 조금은 나를 사랑하고 있다 하더라도, 그건 별개의 문제였다. 우리는 서로의 역할에 너무나 익숙해져 있었던 것이다.

내가 그녀에게 줄 수 있는 것은 이제 아무것도 없었다. (『양을
쫓는 모험』, 상권 제2장 44면)

'나'로서는 이해할 수 없으나, 늘 갑작스럽게 찾아오고 떠나는 인간관계를 떠올리며 자신을 위로한다. 이후 '고래 페니스'에 대한 이야기가 나오는데, 이 이야기는 말라붙은 거대한 선조에 대한 패러디다. 아버지라는 거대 윤리의 근거가 없다면 윤리와 구원의 희망이 확실히 보이지 않을 수 있다. 일본인에게 윤리적 아버지(세대)에 대한 존경이 사라지면서, 일본인들은 상실과 구원을 잃어버린다. 즉 '말라붙은 고래 페니스'는 일본의 앞선 세대가 갖고 있는 아무 의미 없는 상실에 대한 비판적 상징이 아닐까. 어느 날 '귀 전문 여자 모델(耳專門の モデルの女の子)이자 콜걸'을 만난다.

그녀는 스물한 살로, 호리호리하고 멋진 몸과 마력적일 만큼 완벽한 모양의 두 귀를 가지고 있었다. 그녀는 작은 출판사에서 아르바이트로 교정 일을 하면서 귀만 전문적으로 찍는 광고 모델이었고, 품위 있는 집안 사람들로만 이루어진 조그만 클럽에 속해 있는 콜걸이기도 했다. 그 세 가지 중에 어느 것이 그녀의 본업인지 나는 알 수 없었다. 그건 그녀 자신도 몰랐다. (『양을

쫓는 모험』, 상권 제3장 52~53면)

'나'와 가끔 섹스도 하는 '귀 전문 모델'은 늘 귀를 가리고 다니지만, 귀를 드러낼 때면 전혀 다른 사람이 되는 기묘한 여자다. 하필 왜 귀 모델일까. 귀 모델 그녀는, 실재일까.

첫째, 귀 모델은 '나'를 판타지로 안내하는 역할을 맡는다.

어느 오후 그녀와 함께 시간을 보내는데, 그녀는 10분 후 전화벨이 울릴 것이며, "양에 관한 모험이 시작된다."라는 알 수 없는 예언을 남긴다. 홋카이도에도 함께 가는 이 여성은 계속 '양'에 대한 전화가 올 거라고 '나'에게 알려준다. 그녀는 판타지로 들어가는 길목을 안내한다.

하루키가 귀를 강조하는 것은 에너지의 전이가 귀를 통해 이루어지기 때문이 아닐까. 귀를 통해 인간은 정보를 듣고, 움직인다. 귀 모델은 '나'의 몽상 속에 거하는 존재 같다. '나'와 함께 다니던 귀 모델은 양 사나이를 만나는 장소에서 사라진다. 소설에서 자신의 역할을 다했기 때문일 것이다.

판타지에서 중요한 존재는 귀 모델 같은 '모험의 안내자'다. 하루키가 좋아하는 판타지는 영국 작가 루이스 캐럴이 쓴 아동 소설 『이상한 나라의 앨리스』다. 하루키가 경영한 재즈 카페 '피터 캣'의 커피 받침대에도 이 판타지에 나오는 체셔

고양이 그림을 넣었다고 한다. 『세계의 끝과 하드보일드 원더랜드』에 나오는 땅속 나라도 앨리스의 나라를 보고 구상했다고 한다. 『기사단장 죽이기』에서 주인공의 죽은 여동생 고미치는 앨리스의 열광적인 마니아였던 것으로 나온다.

『이상한 나라의 앨리스』에는 주인공을 모험으로 안내하는 토끼가 나온다. 이 토끼는 '귀 모델 여자' 같은 판타지의 안내자라고 할 수 있겠다.

둘째, 귀 모델은 '나'의 결핍을 채워주는 존재다.

하루키 초기 3부작의 첫 소설은 『바람의 노래를 들어라(風の歌を聽け)』이다. 첫 소설 제목에 '들어라(聽け)'라는 명령형이 들어 있다. 이 소설에서 '나'는 남의 말을 잘 듣지 못한다. 트라우마가 있어서 타인과 거리를 두려고 '침묵'하거나 무관심하거나 모른 척한다. '나'는 화장실 바닥에 쓰러진 여자를 만나는데, 그 여자는 '나'에게 "혼자 있을 때 여러 사람이 내게 말을 거는 소리가 들린다."라고 고백한다.

두 번째 소설 『1973년의 핀볼』의 주인공 '나'는 남의 말 듣기를 광적으로 좋아하는 어린 시절을 보냈다. 이 소설 마지막에 '나'의 귀가 막혀 여의사가 귀이개로 귀를 뚫어주는 이야기도 나온다. 이 소설 전체에서 '귀'는 의사소통이 안 되는 시대를 상징한다. '듣는' 행위는 3부작의 주인공 '나'에게 결핍된

하루키가 경영하던 카페 '피터 캣'의 커피 받침대(왼쪽)에는 루이스 캐럴의 아동 소설 『이상한 나라의 앨리스』(1865)에 나오는 '채셔 캣(Cheshire Cat)'(오른쪽)이 그려져 있다.

행위다.

일본에서 매년 3월 3일은 '귀의 날(耳の日)'이다. 매년 이 날 '미미(耳, 귀) 콘테스트'가 열리고 수상자가 발표된다.

상징적 판타지의 시작

제4장에서 '의문의 우익 인사'를 보스로 둔 검은 정장의 기묘한 남자가 회사에 찾아온다. 이 기묘한 사내는 유명한 사람 이름이 쓰여 있는 '명함'을 잠깐 보여주고, 명함에 적힌 이름의 명으로 왔다고 한다.

"귀사에서 제작하신 P생명의 PR지 발행을 즉각 중지해주시기 바랍니다." (『양을 쫓는 모험』, 상권 제4장 104면)

검은 정장의 사내는 왜 '나'와 친구에게 PR지 발행을 중지해달라는 것일까. 광고 회사의 영업을 방해하는 이 황당한 개입은 무슨 의미일까.

그것은 틀림없이 우리가 제작한 생명보험회사의 화보 페이지를 복사한 것이었다. 홋카이도의 평범한 풍경 사진——구름과 산과 양과 초원, 그리고 어딘가에서 모방한 그다지 신통치 않은 목가적인 시, 그것뿐이다. (『양을 쫓는 모험』, 상권 제4장 105면)

그 기묘한 사내는 왜 그 목가적인 광고지를 없애달라고 했을까. 없애주면 충분한 보상을 하겠다고 한다. 알고 보니 "명함 속의 인물은 우익의 거물"이었다.

"그렇지만 전쟁 전의 그의 약력에 대해서는 어느 정도 알고 있어. 1913년에 홋카이도에서 태어나 초등학교를 졸업하고 도쿄로 나와 이 직업 저 직업 전전하다가 우익이 되었지. 딱 한 번 형무소에 들어갔지, 아마. 형무소에서 나와 만주로 갔고 그곳에서 관동군의 참모들과 친해져서 특수공작 관련 조직을 만들었지. 그 조직의 내용까지는 잘 몰라. 그는 그 무렵부터 갑자기 수수께끼 같은 인물이 되기 시작한 거야. 마약을 취급했다는 소문이 있는데, 아마 그 말이 맞을 거야. 그리고 중국 대륙 여기저기를 돌아다니다가 소련이 참전하기 2주일 전에 구축함을 타고 귀국했어. 혼자 들지도 못할 정도의 귀금속과 함께 말이야."

"뭐라고 할까, 절묘한 타이밍이군."

"실제로 그 사람은 타이밍을 포착하는 데는 명수지. 쳐들어갈 때와 물러날 때를 알고 있는 거야. 그리고 착안점이 좋아. 점령군도 A급 전쟁범죄자로 체포는 했지만, 조사는 도중에서 중단되고 불기소되었어. 이유는 병 때문인데, 그 대목은 모호하기 짝이 없지. 아마 미군과 거래가 있었을 거야. 맥아더는 중국 대륙을 노리고 있었으니까."(『양을 쫓는 모험』, 상권 제4장 108~109면)

상세하게 나오는 명함 속의 인물에 대한 설명이다. 한국 사람에게 친일파 하면 이완용이 떠오르듯, 일본 사람이 이 설명을 읽으면 '고다마 요시오'라는 실제 이름이 떠오를 것이다. 하루키가 왜 '우익 거물'을 연상하도록 소설에 등장시켰을까, 뒤에 설명하기로 하자.

도대체 왜 우익 거물이 찾아오는지, 작업실에서 '나'는 자신이 어떤 존재인지 잠시 생각한다.

세상이 계속 움직이고 있다는 걸 인식하는 한, <u>나는 존재하고 있었다.</u>
그리 대단한 존재는 아니라 하더라도 나는 존재하고 있었다. 사람이 <u>전기시계의 바늘을 통해서만 스스로의 존재를 확인할 수 있다는 게 왠지 기묘한 일 같았다.</u> (『양을 쫓는 모험』, 상권 제4장 116면)

하루키 소설에 가끔 나오는 존재에 대한 물음이다. 우익의 역사를 얘기할 법한 상황에서 다시 존재로 돌아온다. 이 소설은 존재에 대한 물음을 양 이야기와 연결시킨다.

양이다.
(중략)
사진에는 양 떼와 초원이 찍혀 있었다. 초원이 끝나는 언저리에는 자작나무 숲이 이어져 있다. 홋카이도 특유의 거대한 자작나무다. 근처 치과의 현관 옆에 자라고 있는 것 같은 빈약한 자작나무가 아니다. 곰 네 마리가 동시에 발톱을 갈 수 있을 정도

로 묵직한 자작나무인 것이다. (『양을 쫓는 모험』, 상권 제4장 117~118면)

광고 사진에는 홋카이도의 자작나무와 양 서른세 마리가 있다. '나'는 왜 "서른세 마리?" 하고 묻는다. 도대체 왜 서른세 마리일까. 이 소설이 나오고 한참 뒤에 하루키의 무의식에 똬리를 틀고 있는 트라우마가 나온다. 아버지 혹은 자신의 국적인 일본이 1937년 난징에서 중국인을 수없이 죽였다. 그 사실을 초등학교 시절에 알았다는 것이다. 그 상처로 인해 하루키는 소설에 아버지 혹은 일본을 묘사할 때 극우들의 생각과는 다른 위치에 서서 묘사한다.

하루키는 68세에 쓴 소설 『기사단장 죽이기』(2017)에서 난징 대학살을 언급했다가 우익들로부터 집단 공격을 받는다. 난징 학살이 일어난 1937년에 '서른세 마리' 곧 33을 더하면, 『양을 쫓는 모험』의 배경이 되는 1970년대에 이른다. 이렇게 보면, 33마리의 양은 비극이 끝나고 33년 이후의 이야기라는 암시를 준다.

『양을 쫓는 모험』 제1장에 나오는 '1970년 11월 25일의 그녀와의 기묘했던 오후. 다음날 새벽 문득 스물다섯까지 살고 죽겠다는 이야기를 남긴 그녀. 그리고 스물여섯 살에 죽었다.'에서 1970이라는 숫자는 이렇게 풀 수 있다.

따라서 이 소설은 단순히 한 개인 '내'가 나만의 과거를 회상하는 것이 아니라, '내'가 속한 공동체의 악성, 그 과거와 결별하려는 상실을 쓴 소설이다. 이렇게 생각하면 『양을 쫓는 모험』은 단순한 환상 소설에 그치지 않고, 광폭한 역사의 비극 속에서 '나'란 무엇인지 존재를 묻는 판타지 소설이 된다.

'나'는 '그 사람' 밑에서 일하는 운전사가 운전하는 '그 사람'의 전용차를 탄다. 그 차는 자동차 라이터와 담배 케이스에도 정교하게 '양의 문장'이 새겨져 있다. 도대체 그 양은 무엇일까. '나'는 차 안에서 잠이 들어 젖소가 나오는 꿈을 꾼다. 젖소는 또 무엇일까. 본격적인 판타지가 시작된다. 이제부터 이 소설은 전체가 판타지다. '나'는 '그 사람'의 고독해 보이는 건물에 도착한다. 이쯤에서 이 소설은 상징적 심리 판타지로 전개된다.

상징적인 꿈이 있고, 그런 꿈이 상징하는 현실이 있다. 또는 상징적인 현실이 있고, 그런 현실이 상징하는 꿈이 있다. 상징은 말하자면 실지렁이 우주의 명예 시장(市長)이다. 실지렁이 우주에서는 젖소가 집게를 찾고 있어도 조금도 이상하지 않다. 젖소는 언젠가 집게를 손에 넣을 것이다. 나와는 관계없는 문제다.

그러나 만약에 젖소가 나를 이용해서 집게를 손에 넣으려고 한다면, 상황은 완전히 바뀐다. 나는 사고방식이 전혀 다른 우주에 내던져지게 된다. 사고방식이 다른 우주에 내던져져 가장 난처한 일은 말이 길어지는 것이다. 내가 젖소에게 묻기를, "왜 너는 집게를 원하는 거지?" 젖소가 대답하기를, "배가 몹시 고파서요." 내가 묻기를, "배가 고픈데 왜 집게가 필요한 거지?" 젖소가 대답하기를, "복숭아나무 가지에 묶는 거지요." 내가 묻기를, "왜 복숭아나무지?" 젖소가 대답하기를, "그러니까 선풍기를 넘겨준 거 아닙니까?" 끝이 없다. 그리고 나는 끝없이 젖소를 미워하기 시작하고, 젖소도 나를 미워하기 시작한다. 그것이 실지렁이 우주다. 그런 우주에서 빠져나오기 위해서는 다시 한 번 다른 상징적인 꿈을 꾸는 수밖에 없다.

1978년 9월의 오후에 바퀴가 넷 달린 그 거대한 차가 나를 데리고 간 곳은, 바로 그와 같은 실지렁이 우주의 중심이었다. 요컨대 나의 바람은 각하(却下)된 것이다. (『양을 쫓는 모험』, 상권 제4장 125~126면)

그곳이 "실지렁이 우주의 중심"이라는 표현은 왜 나올까. 이 표현은 예로 든 젖소 이야기가 풀어준다. 말도 안 되는 이야기들이 얽혀 있다. 물음과 질문은 서로 맞지 않고 마구 꼬여

리좀.

있다. 마치 들뢰즈의 '리좀(Rhizome)'처럼, 이 우주는 실지렁이처럼 얽혀 있다. 줄기가 땅에 닿아 뿌리로 변한 '리좀'은 군데군데 새로운 실뿌리를 내리며 번식한다. 진리란 정확한 하나의 답이 있는 것이 아니라 실지렁이처럼 얽혀 있고, 그것이 우주의 다양한 중심이라고 답하는 것이 아닐까. 주인공 '나'는 이렇게 "실지렁이 우주의 중심"에 입장한다.

"매우 고독한 건물"로 가는 길 양쪽에는 죽음을 상징하는 사이프러스 나무가 늘어서 있다. 이제 이 소설의 일본어판 표지에 있는 건물 그림과, 그 건물에 드리워진 양 그림자의 이미지에 조금 다가갈 수 있다. 여기서부터 우주의 욕망, 거대한

『양을 쫓는 모험』 일본어판.

욕망의 중심에 대한 판타지가 시작되기 때문이 아닐까.

건물이 있는 정원은 3,250평이나 된다. 안채 왼편에는 일본 헤이안 시대(794~1185)에 득세했던 사무라이 가문 중 하나인 '다이라 가문'이 권세를 휘두르던 가옥이 늘어서 있다. 왜 고대와 중세에 걸친 무사 가문의 집이 이 정원에 있는 걸까. 그것 역시 국가 폭력은 역사적으로 뿌리가 깊다는 것을 암시하는 설정이 아닐까.

힘을 뺀 하루키의 문체로 이야기하는 여정의 시작은, 얼핏 보면 그저 평범한 30대 남성의 스토리인 듯 보인다. 『양을 쫓는 모험』의 주인공이 찾는 양의 실체는 아직 알 수 없다. 하루키는 소설 대부분을 두고 "자전적인 경험을 바탕으로 썼다."라고 말한 바 있다. 조금씩 그 실마리를 풀어보자. 조금씩 풀면서 "실지렁이 우주의 중심"으로 안내하는 것이 이 소설이다.

다시, 쥐란 무엇일까

하루키의 등단작 『바람의 노래를 들어라』에는 주인공 '나'와 '네즈미(ネズミ, 쥐)'와 부둣가에서 바를 운영하는 중국인 친구 '제이'가 등장한다. 방황하는 청춘들은 '제이스 바'에 모인다.

『1973년의 핀볼』에서 '쥐'는 사귀던 여자 친구와 헤어지지만 큰 충격 없이 살아간다. 하루키의 초기 3부작에서 쥐는 화자와 하루키의 분신 혹은 무의식으로 보인다. 혹은 그 시대 청년의 무의식을 반영하는 존재로 보인다.

『양을 쫓는 모험』에는 쥐가 보낸 세 가지 편지가 나온다. 소설을 다 읽은 후, 세 편지들이 모두 일종의 유서였다는 사실을 알면 약간 소름이 끼친다. 결말에서 밝혀지지만 쥐는 이미 죽어 있다. 독자는 죽은 쥐가 남긴 유서를 읽는 것이다. 주요 인물이 죽었는데, 죽은 인물이 이야기를 이끌어가는 사후주체(死後主體) 소설이라고 볼 수 있다.

'나'와 '쥐'의 관계는 중요하기에 두 존재의 관계를 정리해본다.

소설 제목	출판 연도	작품 배경	'나'의 나이와 직장	쥐
바람의 노래를 들어라	1979년	1969년	20세 학생	21세
1973년의 핀볼	1980년	1973년	24세 번역 회사 직원	25세
양을 쫓는 모험	1982년	1978년	29세, 이혼당한 작은 광고 회사 공동 대표	30세, 홋카이도에서 사망

제5장 '쥐의 첫 번째 편지'(1977.12.21.)에 다시 쥐가 등장한다. 오랫동안 만나지 않았던 쥐로부터 편지가 왔다. "우리는 19세기의 러시아에서나 태어났어야 했는지도 몰라."라는 기묘한 문장이 들어 있다. 그간의 안부와 방랑 생활을 전하며, 생일을 축하하고 소설을 동봉하여 보낸다. 아내는 쥐의 편지를 보며 "불쌍한 사람이네요."라고 말한다.

'쥐의 두 번째 편지'(1978.5)에는 새로 옮긴 거처인 홋카이도 산속의 외딴 곳 이야기가 나온다. 쥐는 두 가지 부탁을 남긴다. 첫 번째 부탁은 5년 전에 거리를 떠날 때 작별 인사를 남기지 못한 제이와 여자에게 대신 작별 인사를 전해달라는 것이다. 두 번째 부탁은 문제의 그 '양의 사진'을 사람들 눈에 띄는 곳에 내놓아달라는 것이다.

한 장의 사진을 동봉할게. 양의 사진이지. 이것을 어디라도 좋으니까 사람들 눈에 띄는 곳에 내놓아주길 바라. 이것도 너무 제멋대로인 부탁이라고 생각하지만, 너 말고는 부탁할 사람이 없어. 내 섹스어필을 몽땅 너에게 넘겨도 좋으니, 이 부탁만은 들어주었으면 해. 이유는 말할 수 없지만, 이 사진은 내게는 중요한 것이거든. 언젠가 훗날에 설명할 때가 올 거야. (『양을 쫓는 모험』, 상권 제5장 149~150면)

"너 말고는 부탁할 사람이 없어."라고 부탁하는 쥐는 하루키 자신일 가능성이 크다. 하루키 자신이 자기 자신에게 부탁하는 당부라고 할까. 하루키 자신 외에는 이 글을 쓸 사람이 없다는 고백으로 보인다. "언젠가 훗날에 설명할 때가 올 거야."란 바로 40여 년이 지나 하루키가 아버지 콤플렉스를 말한 때가 아닐까. 하루키는 2020년 『고양이를 버리다』에서 그동안 말할 수 없었던 이유, 난징에서 중국인을 죽인 일본인 아버지의 아들이라는 피할 수 없는 일종의 원죄를 설명한다.

'나'는 4년 만에 거리로 돌아와 J를 만난다. 『바람의 노래를 들어라』부터 등장하는 중국인 J가 운영하는 '제이스 바(J's Bar)'의 정체는 『양을 쫓는 모험』에 나온다.

내가 오래전에 J에게서 들은 이야기로는, 그는 1954년에 미군 기지의 일을 그만두고 그 근처에 작은 바를 열었다. 그것이 최초의 제이스 바였다. 장사는 꽤 잘됐다. 손님의 대부분은 공군의 장교급이어서 분위기도 나쁘지 않았다. 가게가 자리를 잡았을 무렵 J는 결혼했는데 5년 후에 아내가 죽었다. 사인(死因)에 대해 J는 아무 말도 하지 않았다. 1963년, 베트남 전쟁이 격렬해졌을 무렵 J는 가게를 팔고, 멀리 떨어진 나의 '거리'로 왔다. 그리고 그곳에서 2대째 제이스 바를 열었다. (『양을 쫓는 모험』, 상권 제5장 157면)

제이스 바는 그냥 카페가 아니다. 1954년 미군 기지, 1963년 베트남 전쟁과 연결돼 있다. 하루키가 제시하는 공간은 판타지라 하더라도 현실적 암시를 주는 희미한 의미가 있다. '나의 거리'에 등장한 제이스 바는 당시 청년들의 무의식이 거하는 공간일 것이다. 그 거리는 미군의 재즈와 팝송이 깔려 있는 서구적 공간이다. J와 대화하면서 자꾸 "시대가 바뀐 거지.", 경비원과 대화하면서 "옛날은 옛날일 뿐이에요."라며 시대에 대한 이야기를 나눈다. 하루키는 소설의 배경으로 당시 시대의 분위기를 슬쩍 암시하곤 한다.

양이란 무엇일까

양은 독특한 짐승이다. 양은 시력이 좋지 않아 앞에 있는 양만 쫓아간다. 앞에 있는 양을 따라가며 늘 무리를 지어 다닌다. 간혹 앞에 가던 양이 절벽으로 떨어지면서 뒤따라가던 수백 마리의 양이 잇달아 절벽에서 떨어져 죽었다는 기사도 나온다. 양은 앞에 있는 양만 따라가고, 독립적으로 생각하지 못하는 습성이 있다고 한다. 가이드의 깃발만 따라가며 여행하는 일본인을 떠올리게 한다. 너무도 유순한 일본인이야말로 양이 아닐까. 늘 자신들을 이끌어주는 목자가 필요하다. 사람들은 양은 착한 짐승이라고만 생각하지만, 사실 많이 다르다.

수컷 양이 암컷 양을 두고 다툴 때는, 결투하듯이 두 마리가 멀리 떨어졌다가 정면으로 달려들며 박치기를 한다. 양은 1부 50처가 가능할 정도로 수컷의 영역이 넓다. 이마에 금이 갈 정도로 박 터지는 소리를 내며 박치기한다. 피를 흘리는 것은 흔히 있는 일이고, 두개골이 골절되기도 한다. 양을 키울 때는 수컷을 구별해서 키우는 것이 중요하다. 힘이 남아도는 수컷은 자기를 키워주는 양치기도 받아버린다. 아무것도 모르고 쓰다듬으러 오는 어린아이를 받으려 할 때는 위험하기까지 하다.

하루키는 이 소설에서 순한 암컷 양과 폭력적인 수컷 양이라는 이중성을 보여준다. 너무도 순할 것 같은 양이 사람의 몸속으로 들어가면 상대를 박치기해버리는 폭력의 숙주로 변한다.

이 소설에 등장하는 '양 박사'는 양이 들어가기 전에는 평범한 연구자였다. 양이 몸속에 들어가자 양 박사는 갑자기 사람의 마음을 장악하는 기술을 습득하고, 강력한 조직을 만든다.

1935년 만주와 몽골 국경에서 양 박사 몸속에 양이 들어가 수십 년 동안 잠자고 있었다고 한다. 이 양은 여러 위정자의 몸에 들어갔다가 나오기를 반복한다. 이 양이 제2차 세계 대전 때 대중을 움직이고, 전쟁이 끝난 뒤에도 일본인들 머리에 남아 있다는 것이 이 소설의 설정이다.

정체성을 상실하고 마음이 약한 사람에게는 특히 자신을 이끌어줄 사상이 필요하다. 순한 양들을 이끌어갈 강력한 카리스마를 가진 양이 필요한 것이다. 어떤 상대든 받아버리는 싸움꾼이자 전쟁광인 양이 필요한 것이다.

겉으로 보기에는 착한 양이 한 인간의 뇌에 들어가면 무서운 카리스마를 발휘한다는 설정은 독특하다. 일본인들은 너무도 착한 양이다. 이 양들을 이끌어가기 위해서는 폭력적인 양이 필요하다. 대를 이어갈 사상이 존재하지 않는 포스트모더니즘 시대의 일본에서는 카리스마를 가진 강력한 정치력을 보여줄 극우의 지도자를 요구한다는 것이다.

  이 소설에서는 양이 뇌에 들어가면, 자본, 권위, 체제, 권력을 행할 수 있다. 특정 인간의 뇌에 그 양이 깃들면 권력의 실세가 될 수 있다. '그 사람'은 특히 그 숲에는 별 모양이 있는 양이 있는데, 이 양이 사라져 자신이 모시는 어른이 죽어가고 있다며 '나'에게 두 달 안에, 아니 한 달 안에 양을 찾아오라고 한다.

  그 명령에 따르지 않으면 '나'의 목숨이 어떻게 될지, '나'는 검은 정장을 입은 남성에게 은근히 협박을 당한다. 그 위협에서 벗어날 길을 찾던 '나'는 그 양이라는 존재가 궁금해진다.

  오랜 친구 '쥐'가 보내온 목초지 풍경 사진을 광고에 게재했다가 '나'는 황당한 일에 말려든 것이다. 친구 쥐는 왜 이 사진을 '나'에게 보냈을까. 그 양은 도대체 어떤 양일까. 양으로 인해 위협도 받고 궁금해진 '나'는 양을 찾기 위해 홋카이도로 떠나기로 한다. 귀 전문 모델이자 콜걸인 여자 친구도 함께 떠난다. 이제 '나'의 30세가 시작되고, '나'는 귀 미녀와 함께 안개 자욱한 듯한 신비한 분위기에 빠져든다.

일본인과 일본 사회에 내재한 양

  하권부터 본격적인 양을 쫓는 모험이 시작된다. 삿포로에

『양을 쫓는 모험』 영국판.

도착하여 보는 영화도 악마가 마음을 지배하는 영화다. 소설은 슬슬 공포 추리 심리 영화이면서, 동시에 모험 영화의 흐름을 보여준다.

'나'와 귀 미녀는 삿포로에 도착하여 돌고래를 뜻하는 5층짜리 작은 돌핀(イルカ) 호텔에 묵는다. 양을 찾고 있는데, 어이없게도 돌핀 호텔 2층이 면양 자료실로 쓰이고 있다는 얘기를 듣는다.

"아마 알 수 있을 겁니다. 조금 전에도 말씀드렸지만 아버지는 면양 회관의 관장으로 계셨고, 양에 관한 일이라면 무엇이든 알고 계시거든요. 세상 사람들에게 양 박사라고 불릴 정도니까 요." (『양을 쫓는 모험』, 하권 제7장 46면)

1905년에 센다이 무사 가문의 장남으로 태어난 '양 박사' 를 생각하지도 못한 장소에서 만난다. 도쿄 제국 대학 농대를 수석으로 졸업한 양 박사는 조선 반도로 건너가 「조선 반도에서의 도작(稻作)에 관한 시안」이라는 리포트를 쓰기도 했다.

그러다가 1935년 봄 면양 시찰을 나갔다가 행방불명되었는데, 굴 안에 있다가 그만 양과 '특수한 관계'를 갖고 '양-인간'이 되어버린 것이다.

"양이 내 속으로 들어온 것은 1935년 여름이야. 나는 만주와 몽고의 국경 근처에서 방목에 대해 조사를 하던 중에 길을 잃었는데, 우연히 눈에 띈 동굴에 들어가서 하룻밤을 보냈지. 꿈속에 양이 나타나서 내 속에 들어가도 좋으냐고 물어보는 거야. 나는 좋다고 했지. 그때 나는 대수롭지 않은 일이라고 생각했거든. (중략) 양이 사람의 몸속으로 들어간다는 것은 중국 북부, 몽고 지역에서는 그다지 드문 일은 아니라네. 그 사람들 사이에서는 양이 체내에 들어온다는 것은 신의 은총이라고 여겨지고 있지. ……" (『양을 쫓는 모험』, 하권 제7장 61~63면)

『양을 쫓는 모험』 인물도. ⓒ김응교

　1935년 8월은 만주에서 홍군(紅軍), 동북 인민 혁명군, 반일 의용군이 총집결하여 일본에 저항하는 '항일 연군'이 조직된 때다. 한 달 후 9월은 조선 총독부가 각 학교에 신사 참배를 강요하는 시기였다. 일본 제국의 사상을 식민지에 주입시키는 시기에 양 박사의 뇌 속에 극우의 숙주인 양이 들어간 것이다. '양 박사'는 계속 말한다.

　"…… 놈에게는 뭔가 거대한 목적이 있었지. 그것만은 나도 알 수 있었어. 인간과 인간의 세계를 변화시킬 만한 거대한 계획 말이야."

　(중략)

　"놀랄 거 없네, 칭기즈칸이 했던 일을 생각해보라고." (『양을 쫓는 모험』, 하권 제7장 64~65면)

　그러니까 양의 본성은 '칭기즈칸이 했던 일' 곧 침략이다. 양-인간의 몸은 양의 목소리 하에 움직이기 때문에 양이 몸을 떠나는 순간 인간은 양이 깃들기 이전보다 더 쇠약해진다. 양에게 익숙해진 나머지 양이 떠난 이후로는 스스로 자신의 삶과 몸을 주재할 힘을 잃어버리게 되는 것이다.

　물론 양은 인간 사회의 도덕적 기준과는 상관없이 오직 자신의 힘을 증식하기 위해서만 움직이기 때문에, 인간 사회에선 악의 기원이 될 가능성을 지닌다.

　이 소설에서는 그 악의 가능성이 우익 거물의 지나치게 강력한 힘, 따라서 사회에 계층적인 권력 구조를 만들어내는 그 힘을 통해 묘사되고 있다고 봤다.

　이 악의 가능성을 지닌 관념으로서의 양은 세계와 개인의 몸에 침투하는 구조, 담론, 권위를 상징한다. 하루키는 인간을 무력하게 만드는 이 거대 담론을 악의 가능성으로 보았던 것이다.

일본 사회를 일억총단결(一億總團結) 사회라고 한다. 집단 심리가 강하여 천황의 뜻이라면 목숨을 걸고 충성을 다하던 역사가 있다. 너무도 착한 동네 아저씨가 총을 들고 나가, "반자이(バンザイ, 만세)!"를 외치며 헛된 죽음으로 향했다. 양처럼 순한 동네 아저씨에게 폭력의 숙주가 들어가면, 총을 쏘아 사람을 죽이고 칼로 사람을 베고, 강간하고 끔찍한 악을 저질렀다. 하루키는 거기까지 쓰지는 않는다. 다만 양의 가죽을 쓴 악이 퍼지는 과정만을 추적한다.

양 박사, 고다마 요시오

하루키에게 아버지는 '숨은 신(Hidden God)'으로 그의 문학을 억압한다. 하루키 문학에서 아버지로 보이는 악의 권력 시스템, '시스템 악'은 『양을 쫓는 모험』에 명확히 등장한다. 양 박사 이후에 양은 다른 이들에게 전이된다.

나는 양 박사를 떠난 뒤의 양의 행적에 대해 이야기를 했다. 양이 옥중의 우익 청년의 체내에 들어갔다는 것. 그는 출옥하여 곧 우익의 거물이 되었고 중국 대륙으로 건너가 정보망과 재산을 쌓아 올렸다는 것. 전쟁 후 A급 전범이 되었으나, 중국 대륙에서의 정보망과 교환한다는 조건으로 석방되었다는 것. 대륙에서 가지고 돌아온 재산을 밑천으로 전후의 정치·경제·정보의 보이지 않는 부분을 장악했다는 것 등등. (『양을 쫓는 모험』, 하권 제7장 66면)

일본 현대사를 아는 사람이라면 이 문단을 읽으면 익숙한 얼굴이 떠오를 수밖에 없다. 양이 찾아간 두 번째 극우 보스는 실제 모델이 있다.

『양을 쫓는 모험』은 만주-몽고 국경에서 양 박사가 가져온 '사악한 의지의 결정=뇌에 있는 혈혹'을 어떻게 없애느냐를 둘러싸고 진행된다.

이야기는 1970년 11월 25일 오후, 즉 미시마 유키오가 할복한 날에 시작하여, 2·26 사건이 있던 1936년 2월에 양 박사가 만주에서 귀국하는 장면으로 전개된다. 1945년 8월 9일 공산주의 소련이 만주와 사할린 등에 기습 침공하여 정체돼 있던 만주국과 일본 제국은 와해됐지만, 이후에도 '혈혹'은 살아남았다.

『양을 쫓는 모험』이 간행된 1982년 당시 록히드 사건의 용의자였던 고다마 요시오는 '뇌경색'으로 쓰러져 있었다. 즉 '뇌 속 혈혹'으로 고통 받고 있었다.

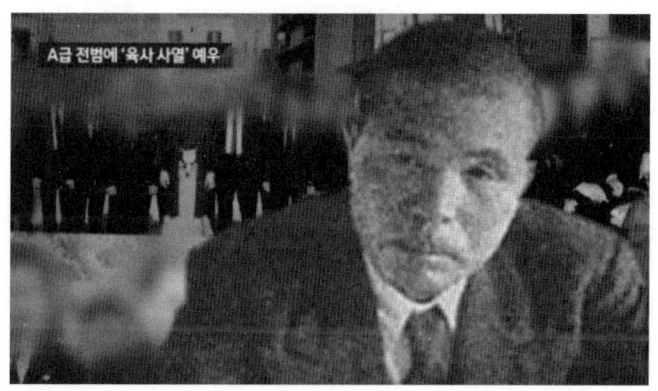

고다마 요시오.

『1973년의 핀볼』에서 1960년대의 소란스러움을 끝맺은 무라카미 하루키는, 록히드 사건과 그 재판을 곁눈질로 보면서, 1970년대 일본 사회의 저류에 달라붙은 '우익적인 것'에서 새로운 테마를 발견한다. 누가, 어떻게 그것을 파괴할지를 궁리해왔다. (阿佐川嗣人, 「米アカデミー賞「作品賞」にノミネート!「ドライブ マイ カー」に秘められた暗号を解讀する」, 『現代ビジネス』, 2022.02.15. 인용자 번역)

이 소설에 나오는 '병 걸린 극우 보스'의 모델은, 일본 극우의 전설적인 정치 브로커인 고다마 요시오(兒玉譽士夫, 1911~1984)로 추정된다. 어린 시절 서울에 있던 친척에게 맡

고다마 요시오(중앙)는 1962년 한일 국교 정상화를 위해 당시 중앙정보부장인 김종필(오른쪽)을 만나기도 했다. 고다마 요시오 전집

겨겨 선린 상업 학교를 졸업한 고다마 요시오는 젊은 시절 공산주의에 탐닉하다가 옥에 갇히기도 했다. 제2차 세계 대전이 일어나기 전부터 외무성 정보부의 인맥을 통해 일제 해군 정보기관 요원으로 활동한다.

도쿄 전범 재판에서 A급 전범으로 기소되고도 도조 히데키(東條英機, 1884~1948)처럼 사형되지 않고, 기시 노부스케(岸信介, 1896~1987)처럼 살아남았다. 한국 정치인 김종필과 막역한 관계로, 1965년 한국에서 육사 생도를 사열하며 '국빈급' 의전을 받고 요정에서 술 접대를 받기까지 했다. 전쟁 중에는 군부에 기여하고, 전후에는 록히드 사건 등 권력과 부에 기여한다. 정치권과 폭력단을 오가며 살아간 그의 무기는 인맥이었다.

고다마 요시오가 일본 사회를 떠들썩하게 했던 것은 록히드 사건(Lockheed bribery scandals) 때였다. 1976년 2월 4일 미 상원 외교 위원회 공청회에서 미국 항공 회사인 록히드가 비행기를 팔기 위해 여러 나라 정부 관계자들에게 20여 년간 뇌물을 뿌렸다는 사실이 드러났다. 일본에서 그 역할을 한 이가 고다마 요시오였다. 고다마 요시오는 그 뇌물을 정치계, 산업계, 야쿠자, 자위대 등 고위층에 뿌렸다. 깨끗한 정치인이라는 평을 받았던 다나카 가쿠에이(田中角榮, 1918~1993) 총리가 뇌물 5억 엔을 받았다는 사실은 충격이었다. 다나카는 이 일로 4년 징역형을 받는다. 그때 고다마 요시오는 21억 엔(약 210억 원)을 썼다고 하는데, 그 돈의 행방을 아직도 밝혀내지 못하고 있다.

> "그러나 금년 봄, 양은 그의 몸을 떠났습니다. 그 사람은 현재 의식불명이고 죽어가고 있습니다. 양이 줄곧 그의 뇌의 결함을 커버하고 있었던 것입니다." (『양을 쫓는 모험』, 하권 제7장 66면)

하루키가 『양을 쫓는 모험』을 집필하던 무렵, 실제 모델인 고다마 요시오는 이 문장처럼 뇌 질환을 겪고 있었다. "양은 그의 몸을 떠났습니다."라는 표현은 고다마 요시오는 더 이상 일본 우익의 역할을 할 수 없다는 표현으로 읽을 수 있다. 일본 극우계의 비선 실세인 그는 1984년에 사망한다.

양이 몸속에 침입한 사람들의 계보는 다음과 같다. 『무라카미 하루키 문학 연구』(조주희, 제이앤씨, 2010, 183면)에 나온 도표를 수정하여 인용한다.

표기	출생	양의 침입 시기 양의 잠입 기간	이력	판타지 구조
양 박사	1905년	30~31세 1935~1936년	도쿄대 농대를 수석 졸업하고, 엘리트로 농림성에 입성, 면양 증산을 위해 만주로 가서 양에 전염된다.	현실
극우 보스 고다마요시오 모델	1913년	23~65세 1936~1978년	1932~1936년까지 수감되었다가, 극단적 불면증 후 1936년 회복되었으나 뇌에 혈혹이 생긴다.	판타지 입장
네즈미(쥐)	1948년	30세 1978년	1978년 3월 홋카이도 별장으로 가서 양 박사에게 양의 존재를 듣고 악이 퍼지지 않도록 양을 먹고 자폭한다.	완전한 판타지

양이 선택한 인간의 몸이 그 실체이며, 양-인간은 어느 때보다 강력해질 수 있으나 자기 몸의 주인으로서의 주체성은 상실하게 된다. 대표적으로 이 모험을 시작하기 전 양은 몇 십 년간 일본 우익 거물의 몸에 있었고, 그 거물은 오랜 기간 양의 힘을 빌려 사회에 강력한 힘을 발휘할 수 있었다.

홋카이도 비후카.

나약한 '쥐'의 진정한 욕망

극우 보스가 뇌 질환을 앓자 양은 새로운 숙주를 찾아 전염되어야 했다.

'나'와 귀 모델은 그 새로운 양이 숙주로 선택한 '양-인간'을 찾아 '주니타키 마을(十二瀧村)'로 향한다. "98년 전에 아이누 청년과 열여덟 명의 가난한 농민들이 더듬어간 것과 거의 똑같은 경로"였다. 주니타키 마을은 현재 비후카 마을 근처로 추정된다. 두 사람은 삿포로에서 출발하여 아사히카와를 거쳐 시오카리 고개를 넘어 비후카 마을로 향한다.

『양을 쫓는 모험』에 그려진 양 사나이.

먼 거리를 향하면서 귀 모델 미녀는 말한다. "일본 사람들은 전쟁 속에서 살아온 것 같네."

사실 메이지 시대는 그 시간 전체가 전쟁이었다. 모든 일본 국민은 전쟁에 시달리는 또 다른 피해자였다.

어렵게 찾아간 통나무집에서 드디어 '나'는 '양 사나이'를 만난다. 키는 150센티미터 정도이고, 새우등에 다리가 굽어 있다. 이 소설에서 유일하게 일러스트가 나온다.

〈양을 쫓는 모험〉의 귀 모델과 양 사나이의 만남 장면. 출처 TV TIME '하시모토 나나미가 사랑하는 문학'

양 사나이는 양 가죽을 머리에서부터 푹 뒤집어쓰고 있었다. 그의 땅딸막한 몸집은 그런 차림에 잘 어울렸다. 팔과 다리 부분은 이어 붙인 것이었다. 머리 부분을 덮는 후드도 역시 만든 것이었는데 그 꼭대기에 붙은, 또르르 말린 두 개의 뿔은 진짜였다. 후드 양쪽에는 철사로 만든 것 같은 납작한 두 귀가 수평으로 튀어나와 있었다. 얼굴의 위쪽을 덮은 가죽 마스크와 장갑과 양말은 모두 검은색이었다. 옷의 목 부분에서 넓적다리 부분에 걸쳐 지퍼가 달려 있어 간단히 입고 벗을 수 있게 되어 있었다. (『양을 쫓는 모험』, 하권 제8장 177면)

하루키는 '나'와 나의 오랜 친구로 '영(靈)이 된 쥐'와의 만남을 통해 『양을 쫓는 모험』을 마무리한다.

'나'는 고독과 우울감에 젖은 쥐가 어떻게 양과 만나 그와 함께 죽음을 택할 수 있었는지, 그 경과를 듣는다. 사실 이 '양 사나이'는 '나'의 오랜 친구였던 쥐였다. 쥐가 숙주가 되어 양이 들어간 것이다. 소설 속에서 쥐는 '나' 혹은 작가 하루키의 분신 역할을 한다. 거꾸로 하루키 안에도 침략의 욕망이 전염돼 있다는 고백인 것이다. 쥐는 자기 몸에 들어 있는 악령을 죽이기 위해 스스로 죽는다.

"너는 이미 죽은 거지?"

쥐가 대답할 때까지 무서울 정도로 긴 시간이 흘렀다. 불과 몇 초였는지도 모르지만, 그것은 나에게는 무서울 정도로 긴 침묵이었다. 입 안이 바싹바싹 말랐다.

"그래"라고 쥐는 조용히 말했다. "나는 죽었어." (『양을 쫓는 모험』, 하권 제8장 232면)

쥐는 죽은 상태로 나타난다. 사후주체(死後主體)로 등장하는 쥐의 평범한 말 이면에는 비장함이 드리워 있다. 카프카의 「작은 우화」에 사후주체로 등장하는 쥐를 생각하게 한다. 쥐는 세상을 피해 홋카이도에 있는 아버지의 산골짜기 별장에

간다. 갑자기 폭설이 내려 별장에 갇힌 쥐는 어느 날 찾아온 양을 만난다.

쥐는 유혹적인 양에게 따스함을 나누고, 자신의 몸을 양에게 허락한다. 정신 차리고 보니 쥐의 몸은 양으로 변해 있었다. 좀비가 인간을 전염시켜 좀비로 만들 듯, 쥐도 양으로 전염된 것이다. 이제야 근본악인 양이 자기 자신이 되어버린 것을 알고, 쥐는 양으로 변해버린 자기가 양과 함께 죽어야 한다고 결심한다.

> "간단히 말하면, 나는 양을 삼킨 채로 죽은 거야"라고 쥐는 말했다. "양이 깊이 잠들길 기다렸다가 부엌의 대들보에 밧줄을 걸고 목을 맨 거지. 놈은 빠져나갈 여유도 없었어." (『양을 쫓는 모험』, 하권 제8장 235면)

쥐는 더 이상 양의 악령이 번지지 않도록, 양을 삼킨 채 자살하기로 한다. '나'는 쥐에게 양이 주는 힘을 포기하고 왜 죽음을 택했는지 묻는다. 이 소설에서 빛나는 사유는 바로 이러한 대목이다.

> "왜 거부했어?"

시간은 흘러가고 있었다. 흘러가는 시간 위에 소리 없이 눈이 쌓이고 있었다.
　"난 나의 나약함이 좋아. 고통이나 쓰라림도 좋고 여름 햇살과 바람 냄새와 매미 소리, 그런 것들이 좋아. 그냥 좋은 거야. 너와 마시는 맥주라든가……." 쥐는 거기서 말을 삼켰다. "모르겠어." (『양을 쫓는 모험』, 하권 제8장 240면)

　양을 죽이기 위해 쥐는 죽음을 선택한다. 쥐의 죽음은 개인을 배제한 거대 담론은 존재할 수 없다는 뜻일까. 일본이 저지른 비극의 역사와 개인의 삶이 전혀 관계없다고 외면할 수 없는 관계를 드러낸 설정으로 보인다.
　'나'의 관점으로 보면 『양을 쫓는 모험』은 과거를 쫓는 체험을 통해 그 시기로부터 마비된 자신의 감각, 주체성을 일깨우는 사건이다. 양을 죽여, 일본을 근본부터 지배하고 있는 권력 시스템의 운명을 정지시키고 싶은 무의식이 하루키의 작가 의식이다.
　과거의 상처에 매몰되어 현실과 유리되어 있는 '나'는 『양을 쫓는 모험』을 통해 과거에 다가간다. 겉으로 읽으면 이 소설은 단순히 재미있는 판타지다. 반대로 속으로 읽으면, 이 소설은 일종의 역사 판타지다. 일본이 저지른 비극을 일으킨 악성(惡性)을 쫓아 추적하는 심리 스릴러다. 이 소설은 일종의 반(反)파시즘 소설로도 읽을 수 있다.

거대 담론 안의 개인들

하루키는 그 이야기의 진행을 위해 도움 받은 책을 밝힌다. 레이먼드 챈들러의 『기나긴 이별』을 12번 이상 읽었다고 한다. 도스토옙스키의 『카라마조프가의 형제들』도 세 번 이상 읽었다고 한다.

『양을 쫓는 모험』을 도스토옙스키 작품과 비교하자면, 『악령』과 가장 많이 닮지 않았나? 『악령』에서 악은 한 개인에서 다른 개인으로 옮아간다. 도스토옙스키의 『악령』에서는 돼지떼가 귀신 들려 절벽으로 떨어져 죽는 성경 구절을 인용하여, 제정 말기 러시아 젊은이들에게 퍼져가는 잘못된 사회주의나 테러리즘의 악령을 추적한다.

하루키는 『양을 쫓는 모험』에서 양을 통해 일본인들에게 번져가는 폭력적 우익 사상을 경고한다. 양으로 상징되는 악이 한 개인에서 다른 개인으로 옮아가며 확산해가는 구조를 보여준다. 결국 하루키는 쥐 3부작 『바람의 노래를 들어라』, 『1973년의 핀볼』, 『양을 쫓는 모험』이라는 대장정을 통해, 과

『양을 쫓는 모험』 퍼블릭 이미지.

거로부터 자신을 억눌러 왔던 '관념'을 죽이고, 새로운 세계를 향해 나아갈 것을 표명한다.

안타깝게도 그 강력한 담론, 즉 양을 상상 속에서는 폭파시켜 죽이지만, 현실에서는 '시스템 악'을 없앨 수 없는 '나'는 나약한 인간에 불과하다. 마지막 문단은 많이 슬프다.

나는 강을 따라서 하구까지 걸어가, 마지막으로 남은 50미터 정도 되는 모래사장에 앉아, 두 시간 동안 울었다. 난생처음 그렇게 울어보았다. 두 시간 동안 울고 나서 겨우 일어설 수 있었다. 어디로 가야 할지는 몰랐지만, 어쨌든 나는 일어서서 바지에 묻은 고운 모래를 털었다.

날은 완전히 저물었고, 걷기 시작하자 등 뒤에서 파도 소리가 조그맣게 들렸다. (『양을 쫓는 모험』, 하권 에필로그 268면)

"모래사장에 앉아, 두 시간 동안 울었다."라는 마지막 고백은 양의 악령에서 벗어나기 힘든, 불가능한 업보에 통곡하며 깨닫는 성찰의 행동일 것이다.

이 소설을 하루키의 아버지 콤플렉스를 모르는 상태에서 읽으면, 도대체 무슨 얘기를 하는지 이해하기 어려울 수밖에 없다. 카프카의 아버지 콤플렉스보다도 더 위악적이고 억압적인 하루키의 아버지 콤플렉스를 알고 『양을 쫓는 모험』을 읽으면, 자기가 양의 몸으로 태어난 원죄 같은 원죄를 떨쳐내지 못해 슬픈 하루키의 무의식을 만날 수밖에 없다. 깊디깊은 그의 슬픔을 만나며, "모래사장에 앉아, 두 시간 동안 울었다."라는 구절에 공감할 수밖에 없다.

무의식을 쓴 소설

'쥐 3부작'으로 불리는 초기 3부작은 『양을 쫓는 모험』으로 끝난다. 1970년대 초반기에 일본에 널리 퍼진 핀볼이라는 게임은 굴러떨어지는 쇠구슬이 어디로 가느냐에 따라 보상이

달라지는 일종의 파친코다. 『1973년의 핀볼』에서 핀볼은 인간의 알 수 없는 운명을 상징한다. 이어서 『양을 쫓는 모험』에 이르기까지 세 소설에 모두 동일 주인공 '나'와 '쥐'가 등장하고, 각각 완결 구조를 취한다. 청춘을 추억하며 잃어버린 상실에 대한 허무주의를 이야기하고 존재의 의미를 묻는다는 점에서 세 소설은 서로 연결된다. 세 소설은 1960년대 도쿄, 학원 투쟁, 민주주의 열기, 이상, 낭만과 재즈 등을 배경으로 실존주의적인 질문을 던진다.

환상과 상징을 오가는 하루키의 존재 놀이가 재미는 있지만 난해하기만 하다. 현실적 리얼리티를 기반으로 한 『노르웨이의 숲(상실의 시대)』을 제외한 다른 장편 소설은 이해하기 쉽지 않다. 하루키 자신이 쓴 소설 창작론을 참조하면 이해에 조금 도움이 된다.

> 머리가 그런 융통무애(融通無碍, 사고나 행동이 자유롭고 활달함)의 상태가 되면 그건 상당히 기분 좋은 일입니다. 말을 바꾸면, 상상력이 내 의지를 벗어나 입체적으로 자유자재한 움직임을 보이는 것입니다. (『직업으로서의 소설가』, 126면)

> 거기서 내가 유념했던 점은 우선 '설명하지 않는다'는 것이

었습니다. 그것보다는 다양한 단편적인 에피소드나 이미지나 광경이나 언어를 소설이라는 용기 안에 척척 집어넣고 그걸 입체적으로 조합해 나간다. 그리고 그 조합은 통념적인 논리나 문학적인 언어와는 무관한 장소에서 이루어지지 않으면 안 된다. 그것이 기본적인 작전이었습니다.

그런 작업을 추진하는 데는 무엇보다 음악이 큰 도움이 됐습니다. 마치 음악을 연주하는 듯한 요령으로 문장을 만들어갔습니다. 주로 재즈가 도움이 됐습니다. (『직업으로서의 소설가』, 132면)

하루키의 상상력 놀이를 그냥 함께 즐기는 것만이 그의 소설을 읽는 방식일까. 그의 소설을 읽는 시간은 난해한 상상력 놀이에 얹혀 가는, 그저 놀이동산에서 놀이기구를 타고 즐기는 시간뿐일까.

이제 하루키는 진짜 상상력 놀이로, 하루키 원더랜드를 창조한다. 그 시도가 다음 소설인 『세계의 끝과 하드보일드 원더랜드』다.

5. 인간 의식 속의 두 가지 세계

1985년 36세
『세계의 끝과 하드보일드 원더랜드』

옛날 옛날에

 어느 나라든 '옛날 옛날에'로 시작하는 구전으로 전승되는 이야기들이 있다. 인간과 대화하는 동물, 인간을 등에 태우고 바다를 건너는 거대한 새, 효자를 등에 태우고 산을 넘어 약초를 구해 오는 호랑이, 그 외 별별 도깨비들이 다 등장한다. 현실과 비현실의 경계를 무너뜨린다는 점에서 이런 옛날이야기들은 판타지 문학이라고 할 수 있다.
 고전으로 평가받는 호메로스의 『오디세이』에는 아테나 여신, 칼립소, 세이렌 같은 비현실의 인물들과 오디세우스, 페넬로페, 텔레마코스 같은 현실의 인물이 함께 등장한다. 『오디세이』는 페넬로페와 아테나 여신이 만나고 오디세우스와 칼립소가 만나면서 현실과 비현실이 동시에 재현되는 판타지 문학이다.

한국 문학에도 『구운몽』이나 『금오신화』 등 비현실과 현실의 세계를 동시에 재현하는 판타지 문학이 있다. 현대에도 『나니아 연대기』, 『해리 포터』 시리즈, 『반지의 제왕』 등은 종요로운 고전으로 평가받는다.

판타지 문학은 현실과 비현실의 세계를 넘나들며, 인간계가 아닌 별세계 또는 이계(異界, another world)를 다룬다. 현실에서 비현실로 갈 때는 '환생(幻生)' 하거나 '변신(變身)' 한다.

신화나 전설에서 시작된 이야기의 역사는 점점 현실로 오면서 리얼리즘 문학이 주류가 되는 시대에 다다른다. 판타지 문학은 문학의 주류에서 외면되고, 부조리한 현실을 외면하는 도피성 오락물로 폄하되기도 한다.

무라카미 하루키는 비판·외면·폄하 받는 이 갈래를 자신의 특장(特長)으로 우직하게 시도해왔다. 반백 년에 다가가는 하루키 문학에서 판타지 문학은 하나의 흐름을 이루고 있다. 『태엽 감는 새 연대기』, 『렉싱턴의 유령』, 『1Q84』, 『기사단장 죽이기』, 『도시와 그 불확실한 벽』 등은 하루키가 축조해온 판타지의 성채들이다. 하루키는 현실성이 없다는 판타지 문

『세계의 끝과 하드보일드 원더랜드』일본어판.

학을 이용하여, 역설적으로 사회의 실상이나 역사의 모순을 드러내는 시도를 하기에 이른다. 『1Q84』라는 판타지를 통해서, 사이비 종교가 개인과 가족과 여성과 아이를 어떻게 파괴시키는지 보여주는 시도가 그러하다.

현실과 비현실의 세계를 그린 하루키의 초기 작품 『세계의 끝과 하드보일드 원더랜드(世界の終りとハードボイルド ワンダーランド)』를 요약하기는 쉽지 않다. 주인공 '나'는 전혀 다른 두 세계, '세상의 끝'과 '하드보일드 원더랜드'라는 두 세계를 왔다 갔다 한다. 전혀 다른 세상의 전혀 다른 얘기인데, 결국 자연스럽게 하나로 통합된다.

'나'는 홀수 장인 '하드보일드 원더랜드'에서는 일본어로

'와타시(私, わたし)'로, 짝수 장인 가상 세계 '세계의 끝'에서는 '보쿠(僕, ぼく)'로 나온다. 하루키는 같은 '나'를 현실 세계의 '와타시'와 가상 세계의 '보쿠'로 구분한다. '보쿠'는 '와타시'에 비해 좀 더 사적으로 이용되는 일인칭이다.

하루키 소설에는 두 가지 이야기가 병렬로 나오는 경우가 있는데, 이 소설이 그 시도의 원형이다. 1990년대 초 일본에서는 가상의 인간형 병기 에반게리온이 등장하는 애니메이션 작품이 유행하면서 '에반게리온 증후군'이라는 현상이 일어난다. 당시 일본 애니메이션의 주류는 공상의 세계를 논하는 오타쿠(お宅)계 작품이었다. 최근 우리나라에서 K-문화에 대한 교양 수업이 유행하듯이, 도쿄대 교양 수업에는 '오타쿠학(お宅學)'이 있었다. 『세계의 끝과 하드보일드 원더랜드』는 오타쿠들에게 큰 영향을 미친 원류로 알려져 있다. 2023년 출간된 『도시와 그 불확실한 벽』도 의식과 무의식의 세계, 두 가지로 나누어 서술된 작품이다.

두 개의 세상이 제시된 작품은 등장인물도 두 개로 나누어야 한다. 현실과 비현실을 왔다 갔다 하는 데다가 계산사, 셔플링, 기호사, 일각수, 야미쿠로(闇黑), 문지기, 그림자 등 낯설거나 잘 쓰지 않는 단어들이 나오기 때문에 앞부분을 이해하기는 쉽지 않다. 단어들에 어느 정도 익숙해질 무렵에야 2

권으로 넘어가고, 그때부터 읽는 데 가속도가 붙는다.

이야기를 풀어가면서 우리는 프란츠 카프카, 나쓰메 소세키, 카를 융, 프리드리히 니체, 밥 딜런 등을 만날 것이다. 이들의 생각을 엮어 하루키가 소설을 썼기 때문에, 이들을 등장시키면 소설의 많은 부분이 풀린다.

정보 전쟁 시대의 하드보일드 원더랜드

소설은 '하드보일드 원더랜드' 부터 시작한다.

엘리베이터는 매우 느린 속도로 계속 올라가고 있었다. 엘리베이터는 분명히 올라가고 있을 것이라고 나는 생각했다. 그러나 확실한 건 알 수가 없다. 지나치게 속도가 느렸기 때문에 방향감각마저 상실하고 만 것이다. 어쩌면 아래로 내려가고 있는지도 모르고, 또 그 자리에 정지해 있는지도 모른다. 단지 전후 상황을 종합해보고 그냥 올라가고 있을 것이라고 편의상 정했을 따름이다. 그냥 추측한 것뿐이라고 해도 좋을 것 같다. 근거라고 할 만한 건 눈곱만큼도 없다. 십이층까지 올라갔다가 삼층으로 내려와서 지구를 한 바퀴 돌고 되돌아온 건지도 모른다. 그것도 알 수 없는 일이다. (무라카미 하루키, 『세계의 끝과 하

드보일드 원더랜드』, 문학사상사, 2018, 1권 1장 9면)

첫 문장 "엘리베이터는 매우 느린 속도로 계속 올라가고 있었다."는 이제부터 엘리베이터 '안' 처럼 전혀 다른 공간의 이야기가 펼쳐질 것을 알린다. "엘리베이터는 분명히 올라가고 있을 것이라고" 생각하는 '나(私)' 는 35세로 '하드보일드 원더랜드' 의 주인공이다.

오래된 영화나 문학, 음악을 좋아하는 '나' 는 이혼한 적이 있고, 직업은 '계산사' 다. 계산사란 셔플링이라는 작업을 통해 정보를 암호화하거나 해독하는 업무를 하는 직업이고, '기호사' 는 이 정보를 훔쳐 정보의 암시장에 팔아 돈을 벌거나 자신들에게 유리한 방향으로 이용하는 직업이다. 정보 전쟁이 이루어지는 세계에서 이들은 끊임없이 서로 경쟁을 하며 성장한다.

'내' 가 체험하는 세계는 일반 상식으로는 체험할 수 없는 세계다. 첫 문단에서 "십이층까지 올라갔다가 삼층으로 내려와서 지구를 한 바퀴 돌고 되돌아온 건지도 모른다. 그것도 알 수 없는 일이다."라고 했듯이, 분명 엘리베이터처럼 현실에 존재하지만, 그것이 어디로 갔다가 어디로 가는지 전혀 확인할 수 없는 세계를, 이제부터 '나' 는 떠돌아다닐 것이다.

엘리베이터 문이 열리자 핑크빛 투피스에 하이힐을 신은 통통한 여자가 기다린다. 그녀는 '나'를 주식 매매를 한다는 노(老)박사에게 안내한다. 긴 복도를 지나 도시 지하에 흐르는 수맥 폭포 뒤에 있는 비밀 연구소에 노박사가 있다. 노박사는 계산사인 '나'에게 셔플링을 의뢰한다.

  알고 보니 핑크빛 투피스의 아가씨는 박사의 손녀로 17세였다. 몸집 좋은 손녀는 멜론 향수를 사용한다. 학교를 다니지 않은 손녀는 할아버지인 박사로부터 영재 교육을 받아 사격, 승마, 주식 거래 등 특기가 많지만 일반 상식에는 둔한 독특한 아가씨다. 집으로 돌아갈 때 이 손녀가 둥근 모자 상자 같은 것을 건네준다. 택시를 타고 집에 돌아온 '나'는 열 시간 정도 자고 나서, 상자를 열어본다. 상자 안에는 동물의 두개골이 들어 있다.

세계의 끝이라는 '기억'

  1장이 현실이었으니 이제 2장은 가상의 세계를 표현한다. 2장 "금빛 짐승"은 '세계의 끝'에 사는 일각수(一角獸) 이야기로 시작한다. '내'가 처음 이계의 도시에 왔을 때는 봄이었는데, 지금은 가을이다.

일각수.

 가을이 찾아오자, 그들의 몸은 기다란 황금빛 체모로 뒤덮였다. 그건 순수한 의미에서의 황금빛이었다. 다른 어떤 종류의 색깔도 거기에 섞일 수 없었다. 그들의 황금빛 색깔은 황금빛으로서 세상에 생겨나 황금빛으로서 세상에 존재했다. 모든 하늘과 모든 대지의 사이에 있으며 그들은 아무것도 섞이지 않은 황금빛으로 물들어 있었다. (중략)

 그들의 이마 한가운데에 솟은 한 개의 기다란 뿔만이 부드러운 흰색이었다. (『세계의 끝과 하드보일드 원더랜드』, 1권 2장 28~29면)

일각수는 '세계의 끝'이라는 도시에서만 산다. 일각수들은 겨울이 오면 정해진 비율에 따라 죽는다. 죽은 일각수의 두개골에는 '기억'이 담겨 '꿈 도서관'에 보관되며, 그곳에서 '꿈 읽는 자'가 읽어주기를 기다린다.

'세계의 끝'이라는 도시는 7~8미터 벽으로 둘러싸인 완벽한 공간이다. 일각수가 살고 있고 벽으로 둘러싸인 도시, '세계의 끝'에 사는 사람들은 외부와 격리되어 있다.

동서로 긴 도시의 북쪽에는 숲이 있고, 남쪽에는 언덕이 있다. 도시 한가운데 시계탑이 있는데, 시계에는 바늘이 없다. 그 옆으로 도서관이 있다. 서쪽으로는 일각수들이 사는 공간이 있고, 문지기가 지키고 있다. 이 도시는 한번 들어오면 영원히 밖으로 나갈 수 없는 세계의 끝이다.

이상하게도 이 도시 사람들은 '마음'이 없기에 안락한 삶을 산다. 도시 사람들에게 '나'는 그림자를 빼앗기고, 그림자와 함께한 기억도 대부분 잃는다.

이 소설은 처음부터 끝까지 '기억'에 대한 이야기다. 사실 하루키가 이제까지 펴낸 '쥐 3부작'도 모두 기억에 지쳐 절망해 있는 인물들 이야기다. 『바람의 노래를 들어라』(1979)는 청년기의 방황에 대한 기억, 『1979년의 핀볼』(1980)은 사랑하던 여자 친구의 죽음을 핀볼과 대화하며 날려 보내는 기억,

『양을 쫓는 모험』(1982)은 일본의 극우, 그 숙주를 추적하는 기억 이야기다. 쥐 3부작에서는 모두 주인공 '내'가 과거의 기억 속에서 방황하고, 과거의 기억에서 '나'의 정체성을 깨닫는다.

『세계의 끝과 하드보일드 원더랜드』에서는 현실 세계와 다른 가상 세계 도시를 설명하며, 이전의 기억과는 전혀 다른 '기억'에 관한 이야기를 이끌어간다.

'세계의 끝'이라는 도시로 들어가려면, 자신의 그림자를 떨어뜨려야 한다. 그림자와 떨어진다는 건 '과거의 기억'을 모두 잊어버려야 한다는 것이다. 이 도시에 들어간 사람들은 과거의 기억을 모두 잊어버리고 사는 것이다. '나' 역시 그림자를 빼앗기면서 바깥 세계, 곧 현실에서 체험한 기억을 잃는다. '나'는 이 도시에 들어와, 도시 중앙에 있는 도서관에서 '꿈읽기'를 하는 직업을 갖는다. '꿈읽기'는 일각수의 두개골에서 오랜 꿈을 해독해내는 일이다.

'나'는 도시 발전소의 관리인에게 얻은 아코디언으로 「대니 보이」를 연주하면서 잃었던 기억을 하나씩 되살려낸다. 도서관 소녀와의 기억을 조금씩 복원하는 '나'는 소설의 결말에서 사랑하는 그녀의 '기억'을 살리는 데 도움이 되지 않을까 하여 도시에 남기로 한다.

'세계의 끝' 지도, 『세계의 끝과 하드보일드 원더랜드』.

사람이 죽고 나면 현실에서 체험한 모든 '기억'을 잊고, 마음까지 없어진 채 영원한 평화의 마을에서 사는 것이 아닐까.

'세계의 끝'이라는 도시를 지키는 전직 군인인 '대령'은 이 도시에서 유일하게 체스에 관심을 드러낸다. 대령은 '나'에게 '내' 그림자를 되찾을 수는 없다고 말한다. 대령은 이 도시는 어떤 차별도 어떤 걱정도 없는 완벽한 공간이라고 말한다.

'도서관의 소녀'는 도서관에서 오랜 꿈을 읽는 '나'를 보좌한다. 소녀는 도시의 다른 사람들과 마찬가지로 '마음'이 없지만, 어머니에겐 '마음'이 남아 있는 듯하다.

세계의 끝의 그림자와 카프카

장편 소설 속에 또 하나의 작은 이야기가 들어갈 때가 있다. 도스토옙스키의 『카라마조프가의 형제들』에서 「대심문관」 이야기는 따로 떼어 책을 냈고, 그 이야기만을 연구한 논문들이 셀 수 없이 많다. 카프카의 미완성 장편 소설 『소송』에 나오는 「법 앞에서」도 마찬가지다. 『세계의 끝과 하드보일드 원더랜드』에서는 6장 "그림자"가 그런 또 하나의 작은 이야기다.

그래, 우리들은 그림자를 질질 끌며 걸어다녔다. 이곳을 찾아왔을 때 나는 문지기에게 내 그림자를 맡기지 않으면 안 되었다.
"그걸 몸에 붙인 채 이곳에 들어갈 수는 없어. 그림자를 버리든가, 안으로 들어가는 걸 포기하든가, 둘 중 하나야." 하고 문지기는 말했다.
(중략)

어찌 되었건 이미 늦었다. 내 몸으로부터 그림자는 이미 떼어져 버린 것이다.

"가까운 시일 안에 안정되면 너를 데리러 올게. 나는 이건 아마도 일시적인 일로 언제까지나 계속되진 않을 거야. 다시 둘이서 하나가 될 수 있을 거야."

(중략)

그렇게 해서 나는 내 그림자를 잃은 것이다. (『세계의 끝과 하드보일드 원더랜드』, 1권 6장 110~114면)

높은 벽으로 둘러싸인 '세계의 끝'이라는 도시로 들어가려는 '나'는 '문지기'를 통과해야 했다. '문지기'는 이 도시의 유일한 문을 지키는 사내다. 이 도시의 '짐승'이나 '그림자'를 돌보는 문지기는 접이식 칼로 '나'에게서 나의 그림자를 잘라낸다. 그림자가 내게서 떨어져 나가면 과거의 기억은 모두 잊어버린다.

문지기를 통과해야 성문에 들어갈 수 있는 이야기는 카프카가 1919년 35세 때 쓴 우화 「법 앞에서(Vor dem Gesetz)」의 패러디로 보인다.

법 앞에 한 문지기가 서 있다. 이 문지기에게 한 시골에서 온 사람이 와서 법 안으로 들어가게 해달라고 당부한다. 하지만 문지기는 그에게 지금은 입장을 허락할 수 없다고 말한다. 그 시골 사람은 신중히 생각한 후, 그렇다면 나중에는 들어갈 수 있을지 묻는다. "가능하지."라고 문지기가 말한다. "그러나 지금은 안 돼." (프란츠 카프카, 「법 앞에서」, 앞부분, 인용자 번역)

하루키는 카프카 「법 앞에서」의 첫 문장 "법 앞에 한 문지기가 서 있다(Vor dem Gesetz steht ein Tühtüter)."를 '도시 앞에는 문지기가 서 있다.'는 설정으로 패러디 한다.

「법 앞에서」의 시골 사람은 '법의 문'으로 들어가려 한다. 법 안으로 들어가려는 '시골 사람'은 아버지의 억압에 눌려 있는 카프카일 수도 있다. 혹은 유럽 사회의 강고한 문을 열지 못하는 유대인일 수도 있다. 하루키는 법 안으로 들어가려는 시골 사람의 절실한 마음을 인유한다.

「법 앞에서」의 문지기가 "그러나 지금은 안 돼(jetzt aber nicht)."라며 조건을 내걸고 통과하기 어렵다고 강조하듯이, 『세계의 끝과 하드보일드 원더랜드』에서는 문지기가 그림자를 잘라내야 들어올 수 있다는 까다롭고 황당한 조건을 내건다.

카프카의 「법 앞에서」에 나오는 문지기의 성격은, 하루키 소설에 나오는 문지기의 성격과 비슷하다.

> 문지기는 까다롭고 성질이 거친 사내라 다른 사람이 말하는 건 거의 듣질 않아. 놈의 생각이 달라지기를 진득하게 기다리는 수밖에 도리가 없네. (『세계의 끝과 하드보일드 원더랜드』, 1권 8장 149면)

하루키는 문지기를 통과하는 방법은 "놈의 생각이 달라지기를 진득하게 기다리는 수밖에" 없다고 한다. 카프카도 법 안으로 들어가는 것이 영원히 불가능한 것이 아니라, 언젠간 들어갈 수 있다고 희미하게 암시한다. "나중에는 들어갈 수 있을지" 시골 사람이 묻자, 문지기가 "가능하지"만 "지금은 안 돼."라고 한 말이 작은 힌트다. 프랑스 혁명이 강고히 닫혀 있는 중세 유럽의 부패한 구조를 부숴버렸다. 1911년 신해혁명이 수천 년간 지속된 중국의 절대 군주제를 붕괴시켰다. 지금은 어렵지만 언젠가는 가능하다는 말이다. 문지기는 "가능하지(Es ist möglich)."라는 놀라운 말을 살짝 했다가 감춘다. 미래 어느 날엔가는 입장할 수 있다는 것을 문지기는 알고 있다. 하루키의 문지기도 마찬가지다.

야미쿠로와 2인조 테러

아파트로 돌아온 '나'는 노박사에게 받은 선물을 열어본다. 그 안에는 짐승의 두개골이 들어 있다. '나'는 어떤 짐승의 두개골인지 궁금해서, 근처에 있는 도서관을 방문한다.

도서관에서 레퍼런스를 담당하는 긴 머리의 여직원을 만난다. '내'가 자료를 요청하자 세 권의 관계 서적을 찾아준 그녀는 29세의 날씬한 미인이다. 슬렌더 체형인 그녀는 위확장증이 있는 대식가였다. 남편과 사별했다는 그녀와 식사를 하고, 처음 만난 그날 관계를 가지려 했지만 페니스가 제 역할을 하지 못해 그만두고 돌아온다.

나는 의뢰를 받은 과학자의 지하 실험실로 가서 데이터를 처리했다. 그리고 일각수의 머리뼈 같은 것을 받아서 집으로 돌아왔다. 그 얼마 뒤에 기호사에게 매수당한 가스 검침원이 찾아와서 그 머리뼈를 훔쳐가려고 했고, 다음 날 아침 의뢰인의 손녀딸에게서 전화가 걸려와서 할아버지가 야미쿠로에게 습격당했으니 도와달라고 말했다. 서로 만나기로 한 장소에 갔지만 그녀는 나타나지 않았다. 나는 두 가지의 중요한 물건을 가지고 있는 듯했다. 하나는 머리뼈고, 또 하나는 셔플이 끝난 데이터다.

나는 그 두 가지를 신주쿠 역의 임시 물품 보관소에 맡겼다.
(『세계의 끝과 하드보일드 원더랜드』, 1권 13장 236면)

새벽 4시 18분, 통통한 노박사의 손녀에게 급한 전화를 받는다. 박사가 '야미쿠로(やみくろ, 闇黑)'에게 습격당했다는 전화였다. 그녀가 위급하다 하여 오라는 슈퍼마켓에 급히 갔지만, 그녀는 나타나지 않는다.

별 수 없이 집에 돌아와 잠자리에 들었는데, 11시쯤에 누군가 아파트 문을 부수려고 한다. 한 명은 195센티미터쯤 되는 거인이고, 다른 한 명은 150센티미터도 안 되어 보이는 작은 남자다. 거인은 본래 프로 레슬러로, 작은 남자가 돌봐주고 있다. 작은 남자가 '내' 배꼽 아래 5센티미터쯤에 흉기를 그어 가로로 6센티미터가량 상처를 냈다. 소설 마지막에 나오지만 이 상처는 '나'에게 치명적인 결과를 남긴다.

2인조는 '조직'에도 '공장'에도 속하지 않고 제3의 세력에 속한 듯하다. '내'가 야미쿠로를 아느냐고 묻자, 작은 사내가 답한다.

"야미쿠로는 지하에 살고 있지. 지하철이나 하수도나 그런 곳에 살면서, 도시의 찌꺼기를 먹고, 오수를 마시며 살고 있지. 인간과 사귀는 일은 거의 없어. 그래서 야미쿠로의 존재를 알고 있는 사람은 얼마 안 돼. 사람들에게 해를 끼치는 일은 거의 없지만, 가끔 혼자서 지하로 길을 잘못 들어온 사람을 잡아먹은 적은 있어. 지하철 공사장에서 인부들이 가끔 행방불명되는 일이 있잖아."(『세계의 끝과 하드보일드 원더랜드』, 1권 13장 249면)

야미쿠로는 도쿄 지하에 서식하며, 더러운 물을 마시고 상한 것만 먹는다. 야미쿠로는 나름의 지성이 있고 일종의 종교를 가지고 있다. 도쿄 지하철의 발전과 함께 세력을 넓혔다. 밝은 세상에 사는 인간들을 미워하는 야미쿠로는 가끔 사람을 납치해 잡아먹는데, 사람들은 대부분 그 정체를 모른다.

이후 하루키 문학에서 '야미쿠로'는 세상을 어지럽게 하는 지하 세력과 연결된다. 1995년 3월 20일 '도쿄 지하철 사린 사건'은 '야미쿠로'로 상징되는 옴 진리교에 의해 일어난 것이다. 『1Q84』(2009)에 나오는 사이비 종교 집단은 바로 '야미쿠로'가 지상에 드러난 모습이다.

노박사를 만난 이후부터 알 수 없는 사건에 휘말리는 '나'는 생명의 위협을 느끼며 쫓긴다. 그 후 손녀가 방으로 찾아와 '나'에게 세계가 끝난다는 것을 알려준다. '나'는 모르는 사이에 생물학자인 노박사가 진행하는 뇌 연구의 대상이 되어

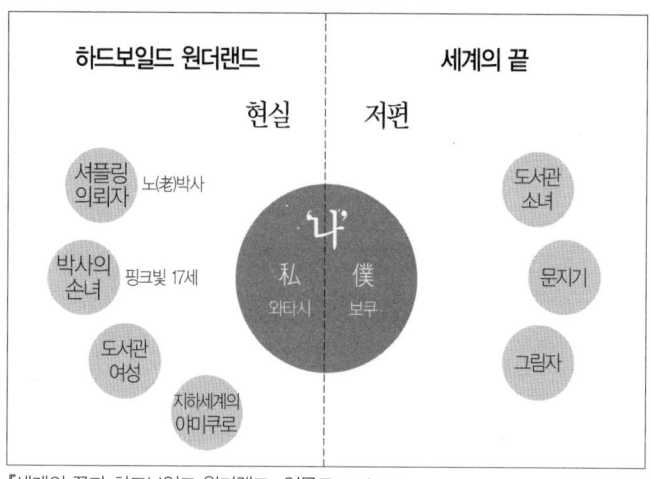

『세계의 끝과 하드보일드 원더랜드』 인물도, ⓒ김응교

간다.

통통하게 살찐 노박사의 손녀는 "난 처녀인데 당신이랑 처음 섹스하고 싶어요." 혹은 "당신 정액을 내가 마셔주면 어떨까요?"라며 '나'를 시도 때도 없이 유혹한다. 손녀가 아무리 유혹해도 '나'는 끝내 잠자리를 거부한다.

세계의 끝과 무의식

25장 "식사, 코끼리 공장, 올가미"에서 '나'는 그래도 이 세상에 살아가는 것이 그리 불만스럽지는 않다. 열두 시간을 줄곧 잠자며 쉴 수 있는 편안한 마음도 즐긴다.

다랑어처럼 편히 자다가 꿈을 꾸고 그 통통한 손녀딸이 건 전화벨에 잠을 깬다. 다만 현실이 아닌 '세계의 끝'이라는 도시가 '내' 무의식에서 가끔 느껴진다. 잠적한 노박사를 다시 만났을 때 현실의 노박사가 '세계의 끝'이 무의식의 세계라는 사실을 '나'에게 설명해준다.

"정확하게 말하면, 지금 있는 이 세계가 끝난다는 것은 아니네. 세계는 인간의 마음속에서 끝나는 것이지."
"이해를 못하겠습니다." 하고 나는 말했다.
"요약하면, 그것이 자네의 의식의 핵인 거야. 자네의 의식이 그리고 있는 것이 세계의 끝인 것이지. 어째서 자네가 그런 것을 의식의 밑바닥에 감추고 있는지는 모르겠지만 말일세. 그러나 어쨌든 그런 것이지. 자네의 의식 속에서 세계는 이미 끝나 있어. 거꾸로 말하면 자네의 의식은 세계의 끝 안에서 살고 있는 거야. 그 세계에는 이 세계에 존재하고 있는 사물이 대부분 빠져 있네. 거기엔 시간도 없고, 공간의 범위도 없고, 삶도 죽음도 없고, 정확한 의미에서의 가치관과 자아도 없네." (『세계의 끝과 하드보일드 원더랜드』, 2권 25장 106면)

두 도시에 동시에 살고 있는 존재는 '나'뿐이다. 현실 세계에서는 온몸으로, 비현실인 '세계의 끝' 도시에서는 무의식으로 살고 있는 것이다. 자신의 내면세계에 입성한 '나'는 미지의 세상을 탐색해나간다.

세계의 끝이라는 도시에서 그림자를 빼앗긴 '나'는 바깥세계의 기억을 잃는다. 안타깝게도 '나'에게서 떨어진 그림자는 조금씩 약해져간다. 그림자가 없는 '나'는 천천히 마음을 잃어간다. 그림자는 이 세계의 끝은 완벽해 보이지만 뭔가 잘못됐다며 탈출하자고 말한다. '나'는 그림자와 함께 탈출을 결심한다. '나'는 이 도시에서 탈출할 기회를 노리고 있다. 그러나 끝내 그림자와의 약속을 지키지 못한다.

33장 "비 오는 날의 세탁, 렌터카, 밥 딜런"에서 '나'는 곧 죽을 수밖에 없는 존재라는 사실을 깨닫는다. 알고 보니 '나'는 노박사의 실험 대상이었는데, 실험 과정에서 뭔가 일이 잘못 꼬이는 바람에 '나'의 현실 세계가 끝날 것이라는 청천벽력 같은 소리를 듣는다. 살아갈 날이 얼마 남지 않은 것이다. 급하게 생을 마무리해야 하는 처지에 놓인 '나'는 삶을 반추한다.

영원한 삶——하고 생각해보았다. 불사.
내가 불사의 세계로 가려 하고 있다고 박사는 말했다. 이 세계의 끝은 죽음이 아니라 새로운 전환이며 거기서 나는 진정한 나 자신이 되어, 예전에 잃어버렸고 지금 잃어가고 있는 것들과 다시 만날 수 있는 것이라고.

    그 말이 맞을지도 모른다. 아마 맞을 것이다. 박사는 모든 것을 알고 있는 것이다. 그가 그 세계가 불사라고 말한다면 그건 불사인 것이다. 하지만 그래도 내게는 그 박사의 말이 하나도 와닿지 않았다. 그건 너무 추상적이고, 너무 막연했다. 나는 지금 이대로 충분히 나 자신인 것이다. 영원히 죽지 않는 사람이 자신의 불멸성에 대해 어떻게 생각할 것인가 하는 따위는 내 편협한 상상력의 범위를 훨씬 뛰어넘는 문제였다. (『세계의 끝과 하드보일드 원더랜드』, 2권 33장 245~246면)

    노박사에게서 그가 '나'에게 준 일각수는 '나'의 의식을 시각적 이미지로 본뜬 것이라는 설명을 듣는다. 또한 '세계의 끝'은 지금 살고 있는 현실이 끝난다고 끝나지 않는다는 사실을 '나'는 깨닫는다. '내'가 세계의 끝, 그 도시에 있을 때, '나'는 불사(不死)의 상태에 이른다는 설명을 듣는다.

    '나'는 손녀딸과 노박사가 가르쳐준 대로 '야미쿠로'를 피해 지상으로 나온다. 그것은 지하철 긴자선 아오야마(青山) 1번지 부근이었다. 택시를 타고 아파트로 돌아가니 2인조가 들

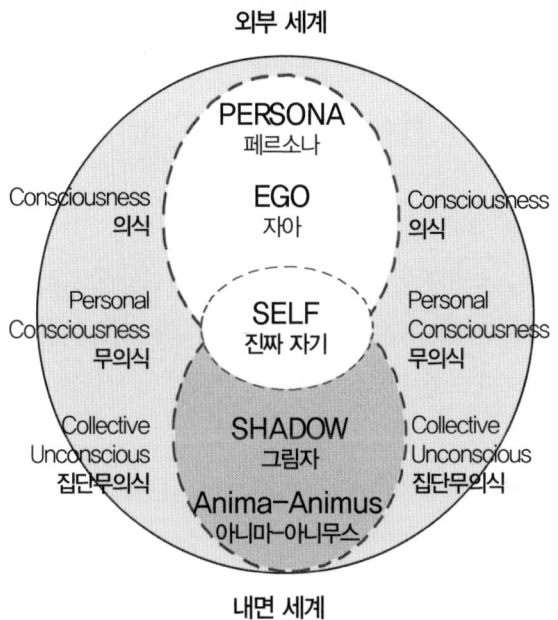

카를 융의 자아, 자기, 그림자 이론.

어와서 엉망으로 만든 방은 잘 정리되어 있었다. 알고 보니 도서관 여직원이 와서 깨끗하게 청소해놓은 것이다.

기억, 그림자, 카를 융

한편 세계의 끝 도시는 그림자와 분리된 채 기억과 마음을 잃은 사람들이 사는 무채색의 도시다. 높은 성벽으로 둘러싸여 있고 문지기가 있어서 탈출은 불가능하다. 겨울이면 눈이 많이 와서 일각수들이 죽는다. 문지기는 일각수 사체를 모아 놓고 불에 태운다.

34장 "머리뼈"에서 '그림자'가 무엇인지 다가갈 수 있다. '나'는 자신의 '그림자'가 죽어가는 것을 느끼며 괴로워한다. 세계의 끝 도시의 도서관 사서인 그녀에게 내일 오후쯤 이 도시를 떠나겠다고 하면서 그림자에 대해 말한다.

"나는 옛날에 그랬던 것과 마찬가지로 그림자를 끌고 다니며 고민도 하고 괴로워하면서 늙어가고, 그리고 죽어가겠지. 내게는 아마도 그런 세계가 더 어울릴 것 같아. 마음에 휘둘리기도 하고 끌려다니기도 하면서 살아가는 거야. 아마도 당신은 이해할 수 없겠지만." (『세계의 끝과 하드보일드 원더랜드』, 2권 34장 265면)

이 소설에 나오는 '그림자'와 심리학자 카를 융이 설명한 '그림자(Shadow)'는 어떻게 비교할 수 있을까.

살아가면서 우리는 껍데기 모습인 페르소나로 살 때가 많다. 특히 정치인이나 연예인, 종교인 등은 과장된 페르소나 혹은 만들어진 페르소나 속에서 살아야 하는 경우가 많다.

페르소나는 '참다운 것'이 아니다. 페르소나는 인간이 '무엇으로 보이느냐' 하는 것에 관한 개체와 사회와의 타협의 한 소산이다. 그것은 어떤 이름을 받아들인다. 칭호를 획득하거나 지위를 나타내거나 이것저것이 되기도 한다. (칼 구스타프 융, 『인격과 전이』, 솔, 2007, 56면)

실제는 그렇지 않은데 공식 석상에서는 사이좋은 척하는 부부를 '쇼윈도 부부'라고 한다. 우리는 가면을 쓰고 쇼윈도 마네킹으로 살아갈 때도 있다. 인간의 진정한 의식은 페르소나가 아닌 섀도(Shadow), 무의식에 그림자로 똬리 틀어 숨어버렸다. 인간의 무의식, 그림자는 트라우마 혹은 열등의식이다.

우리는 우리 의식 '지하'에 있는 부끄러운 기억들을 가장 깊은 곳에 밀어 넣고 자신도 모르게 잊어버린다. 트라우마, 콤플렉스만이 그림자가 아니라, 우리가 알건 모르건 숨겨놓은 순간 무시해버린 기억들도 그림자일 것이다. 인간은 자신의 그림자에서 떨어져 살 수 없다.

페르소나(가면)와 섀도(그림자)가 너무 멀면 위험하다. 가령 겉으로는 화려한 '페르소나'로 무대에서 노래하는 인기 가수가 아무도 모르는 '그림자'로 괴로워할 때, 그 누구에게도 말할 수 없는 고통에 세상을 스스로 놓기도 한다. 융은 껍데기인 페르소나로만 살아가지 말고, "그림자에 대한 통찰"을 해야 한다고 설명한다.

현실에서 '나'는 영원히 잊지 못할 그녀를 사랑했다. 그녀가 사라진 상실이 '나'에게 뼈아픈 트라우마로 남았다. '나'는 우연히 세상의 끝에 와서 사라졌던 그녀, 너무도 만나고 싶었던 그녀를 발견한다. 이 소설에서 '나'는 이렇게 고백한다.

"나는 그림자만 밖으로 도망치게 하고 혼자 여기 남는 것도 생각해보았어." 하고 나는 그녀에게 말했다. "하지만 만약 그렇게 한다면 나는 숲으로 추방될 것이고, 다시는 당신과 만날 수 없게 될 거야." (『세계의 끝과 하드보일드 원더랜드』, 2권 34장 267면)

'나'는 현실에서 그녀를 사랑했지만, 그녀는 전혀 기억하지 못한다. '나'의 모든 과거의 아픔과 트라우마와 콤플렉스와 상처는 '나'의 무의식에 따리 틀고 '나'를 괴롭혀왔다. 이 도시로 들어갈 때 과거의 상처나 트라우마가 새겨져 있는 그림자를 문지기 앞에서 벗겨내고, '나'는 어떤 그림자 곧 트라우마나 상처도 없이 슬픔 없는 세계의 끝이라는 도시에서 살아가는 것이다.

융은 그림자를 정면으로 만나야 성장할 수 있다고 한다. 융의 견해에 따르면 그림자를 직시할 때 "자신의 그림자를 통찰하여 얻어지는 이익은 불완전한 존재로서의 자신을 인식함에서 오는 겸손함"을 얻을 수 있다. 그림자를 직접 대하고 페르소나와 섀도가 일치할 때 인간은 비로소 성숙한다고 융은 본다. 그 과정을 융은 개성화(Individuation)라고 했는데, 이에 대해선 『바람의 노래를 들어라』를 이야기할 때도 소개했다.

35장 "손톱깎이, 버터 소스, 쇠 꽃병"에서, 현실에서 죽음으로 향하는 '나'는 마치 손톱을 깎아 남기려는 듯 손톱깎이를 산다. 집에서 가까운 도서관에 찾아간다. '나'에게 도움을 준 도서관 여자가 있기 때문이다. '내'가 두개골이 어떤 짐승의 두개골인지 모를 때 그녀는 관계 서적 3권을 주었다. 2인조가 '내' 집을 엉망으로 만들었을 때는 집을 깨끗이 정리해 주었다.

'나'는 점점 죽음으로 다가가면서, 위확장증이 있는 그녀와 이탈리아 식당에 가서 엄청난 양의 식사를 하고, 그녀의 집에 가서 세 번의 섹스를 한다. 섹스를 마치고 소파에 앉아 대화하다가 '나'는 「대니 보이」를 부른다.

"그 노래 좋아해요?"

"좋아해." 하고 나는 말했다. "초등학교 때 하모니카 콩쿠르에서 이 곡을 불러 우승했었어. 그래서 연필을 한 타 받았었지. 옛날에는 하모니카를 아주 잘 불었거든."

그녀는 웃었다. "인생이란 건 어쩐지 이상해요."

"이상해." 하고 나는 말했다.

그녀가 다시 한 번 「대니 보이」를 들어주었으므로, 나는 다시 한 번 그것에 맞춰 노래했다. 두 번째로 그것을 부르자 나는 까닭 모르게 애처로운 기분이 되었다. (『세계의 끝과 하드보일드 원더랜드』, 2권 35장 296면)

세계의 끝 도시에서 '나'는 그림자를 벗겨냈지만, '나'의 그림자를 다시 기억하기 시작한다. 바로 현실에서 불렀던 「대니 보이」를 성으로 둘러싸인 도시에서도 부른 것이다. 36장 '아코디언' 이야기를 읽어보자.

아코디언과 「대니 보이」

세계의 끝 도시에서 '나'는 그림자의 부탁으로 거리의 지도를 만드는 작업을 한다. '나'는 도서관의 소녀와 도시의 발전소를 관리하는 관리인과 함께 도시가 가진 수수께끼를 찾

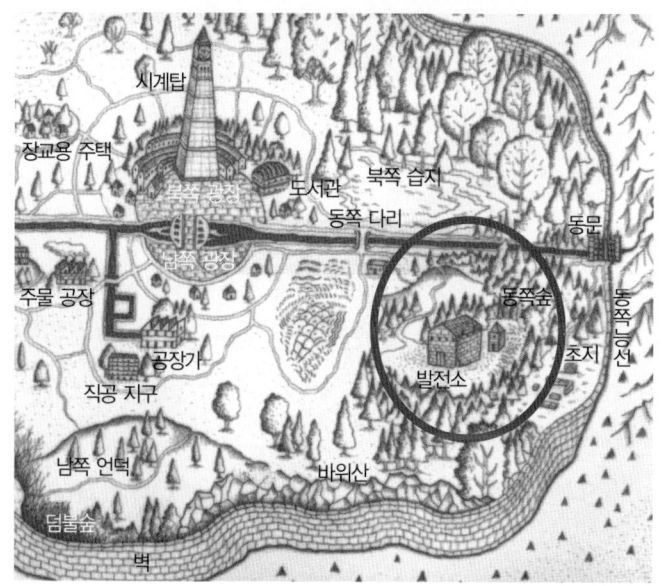

원으로 표시한 부분이 변두리에 있는 발전소다. 『세계의 끝과 하드보일드 원더랜드』.

기 시작한다.

도시에서 유일하게 발전소를 관리하는 '발전소의 관리인'은 불완전하지만 '마음'을 가지고 있으며, 때문에 도시로 들어갈 수 없지만 숲으로 쫓겨나는 일도 없다.

발전소 관리인이 아코디언을 주었는데 '기억'할 수 없으니, '나'는 "노래라는 걸 단 하나도 기억해낼 수가 없어."라고 말한다. '나'는 그간 만난 사람들을 한 명 한 명 기억하며 하나의 코드 키를 누르면서 몇 개의 음을 찾기 시작한다. 꽤 시간이 걸렸지만 '내'가 찾아낸 음률은 「대니 보이」였다.

「대니 보이」.

나는 눈을 감고 그다음을 쳐보았다. 제목을 떠올리자 다음의 멜로디와 코드가 자연스럽게 내 손가락 끝에서 흘러나왔다. (중략) 오랜만에 노래를 듣게 되자 내 몸이 얼마나 마음속 깊은 곳에서부터 그것을 찾고 있었는가 하는 것을 절실히 느낄 수 있었다. (『세계의 끝과 하드보일드 원더랜드』, 2권 36장 302면)

「대니 보이」를 들으면서 '나'와 그녀는 어머니에 대한 기억을 되찾는다. '내'가 더듬거리며 아코디언을 연주하는 것을 보고 도서관 사서인 "그녀의 눈에서 눈물이 흐르고 있었다. 나는 그녀의 어깨에 손을 얹고 그 눈동자에 입술을" 댄다. 놀랍게도 그녀는 「대니 보이」를 들으면서 눈물을 흘린다. 과거의 기억이 완전히 사라지지 않았던 것이다.

너무도 상투적인 노래가 '나'와 그녀의 마음을 일깨운다. '나'는 「대니 보이」를 통해 "난 당신의 마음을 읽을 수 있어."라고 말한다. 마음이 없는 세계의 끝에서, 정체성을 상실한 채 방황하던 '내'가 그녀의 마음을 읽은 것이다. 이 장에서, 아니 이 소설에서 아일랜드 민요 「대니 보이」는 대단히 중요하다. 주인공 '내'가 두 개의 세계에서 합일점을 찾는 매개가 되는 것이 바로 이 노래다.

밥 딜런과 핑크빛 통통한 손녀

남은 생애가 한두 시간에 불과하다면 인간은 무엇을 할까. 39장 '하드보일드 원더랜드'의 마지막 장인 "팝콘, 로드 짐, 소멸"은 한 인간이 '소멸'하는 장이다.

'나'에게 "남겨진 시간은 이제 한 시간에 불과"할 뿐이다. 나는 신용 카드를 모두 없애버린다.

> 지갑에서 신용카드를 꺼내어 재떨이 안에서 태웠다. 잘 차려입은 아이의 엄마가 다시 내 쪽을 힐끔 쳐다보았다. 정상적인 사람이라면 월요일 아침에 공원에서 신용카드를 태우거나 하지 않는다. 나는 우선 아메리칸 익스프레스 카드를 태우고, 그러고 나서 비자카드를 태웠다. 신용카드는 아주 기분 좋은 듯이 재떨이 안에서 다 타버렸다. (『세계의 끝과 하드보일드 원더랜드』, 2권 39장 349면)

신용 카드는 자본주의 세상에서 살아갈 때 가장 필요한 물품 중 하나다. 모든 신용 카드를 태우는 행위는 이 세상과 '관계'를 정리하는 의식이다.

공원 매점에서 담배와 성냥을 사던 '나'는 공중전화로

'내' 집에 전화를 건다. 그때 핑크빛 투피스를 입은 통통한 손녀가 전화를 받는다. 그녀는 '내'가 곧 소멸할 것을 안다.

"그런데 말이에요, 당신의 의식이 없어지면 난 당신을 냉동시켜볼까 하는데, 어때요?"
"마음대로 해. 어차피 더 이상 아무것도 느끼지 못할 테니까." 하고 나는 말했다. "지금부터 하루미 부두로 갈 거니까 거기서 날 회수하면 돼. 흰색 칼리나 1800 GT 트윈 캠 터보라는 차에 타고 있어. 차 모양은 잘 설명할 수 없지만 밥 딜런 테이프가 틀어져 있을 거야."
"밥 딜런이 누구죠?"
"비 오는 날에……." (『세계의 끝과 하드보일드 원더랜드』, 2권 39장 356면)

이제 최후로 향하는 '나'는 담담하게 부둣가에서 밥 딜런의 노래를 들으며 자동차 안에서 마지막 시간을 가지려 한다. 하루미(晴海) 부두에서 '나'를 거두라고 통통한 손녀딸에게 말한다. '내'가 렌트한 차는 도요타사의 "칼리나 1800 GT 트윈캠 터보" 자동차다. 소설의 배경이 되는 1980년대 당시로는 가장 고급 차종이었다. '나'는 품위 있는 공간에서 최후의 소

YTN 뉴스에 소개된, 노래하는 시인 밥 딜런.

멸로 향하려 한다.

밥 딜런 노래는 하루키 소설에 자주 나온다. 등단작인 『바람의 노래를 들어라』도 밥 딜런이 1963년에 발표한 노래 「Blowin' in the Wind」에서 영향을 받았을 것이다. 바람만이 대답을 알기에(Blowin' in the Wind), 바람의 노래를 들어야 하는 것이다.

『세계의 끝과 하드보일드 원더랜드』에서 주인공 '나'가 듣는 마지막 노래는 밥 딜런이 역시 1963년에 발표한 「세찬 비가 오려 하네(A Hard Rain's A-Gonna Fall)」이다.

> Oh, where have you been, my blue-eyed son

오! 어디에 있었니, 푸른 눈동자의 내 아들아.
And where have you been, my darling young one
어디에 가 있었니, 사랑하는 애야.
(중략)
And it's a hard, and it's a hard,
it's a hard, and it's a hard
그리고 세찬, 세찬, 세찬, 그리고 세찬,
It's a hard rain's a-gonna fall
세찬 비가 오려 하네.

한국에서는 "어디에 있었니, 내 아들아/ 어디에 있었니, 내 딸들아/ 나는 안개 낀 산 속에서 방황했었다오/ 시골의 황톳길을 걸어 다녔다오/ 어두운 숲 가운데 서 있었다오/ 시퍼런 강물 위를 떠다녔었다오/ 소낙비, 소낙비, 소낙비, 소낙비/ 끝없이 비가 내리네"로 번역돼 「소낙비」(1973)라는 제목으로 가수 이연실이 불렀다. 안개 낀 산, 시골의 황톳길, 어두운 숲, 시퍼런 강물에 떠다니면서도, 소낙비를 맞으면서도 견디어 나가는 젊은 청춘 단독자의 노래다.

노래는 엄마가 아들에게 "어디에 있었니, 푸른 눈동자의 내 아들아."라고 물으면서 시작한다. 밥 딜런은 핵전쟁의 위

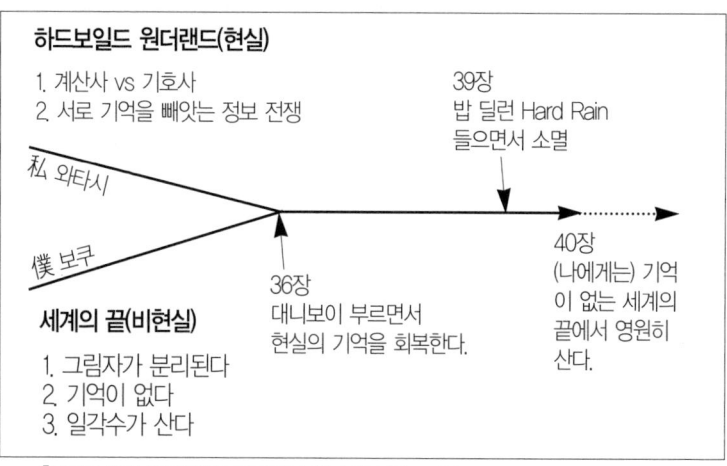

『세계의 끝과 하드보일드 원더랜드』의 소설 구조. ⓒ김응교

기를 느끼며 불안한 세계를 가사로 썼다고 한다.

언제 전쟁이 일어나도 이상하지 않을 미국과 소련 양 진영 간의 냉전 시기였다. 게다가 미국은 플로리다 바로 아래 쿠바와 긴장된 정국에 있었다. 1962년 10월 미국 정찰대는 쿠바에 소련의 핵미사일 기지가 건설되고 있다는 사실을 발견했다. 당시 미국 대통령 케네디(J.F. Kennedy)는 소련에 해상 봉쇄라는 조치로 엄중 경고를 하게 되는 시기였다.

1963년 이른바 '쿠바 사태'가 있고 얼마 후, 라디오에 출연한 밥 딜런은 'hard rain'이 핵미사일의 집중 투하와 같은 것이 아니냐는 질문을 받았다. 밥 딜런은 그냥 거친 비를 상징한다고 답했지만, 이 세찬 비를 평론가들은 핵전쟁의 위협으로 해석한다. 지금 이 노래를 들으면 지구 온난화로 세계의 종말처럼 폭우가 쏟아지는 비극적 풍경도 떠오른다.

2016년 밥 딜런이 노벨 문학상을 받는 시상식장에서, 밥 딜런과 젊은 시절부터 함께 노래해온 패티 스미스(Patti Smith)가 이 노래를 부른다. 이 노래는 하루키가 말하고자 하는 외톨이 인간의 삶, 그 의미를 최대로 고양시킨다. 이 노래의 첫 구절은 하루키 문학의 핵심을 보여준다.

"어디에 있었니, 푸른 눈동자의 내 아들아."

익숙한 질문이 아닌가. 이 질문은 2년 후 1987년에 출판되는 장편 소설 『노르웨이의 숲』에 다시 나온다. 이 소설에서 미도리는 희망의 상징으로 등장한다. 소설 마지막 장면에서 온갖 절망을 겪고 도쿄로 돌아온 주인공 와타나베에게 미도리는 질문한다.

"너, 지금 어디야?"

이 질문은 인간이 모든 순간에 스스로 물어야 할 질문이다. 성경에서 이 질문은 절대자가 인간에게 물은 최초의 질문이기도 하다.

"네가 어디 있느냐?" (창세기 3장 9절)

먹지 말라는 선악과를 먹는 죄를 범하고 인간이 숨자, 절대자가 인간에게 물은 최초의 질문이다. 인간은 늘 내가 어디서 무

『세계의 끝과 하드보일드 원더랜드』 일본어판. 핑크빛 옷을 좋아하는 통통한 손녀를 상징하는 듯한 핑크빛 표지이다.

엇을 하고 있는지 그 삶의 자리(Sitz im Leben)를 물어야 한다.

『노르웨이의 숲』에 미도리가 있다면, 『세계의 끝과 하드보일드 원더랜드』에는 늘 핑크빛 옷을 좋아하는 통통한 손녀가 등장한다. 그녀는 죽음을 전혀 무서워하지 않는다. 하루키 소설에서 죽음은 삶의 한 부분일 뿐이다. "당신의 의식이 없어지면 난 당신을 냉동시켜볼까 하는데, 어때요?"라고 천연덕스럽게 말한다. 얼마나 끔찍한 문장인가. "일이 잘 돼서 당신의 의식이 돌아오면 나랑 자줄래요?"라고 말하기도 한다.

"난 죽을 때까지 당신을 기억하고 있을 테니까요. 내 마음속에선 당신은 사라지지 않아요. 그것만은 잊지 말아주세요."
(『세계의 끝과 하드보일드 원더랜드』, 2권 39장 358면)

몇 분 후면 '소멸'할 '나'에게 통통한 손녀는 위로의 말을 건넨다. '나'의 육체는 소멸하지만, 그녀의 마음속에서 '나'는 사라지지 않는다고 위로한다.

하루키 소설에는 희미한 희망을 에피파니(epiphany)처럼 깨닫게 해주는 인물들이 등장한다. 『세계의 끝과 하드보일드 원더랜드』에서 통통한 손녀가 '나'의 소멸까지 함께하는 희미한 희망이라면, 『1973년의 핀볼』에서는 쌍둥이 자매, 『노르웨이의 숲』에서는 미도리가 그 임무를 담당한다.

『노르웨이의 숲』 일본어판 하권 표지를 희망의 상징인 미도리의 이름처럼 녹색으로 했듯이, 『세계의 끝과 하드보일드 원더랜드』 일본어판의 합본 표지를 통통한 손녀가 떠오르도록 핑크빛으로 한 것은 저자와 편집자의 세심한 배려일 것이다.

이제 소멸하려는 '나'는 자신을 배웅하는 곡, 사실 장송곡으로 「세찬 비가 오려 하네」를 선택한다. 이 노래는 장송곡이라 하기엔 너무도 용감하다. 어떤 세찬 비가 온다 해도 두려움 없이 부닥쳐 헤쳐 나가겠다고 한다.

잠이 찾아온 것이다.

나는 이것으로 내가 잃어버린 것을 되찾을 수 있을 것이라고 생각했다. 그것은 비록 한번 잃어버렸지만 결코 손상되지는 않은 것이다. 나는 눈을 감고 그 깊은 잠에 몸을 맡겼다. 밥 딜런은 계속해서 「하드 레인(Hard Rain)」을 부르고 있었다. (『세계의 끝과 하드보일드 원더랜드』, 2권 39장 361면)

이 문장을 끝으로 현실에서 '나'는 소멸한다. 잠자듯이 '나'는 소멸을 담담하게 받아들인다. 현실에서 의식이 소멸된 '나'를 핑크빛 옷을 입은 통통한 손녀는 냉동 인간으로 보관할 것이다.

불멸과 니체의 영원회귀

이제 '세계의 끝' 마지막 40장 "새"에 이르렀다. 문지기에 의해 '나'와 떨어져 감금된 그림자는 '나'를 설득하여 이 세계를 탈출하려고 한다. 고생 끝에 탈출구인 남쪽의 '웅덩이'를 찾는다. 웅덩이를 빠져나가면 성곽 밖이다.

탈출을 코앞에 두고서, 그림자와 상의하던 '나'는 돌연 자신이 만들어낸 세계에 책임을 느끼며 "난 여기에 남고 싶어."

라고 말한다. 그림자는 전혀 당황하지 않고 오히려 당연한 듯 답한다.

"그런 건 전부터 알고 있었어. 이 도시를 만든 것은 너 자신이야. 네가 모든 걸 만들어낸 거야. 벽에서부터 강도 숲도 도서관도 문도 겨울도, 모든 걸 다. 이 웅덩이도, 이 눈도 말이야. 그 정도는 나도 알고 있단 말이야."
"그럼, 왜 내게 좀 더 일찍 가르쳐주지 않았던 거지?"
"네게 가르쳐주었다면 넌 이런 식으로 여기에 남아 있으려고 했을 거 아니야. 난 너를 어떻게 해서든지 바깥 세계로 데리고 나가고 싶었던 거야. 네가 살아야 할 세계는 엄연히 바깥에 있는 거니까." (『세계의 끝과 하드보일드 원더랜드』, 2권 40장 365면)

탈출을 거부한 '나'는 영원히 이 세계에 남는 길을 선택한다. '세계의 끝' 도시에서 '나'는 '도서관 소녀'와 함께 살기로 한다. 결국 하루키는 인간을 영원성으로 돌려놓는다.

나는 웅덩이를 뒤로하고 서쪽 언덕을 향해 눈 속을 걷기 시작했다. 서쪽 언덕 너머에는 도시가 있고, 강물이 흐르고, 도서관 안에서는 그녀와 아코디언이 나를 기다리고 있을 것이었다.

니체.

 쏟아져내리는 눈 속에서 한 마리의 흰 새가 남쪽을 향해 날아가고 있는 것이 보였다. 새는 벽을 넘어 눈으로 뒤덮인 남쪽 하늘로 사라져갔다. 그 뒤에는 내가 밟는 눈이 뽀드득거리는 소리만이 남았다. (『세계의 끝과 하드보일드 원더랜드』, 2권 40장 368면)

 이 소설의 마지막 단락이다. 육체는 죽어도 의식은 서쪽 언덕을 향해 걷고, 강물이 흐르고 도서관이 있는 곳으로 향한다. 현실에서 육체는 소멸해도 영혼은, 그 의식은 어딘가에서 영원히 살아남는 것이다.

 '새'는 성벽을 넘어 도시와 바깥 세계를 자유롭게 날아서 오갈 수 있는 유일한 존재다. '새'를 마지막 40장의 제목으로 삼고 마지막 문단에 "새는 벽을 넘어 눈으로 뒤덮인 남쪽 하늘로 사라져갔다."라고 한 것은 인류가 현실과 무의식의 세계를 자연스럽게 왕래할 수 있는 가망성을 살짝 암시했다고 볼 수 있겠다.

현실 세계인 '하드보일드 원더랜드'에서는 '내'가 소멸할지라도, '나'는 어딘가의 인식 속에서 영원히 존재한다. 그곳 '세계의 끝'은 불사의 세계이기에 영원히 존재한다.

이러한 설정은 니체의 '영원회귀(永遠回歸, Ewig Wiederkehren)' 또는 '동일한 것의 영원회귀(Ewige Wiederkunft des Gleichen)'를 생각하게 한다. 영원회귀 사상은 니체 후기 사상의 핵심이다.

니체가 말하는 영원회귀는 기독교의 부활이나 불교의 윤회와 다르다. 영원회귀는 삶에 대한 강한 긍정의 사상인 동시에 '일회성의 연속'이라는 개념을 염두에 두어야 한다. 지금 이 순간은 영원성의 연속에 놓여 있다. 영원회귀를 긍정한다는 것은 반복을 수동적으로 받아들이는 것도 아니고 자신을 세계의 원인이라고 착각하는 것도 아니다. 주체는 영원회귀의 한 원인이 되고, 영원회귀의 결과다. 영원회귀는 '소멸'과 '생성'의 반복이다.

'나'라는 존재는 육체가 죽는다고 끝나지 않는다. 삶이 동일하게 무한 반복된다면, 따분한 일상을 반가운 우연으로 받

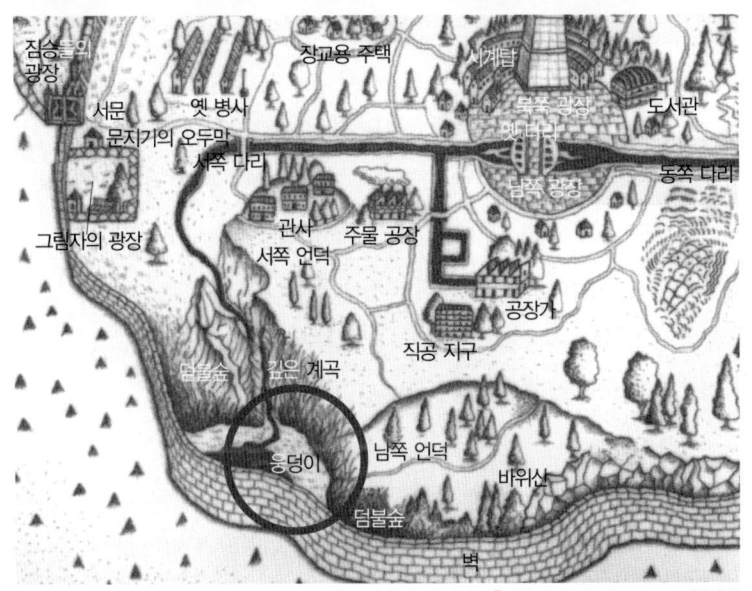

원으로 표시한 부분이 그림자가 탈출할 웅덩이다. 『세계의 끝과 하드보일드 원더랜드』.

아들이고 즐겁고 진중하게 살아야 한다. 죽고 끝나는 삶이면 그냥 가볍게 살아도 된다. 그러나 영원히 남는다면 '디오니소스적인 긍정(Das dionysische Jasagen)'의 마음을 품고 모든 순간을, 운명을 사랑하는 아모르 파티(Amor Fati)로 살아야 한다. 무한한 즐거움, 무한한 책임이 영원회귀 사상의 알짬이다. 이것이야말로 허무를 극복하는 적극적 허무주의다. '나'는 영원히 기억으로 살아남을 수 있다. 살아남아 있는 사람들의 기억이 '세계의 끝'일 수도 있다.

결국 『세계의 끝과 하드보일드 원더랜드』에서 그림자는 혼자 떠나겠다고 하고, '나'는 그림자에게, 그림자는 '나'에게 서로 축복을 빈다. 웅덩이 속으로 그림자가 완전히 사라지자, '나'는 웅덩이의 수면을 바라본다. 세차게 내리는 눈 속을 장벽을 넘나들며 날아가는 한 마리 새가 보인다.

매트릭스와 메타버스의 세계

『세계의 끝과 하드보일드 원더랜드』를 읽다 보면 장자(莊子)의 옛이야기 호접몽(胡蝶夢)이나 크리스토퍼 놀란 감독의 영화 〈인셉션〉이 떠오른다. 하루키는 1999년 영화 〈매트릭스〉가 나오기 14년 전에 이미 무의식의 판타지 이야기를 펼쳐놓았다.

하루키는 인터넷 통신으로 독자와 대화를 나누곤 했다. 50대 여성 독자가 소설과 함께 밥 딜런의 노래에 푹 빠져들었다고 하자, 하루키는 이렇게 답했다.

"치바현의 나라시노 집에서 쓰기 시작해서 가나가와현의 후지사와로 넘어와서 계속 썼습니다. 이 소설은 쓰기 어려워서 무척 힘들었습니다. 결말을 몇 번이나 다시 썼습니다. 그런데 제가 쓴 소설 중에서 이 소설을 가장 좋아한다는 사람이 적지 않

은 것 같습니다." (웹진 〈무라카미 하루키 라디오〉, 2021년 8월 29일)

이 소설로 제21회 다니자키 준이치로(谷崎潤一郎) 상을 수상했지만, 하루키는 만족하지 못했다. 6명의 심사 위원들이 모두 이 소설을 높게 평가한 것은 아니다. 심사 위원 중 한 명인 엔도 슈사쿠는 "독자의 마음에 와닿는 무엇인가가 전혀 없다."라고 하면서 "실패작이 아닌가."라는 혹평을 했다. 다른 심사 위원 오에 겐자브로가 "모험적인 시도를 꼼꼼히 완성한 젊은 무라카미 하루키가 상을 받아서 상쾌한 기분이 듭니다."라고 썼지만, 최고의 평가는 아니었다.

30여 년이 지나 하루키는 새로운 버전으로 소설을 다시 쓰기 시작한다. 『세계의 끝과 하드보일드 원더랜드』는 2023년 첫 사랑의 트라우마와 그 회복을 더욱 명확하게 재현한 『도시와 그 불확실한 벽』에서 완성된다. 이 책에 대해서는 이어지는 다음번 책에 쓰려고 한다.

6. 판타지와 유머를 통과하는 깨달음

1986년 37세
『빵가게 재습격』

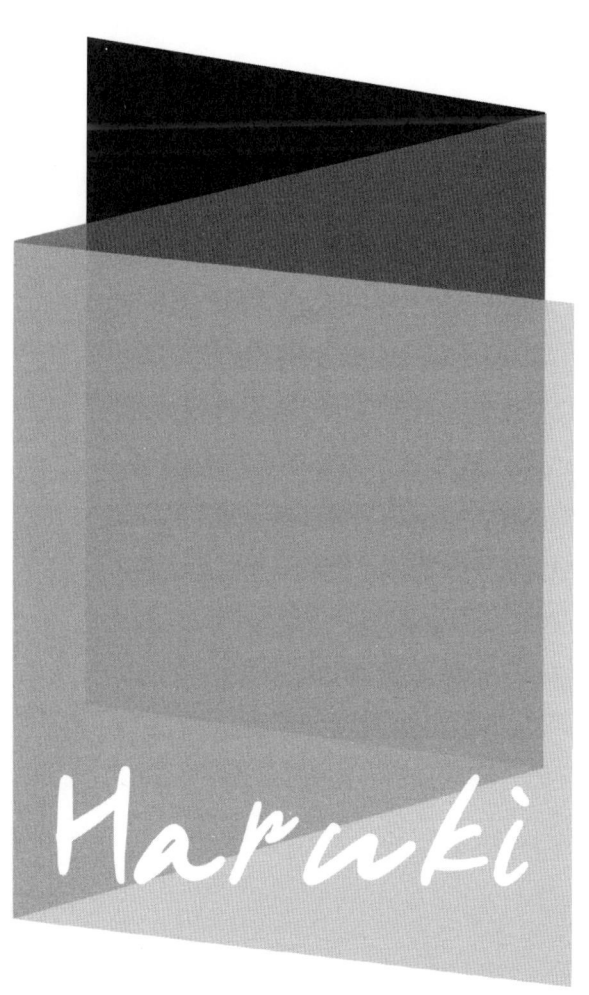

판타지, 머뭇거림과 일탈

『빵가게 재습격(パン屋再襲擊)』은 판타지의 특징이 잘 보이는 단편집이다. 작품들을 대하기 전에 판타지 문학의 특징 몇 가지를 짚어보자.

『장자』를 들어 생각해보자. 이 책을 지은 장자(莊子, 기원전 369?~기원전 286)의 본명은 장주(莊周)이고, 전국 시대 초기 칠원리(漆園吏)라는 작은 벼슬을 한 것으로 추정된다.『장자』의「소요유(逍遙遊)」편은 "북쪽 바다에 물고기가 있었다(北冥有魚)"는 구절로 시작한다.

북쪽 바다(北冥)의 곤(鯤)이라는 물고기는 머리에서 꼬리까지 몇 천 리가 되는지 모를 만큼 큰 것이다. 곤은 변신하여 새가 되는데 그 이름은 붕(鵬)이다. 몇 천 리가 되는지 알 수조차 없는 그 몸뚱이가 날개를 펴고 날아오르면, 하늘마저도 검은 구름에 덮여 있는 것처럼 보였다. 붕은 태풍이 바다 위에 불어야 남쪽 바다로 옮겨갈 수 있다. 남쪽 바다란 천지이다. 기이한 일들이 기록된 제해에는 "붕이 남쪽 바다로 옮겨갈 때에는 물을 쳐서 삼천 리나 튀게 하고, 빙빙 돌며 회오리바람을 타고 구만 리나 올라가며, 6개월을 날고서야 쉬게 된다"고 적혀 있다. (소요유 편)

이 이야기에서 몇 가지 판타지의 특징을 볼 수 있다.

첫째, 어떤 형식에서 벗어난 자유로운 사유를 담고 있다. 곤이나 붕새와 같은 판타지의 동물이 현실성을 넘어서고 있다. 아무 쓸데 없는 헛것들이 인간에게 새로운 자유를 제공한다. 판타지는 무용지용(無用之用)의 자유를 우리에게 준다.

둘째, 변신 이야기가 많다. 이후 「제물론(齊物論)」 편에도 나오는 '호접지몽(胡蝶之夢)'의 판타지가 등장한다. "내가 꿈에서 나비가 된 것인지, 나비가 꿈에서 내가 된 것인지"라는 이야기는 꽉 막혀 있던 전국 시대에 그나마 자유로운 삶을 추구하도록 자극한다.

셋째, 낯선 존재로의 변신은 전혀 새롭기에 독자는 망설일 수밖에 없다. 판타지는 옆방에 뭔가 이상야릇하거나(uncanny, Unheimlichkeit), 놀랍거나 혹은 성스러운 뭔가 있을 법한 두근거리는 갈망의 표현이다. '판타스틱'이라는 말은 뻔한 일상에서 벗어나 완전히 다른 세계를 추구하려는 욕망을 뜻한다. 황당무계하고 초자연적인 이야기 앞에서, 일상적인 상식에 익숙한 독자들은 당황하며 머뭇거린다. 불가리아의 철학자 토도로프(T. Todorov, 1939~2017)는 "환상(幻想)은 어떤 망설임 동안만 계속된다.(The fanastic lasts only as long as a certain hesitation.)"라며, 판타지를 '망설임(hesitation)의 문학'으로 설명한다.

토도로프는 환상이 발생하려면 이 '망설임(hesitation)'이 반드시 필요하다고 보았다. 반대로 '망설임'이 사라지는 순간 환상도 사라진다. 이때 망설임은 주저함, 불안함, 설렘 혹은 프로이트가 썼던 '두렵고 낯선 것(Das unheimliche)'으로 생각할 수도 있다.

넷째, 판타지는 역설적으로 비극적 시대를 풍자한다. 『장자』는 전국 시대라는 격동의 시대를 역설적으로 반영한다. 많은 사람이 살해된 전국 시대에 살아남겠다는 의지는 자기를 보존하려는 본능적 욕망이었다. '국가'라는 시스템이 생겨나던 시기에 공자 등 제자백가가 공공성을 고민했다면, 장주는 '국가'라는 시스템에서 탈출하여 자신을 지킬 수 있을지 판타지로 가르친다.

다섯째, 『장자』의 판타지에서 가장 중요한 특징은 명랑성이다. 배고픔과 궁핍함과 치욕적인 삶 속에서도 『장자』에는 은근한 명랑성이 있다. 대상과 공감할 때 눈물이 나오지만, 『장자』의 명랑성은 공감이 아니라 거리감에서 나온다. 『장자』의 명랑성은 슬픔이나 허무를 품고 있다.

하루키의 『빵가게 재습격』에는 이런 판타지를 전면에 내세운 작품들이 실려 있다. 특히 판타지의 마지막 특징인 명랑성, 유머를 전면에 내세우고 있다.

보통 작가들은 단편을 여러 편 쓰고 장편을 구성할 만하다 싶으면 장편으로 늘여 쓰는 경우가 있다. 하루키는 장편 『세계의 끝과 하드보일드 원더랜드』를 내고 두 달 만인 1985년 8월 단편 「빵가게 재습격」과 「코끼리의 소멸」을 발표한다. 이 두 편과 다른 단편을 모아 1986년 4월 단편집 『빵가게 재습격』을 낸다. 이후 1년여 뒤인 1987년 9월, 하루키의 존재를 세계에 알린 『노르웨이의 숲』이 나온다.

『빵가게 재습격』이라는 하루키가 구성한 상상의 길, 하루키 랜드를 순례하면서 우리가 얻는 깨달음은 무엇일까. 하루키 랜드에서 무언가를 얻기보다는 그곳을 걷는 것 자체가 이미 위로이자 치유이며 깨닫는 길이 아닐까.

「빵가게 재습격(パン屋再襲擊)」

1인칭 화자 '나'(보쿠)는 법률 회사에 다니고 있으며 28세다. 디자인 스쿨에서 사무를 보는 아내는 '나' 보다 2년 8개월 어리니 20대 중반쯤 된다고 할 수 있겠다. 결혼한 지 두 주, 바쁘게 살아가는 부부는 어느 날 엄청난 허기를 느끼며 새벽 2시에 동시에 잠에서 깬다. 부부는 느닷없이 찾아온 공복감이 당혹스럽기만 하다.

왜 부부는 기절할 것 같은 공복감을 느껴야만 했을까. 부부에게 허기, 공복감이란 무엇일까. 그것은 결핍이다. 신혼부부이기에 서로에게 직접 표현하지는 않았지만, 결혼이라는 제도 속에서 살아가면서 갑자기 느끼는 공복감일 수 있다.

카프카의 단편 중에 「시골의 결혼 준비」라는 작품이 있다. 결혼 준비로 행복할 것 같지만, 막상 결혼이라는 의무에 들어가려니 우울한 라반. 종종 백일몽으로 현실 도피를 하는 라반이 딱정벌레로 변해 침대 위에 누워 있는 상상을 하는 이야기다.

「빵가게 재습격」에서 아내는 '나'에게 "당신과 함께 산 지 아직 반달 정도밖에 안 됐지만, 확실히 나는 신변에 일종의 저주를 느껴왔어."라고 말한다. 이 소설이 워낙 코믹하고 기발하여 이 문장이 눈에 띄지 않을 수 있는데, 당장 내 아내 혹은 내 남편이 함께 산 지 2주 정도 만에 "일종의 저주를 느껴왔어."라고 말한다면 기분이 어떨까. 이 소설은 결혼이라는 제도와 의무 속에 결합된, 아직 결혼에 익숙하지 않은 부부의 불안을 언급한다. 그 불안이라는 결핍이 몸으로 나타난 것이 허기 혹은 공복감이 아닐까.

<u>우리는 실제로는</u> 아무것도 선택하지 않는다는 입장을 택할 필요가 있고, 대체로 난 그런 식으로 생각하며 살고 있다. 일어난 일은 이미 일어난 것이고, 일어나지 않은 일은 아직 일어나지 않은 것이다. (村上春樹, 「パン屋再襲撃」, 『パン屋再襲撃』, 文春文庫, 2012, 11면, 인용자 번역)

결혼한 지 반달이면 모든 것이 새로워야 하는데, 전혀 새로운 것이 없고 권태롭기만 하다. 얼마나 권태로우면 "일어난 일은 이미 일어난 것이며, 일어나지 않은 일은 아직 일어나지 않은 것이다."라고 썼을까.

얼마나 권태로운지 그 권태를 '나'는 "특수한 굶주림(特殊な飢餓)"이라고 표현한다. 이 소설에서 중요한 키워드는 '특수한 굶주림'이라는 권태다. 아내는 주방에서 먹을 것을 찾는데, 먹을 수 있는 목록 중에 이상한 것도 있다. 맥주, 양파, 버터, 드레싱과 탈취제, 양파를 넣어 볶아 먹는다고 쓰여 있다. 프렌치드레싱 탈취제 볶음? 이 탈취제는 입냄새를 없애기 위한 탈취제일까. 아내가 주방에 가 있는 사이, 남편은 잠시 일탈(逸脫)하여 편안한 공상에 잠겨 '해저 화산'을 상상한다.

아내가 새삼스레 먹다 남은 찌꺼기라도 찾으려고 주방을 뒤지는 동안, 나는 또 보트에서 몸을 내밀어 해저 화산의 꼭대기를 내려다보았다. 보트를 둘러싼 바닷물의 투명함이 내 마음을 더욱 불안정하게 만들었다. 명치 끝 부근에 구멍이 뻥 뚫린 듯한 기분이었다. 입구도 출구도 없는, 순수한 구멍이다. 그 기묘한 체내의 결락감──부재가 실재한다는 감각──은 높은 첨탑 꼭대기에 올라갔을 때 느끼는 공포가 부르는 마비와 비슷한 듯했다는 생각이 들었다. (「パン屋再襲擊」, 위의 책, 16면)

해저 화산은 바다 밑에서 화산이 터져 생긴 해저의 섬을 말한다. 해저 화산은 이미 터졌거나 터질 수도 있다. 화산은 분

해저 화산 폭발 관련 뉴스 화면.

명 불안한 대상이다. "바닷물의 투명함이 내 마음을 더욱 불안정하게 만들었다"고 '나'는 상상한다. 혹시 그 화산은 '나'와 아내 사이에 언제 터질지 모를 불안한 요소가 아닐까.

1991년 하버드 대학에서 있었던 일문학 강의 및 대담 중, 한 학생이 하루키에게 해저 화산이 뭐냐는 질문을 했다. 하루키는 이렇게 답했다고 한다.

"여러분은 배가 고플 때 마음속에 화산이 보이지 않습니까?"

언제 터질지 모르는 해저 화산의 불안한 권태 앞에서 부부는 일탈해야 한다. 지금 당장 새로운 탈출을 감행해야 한다. 이 권태, 이 결핍, 이 허기, 이 공복감에서 벗어나기 위해 '나'

는 황당했던 빵가게 습격 사건을 아내에게 누설한다.

10년 전 너무 배가 고파 친구와 상가의 작은 빵가게를 습격했다. 첫 번째 빵가게 습격이었다. 빵가게 주인은 리하르트 바그너(Wilhelm Richard Wagner, 1813~1883)의 「서곡집」을 틀어놓고 있었다. 기괴하게도 빵가게 주인은 '나'와 친구에게 바그너의 「탄호이저」와 「방황하는 네덜란드인」 서곡을 듣게 한다. 빵가게 주인은 자신과 함께 레코드를 끝까지 들어준다면 가게 안의 빵을 마음껏 가져가도 좋다고 제의한다.

'나'와 친구는 공짜 빵을 먹으려고 「탄호이저」와 「방황하는 네덜란드인」 서곡을 들은 후 빵을 가방에 쑤셔 넣어가지고 나온다.

여기서 빵가게 주인이 바그너 음악을 듣게 했다는 사실이 주목된다. 니체는 30대 말까지 바그너 음악을 흠모했으나 이내 바그너 음악과 거리를 둔다. 바그너 음악에 있는 대중성 속에 무언가 신뢰할 수 없는 점을 느꼈기 때문이다.

이후 바그너 음악은 히틀러의 파시즘에 깊이 이용된다. 바그너 가족은 히틀러의 지지자였고, 히틀러는 바그너 음악의 숭배자이자 바그너 가족의 친구였다. 히틀러는 바그너 음악 속에 반유대주의가 있다고 파악했고, 아우슈비츠에서도 바그너 음악을 자주 틀었다는 기록이 남아 있다. 히틀러가 제1차

히틀러는 바그너의 「로엔그린」을 관람한 후 그를 좋아하게 되었다고 한다. 사진 왼쪽에 있는 여성은 바그너의 영국인 며느리 위니프레드. 히틀러는 바그너의 가족을 극진히 대했다.

세계 대전 참전 당시 배낭에 바그너의 「트리스탄과 이졸데」 악보를 넣어가지고 다녔다는 것은 잘 알려진 사실이다. 바그너 가족과 히틀러가 함께 거니는 사진도 여러 장 남아 있다.

하루키는 첫 번째 빵가게 습격 이야기를 담은 단편 「빵가게 습격」(1981)을 발표한 적이 있다. 위의 짧은 줄거리는 이 단편의 내용을 요약한 것이다. 이 이야기는 가상의 이야기이지만, 하루키가 비슷한 일을 겪었을 수도 있다. 학생 운동 때문에 대학교 수업이 폐강하여 학교에 가지 않는 권태로운 시간이 적지 않았다. 똑같지는 않지만 비슷한 체험을 하고, 여기에 상상을 보태 쓴 것일 수도 있다.

물론 하루키가 여기까지 연결시키려고 바그너 음악을 넣었다는 확증은 없다. 바그너의 반유대주의, 아니면 나치에 전용

됨으로 인한 바그너 음악의 폭력성에 하루키가 억압받은 건 아닐까.

일 년 내내 일본 어디선가 바그너 연주회가 열리고 독일 바이로이트 음악제 패키지여행이 있을 만큼, 일본인들은 유달리 바그너 음악을 좋아한다. '나'와 친구는 바그너 음악이 갖고 있는 흡입력, 전체주의성, 교의성에 반발하는 느낌조차 표명하지 않았다. 빵가게 주인은 이들에게 바그너 음악을 주입시키려 한다.

이 말을 들은 아내는 자신이 결혼 이후 느껴온 불길한 느낌이 바로 그 사건과 관련이 되었다면서, '나'에게 그때 '내' 주변에는 저주의 기운이 뻗친 것이라고 설명한다. 아내는 '나'에게 저주를 풀기 위해 빵가게를 습격해야만 한다고 주장한다. 빵가게는 바그너 음악을 듣게 하는 파시즘 교육 학교다.

습격을 위해 중무장을 하고 시내를 돌지만, 마땅한 목표물을 찾지 못한다. 끝내 못 찾고 맥도날드를 습격하여 빅맥 서른 개를 강탈한다. 부부는 적당한 빌딩 주차장에 차를 세우고 말없이 빅맥을 먹어치운다.

부부의 공복감은 빵가게를 습격하여 해소할 수 있었을까. 집에서 배 터지도록 햄버거를 먹는다. 공복감이 사라졌을까.

"그렇지만 정말 이럴 필요까지 있었을까?" 나는 한 번 더 그녀에게 물어보았다.

"물론이죠." 아내는 대답했다. 그리고 딱 한 번 깊은 한숨을 내쉰 뒤, 잠들었다. 그녀의 몸은 고양이처럼 부드럽고, 그리고 가벼웠다. (「パン屋再襲撃」, 위의 책, 33면)

아내의 몸이 부드럽다는 것은 아내의 몸에 손을 댄 것이고, 가벼웠다는 것은 안거나 들어 올리는 느낌을 뜻한다. "그녀의 몸은 고양이처럼 부드럽고, 그리고 가벼웠다."라는 표현은 권태기에 빠진 부부가 새롭게 결합하는 순간을 상상하게 한다. 이제 '나'는 더 이상 꿈속에서 보았던 해저 화산의 모습을 상상하지 않는다. "이미 그곳에 해저 화산의 모습은 보이지 않고" '나'는 보트 바닥에 누워 밀물이 적당한 곳으로 실어다주기를 기다린다. '나'와 아내는 일탈을 통해 평안을 얻는다.

「코끼리의 소멸(象の消滅)」

'나'는 그 코끼리에 관해 흥미 있기 때문에 신문 기사를 빠짐없이 스크랩한다. 어느 날 '코끼리 소멸'에 대한 기사가 지방판 톱으로 실린다.

마을의 코끼리 축사에서 코끼리가 사라져버렸다는 사실을, 나는 신문을 보고 알았다. 나는 그날도 언제나 그러하듯 여섯 시 반에 맞춰 놓은 시계의 알람 소리에 눈을 떴고, (「象の消滅」, 위의 책, 41면, 인용자 번역)

마을 교외에 있던 작은 동물원이 경영난을 이유로 폐쇄되자 마을에서 코끼리를 떠안는다. 함께 온 사육사는 <u>와타나베 노보루</u>라는 나이를 짐작하기 어려운 노인이었는데, 노인은 코끼리와 의사소통을 하는 것처럼 보인다.

지금 방금 '와타나베 노보루(渡辺昇)'에 밑줄을 쳤는데, 이 소설 다음에 실린 「패밀리 어패어」에서 주인공 여동생의 남자 친구 이름도 와타나베 노보루다. 이 단편집의 네 번째 소설 「쌍둥이와 침몰한 대륙」에 나오는 동업자 이름도 와타나베 노보루다. 마지막 소설 「태엽 감는 새와 화요일의 여자들」에 등장하는 고양이 이름도 와타나베 노보루다. 와타나베 노보루는 하루키 책의 일러스트를 담당하는 안자이 미즈마루(安西水丸, 1942~2014)의 본명이다. 『태엽 감는 새 연대기』(1994)에도 와타나베 노보루가 나온다.

다시 「코끼리의 소멸」로 돌아가, 이 소설은 하루키의 등단작 『바람의 노래를 들어라』에 나오는 코끼리에 관한 구절과 연관 지어 생각해봐야 한다.

무엇인가를 쓰려고 하는 단계가 되면 항상 절망적인 기분에 사로잡히게 된다. 내가 쓸 수 있는 영역이 너무나도 제한된 것이었기 때문이다. 예를 들어 코끼리에 대해서 무언가를 쓸 수 있게 되었다고 하더라도 코끼리 사육사에 대해서는 아무것도 쓸 수 없을지도 모른다. (『風の歌を聽け』, 1장, 인용자 번역)

인용문에서 '코끼리'는 작가가 쓰고자 하는 대상이다. 하루키는 쓸 수 없었던 코끼리와 사육사 이야기를 드디어 몇 년이 지나 쓸 수 있었다. 놀랍게도 바로 그 코끼리가 사라져버린 것이다. 별일 없이 1년쯤 시간이 흐른 어느 날 코끼리가 사라지다니, 코끼리가 도망친 것이 아니라 '소멸'된 것이다.

때로 '나'는 코끼리를 보러 뒷동산에 오르기도 했다. 코끼리는 발자국도 남기지 않았고 족쇄가 풀린 흔적도 없었기 때문에 사라졌다고 보는 것이 옳았지만, 모두들 그런 말은 입 밖에 내지 않고 열심히 코끼리를 수색했다. 코끼리는 끝내 발견되지 않는다. '나'는 코끼리가 '소멸'했다고 확신한다.

늙은 코끼리 한 마리와 늙은 사육사 한 사람이 이 땅에서 소

멸돼버렸다 해서, 사회가 흘러가는 방향에는 어떤 영향도 없을 것이다. 지구는 단조롭게 회전을 거듭하고, 정치가는 별로 도움 안 되는 성명만 발표하고, 사람들은 하품하며 회사에 출근하고, 아이들은 시험공부를 계속했다. 밀려왔다가 다시 밀려가는 끝없는 일상의 파도 속에서 행방불명된 한 마리의 코끼리에 대한 흥미가 언제까지고 이어질 리는 없다. (「象の消滅」, 위의 책, 56면)

이야기는 전혀 다르게 전개된다. 이후 "내가 그녀를 만난 것은 9월의 끝 무렵"이다. 가전제품을 파는 세일즈맨이 된 '나'는 주부를 위한 잡지 편집자인 그녀에게 키친과 주방용품을 안내한다. '나'는 31세, 그녀는 25세, 뭔가 이뤄질 것 같다. 그녀에게 호감을 느낀 '나'는 그녀에게 코끼리 이야기를 들려준다.

"그럼, 당신은 코끼리가 그대로 점점 줄어들어 작아져서 울타리 틈새로 도망쳤거나, 그렇지 않으면 완전히 사라져 버렸다고 생각하는 거예요?" 그녀가 물었다.
"모르겠습니다." 나는 말했다. (「象の消滅」, 위의 책, 70면)
괜히 말했다 싶은데 여자는 더 알고 싶어 한다. 그녀에게 코끼리 이야기를 잘 전하고 싶었는데 잘 안 된다.

> 결국 코끼리의 소멸을 경험한 이후, 나는 곧잘 그런 생각이 든다. 뭔가를 해보려고 하는 마음이 들다가도, 그 행위가 당연히 초래할 결과와 그 행위를 회피하여 초래될 결과 사이에 아무런 차이를 발견할 수 없게 되는 것이다. 때때로 주변 사물들이 그 본래의 정당한 밸런스를 잃어버리고 만 듯이, 나는 느끼는 것이다. 어쩌면 그것은 나의 착각일지도 모른다. 코끼리 사건 이후 나의 내부에서 뭔가의 밸런스가 무너져버려, 그것으로 외부의 사물들조차 내 눈에 기묘하게 비치는 건지도 모른다. 그 책임은 아마 내 쪽에 있을 것이다. (「象の消滅」, 위의 책, 72면)

이 소설은 일종의 인식론에 대한 이야기로, 우리가 참이며 진리라고 여기는 것은 실은 "나의 내부에서 뭔가의 밸런스가 무너져버려, 그것으로 외부의 사물들조차 내 눈에 기묘하게 비치는 건지도 모른다."는 것이다.

이면적으로는 하루키 자신이 소설을 창작할 때 느끼는 고민일 수도 있다. 흔히 하루키 소설에는 주제가 보이지 않는다고 한다. 무얼 말하는지 어렵다고 한다. 하루키 소설을 많이 읽은 독자라면 그가 대상으로 삼던 주제, 그 주제가 소멸하듯이 사라지는 것을 알고 있다. 하루키가 전혀 새로운 텅 빈 공간을 풀어내는 경우를 여러 번 체험한다.

혹시 「코끼리의 소멸」에 나오는 '나'는 하루키 자신이고 '그녀'는 독자가 아닐까. '나'라는 작가는 자신이 본 '코끼리의 소멸' 사건을 부지런히 전하려 한다. 안타깝게도 '그녀'라는 독자는 받아들이기 어렵다. 의사소통으로 전달한다는 것은 얼마나 어려운 일인가.

코끼리라는 하나의 이야기를 써나가는데, 갑자기 그 코끼리라는 주제가 소멸해버리는 것이다. 코끼리라는 주제의 소멸! 그 체험에 대한 알레고리로 「코끼리의 소멸」을 읽을 수도 있겠다.

「패밀리 어페어(ファミリー アフェア)」

「패밀리 어페어」는 이 단편집에서 가장 웃기는 유머 소설이다. 연신 웃으면서 읽을 수밖에 없는 소설이다. 'family affair'는 가족 행사로 번역하기보다, 가족 사이에 일어나는 사사로운 일로 번역할 수 있다. 이 소설은 도쿄의 한 아파트에서 오빠와 여동생이 함께 살면서 일어나는 진짜 사사로운 대화를 그대로 담아놓았다.

그가 열심히 얘기하는 동안, 나는 적당히 고개를 끄덕거리면서 내내 여자 생각만 하고 있었다. 이번 휴일에는 누구랑 어디서 술을 마시고, 어디서 식사하고, 어느 호텔에 갈까 하는 생각 말이다. 나는 분명 선천적으로 그런 것들을 좋아하는 것이다. 프라모델을 만들고, 전철의 다이어그램을 만들기를 좋아하는 인간이 따로 있듯, 나는 여자들과 술 마시고, 그녀들과 자는 것이 좋은 것이다. 그런 것은 분명 인간의 지혜를 넘어선 숙명 같은 것이겠지. (「ファミリー アフェア」, 위의 책, 112~113면, 인용자 번역)

오빠인 '나'는 32세로 전자 제품 광고부에서 일한다. 때는 일본의 전자 산업이 세계를 주름잡던 시대였다. 세계 톱이라는 회사에 다니는 '나'는 여자랑 술 마시기 좋아하고, 현재까지 37명 정도의 여자랑 잠을 잔 솔로다. 여동생에게 그 숫자를 숨기지 않는다.

"오빠는 대체로 유익하고 사회적인 것은 별로 좋아하지 않아요." 여동생이 말했다. "그래서 직장 같은 건 아무래도 상관없었어. 마침 거기에 연줄이 있어서 들어간 것뿐이지."

"맞아." 나는 강하게 동의했다.

"놀 생각밖에 머릿속에 없는걸요. 뭔가를 진지하게 연구하겠다거나, 발전해야겠다는 생각은 제로예요."

"한여름의 베짱이지." 나는 말했다. (「ファミリー アフェア」, 위의 책, 105~106면)

28세의 여동생은 여행사 직원인데, 쇼핑하고 여행 다니는 것을 좋아한다. "오빠는 대체로 유익하고 사회적인 것은 별로 좋아하지 않아요."라는 식으로 오빠에게 말장난하면서 즐긴다.

남매는 그런대로 서로 사생활을 존중하며 평화롭게 살아왔는데, 여동생에게 와타나베 노보루라는 남자 친구가 생긴다. '내'가 보기에 지나치게 예의 바르고 고지식해 보이는 여동생의 남자 친구가 '나'는 썩 마음에 들지 않는다. 여동생은 '나'의 시각이 편협하다고 비난한다.

부모님은 도쿄에 없으니, 오빠는 오빠로서 부모님 대신 역할을 해야 했다. 부모님 대신 마음에 들지 않는 여동생 남자 친구의 부모를 만나야 하는 등 귀찮은 일이 일어난다.

어느 날 밤늦게 집에 돌아가자 여동생이 와타나베 노보루에 대해 어떻게 생각하는지 묻는다. '나'는 "나쁜 사람 같진 않고 집안에 한 명쯤 그런 사람이 있는 것도 괜찮다"는 평이 한 답을 내놓는다. 여동생은 "오빠를 아주 좋아하지만 세상 사람 모두가 오빠 같으면, 이 세상은 엉망진창이 될 것"이라고 말한다. "그렇겠지"라고 답을 한 '나'는 침대에 눕는다.

우리는 남은 맥주를 마시고, 자기 방으로 돌아갔다. 새로 깐 침대 시트는 깨끗했고, 주름 하나 없었다. 나는 그 위에 누워, 커튼 틈새로 달을 바라보았다. 우리는 대체 어디로 가려는 것일까, 하고 나는 생각했다. 하지만 그런 것을 깊이 생각하기에 나는 너무 지쳤다. 눈을 감으니, 졸음은 어두운 그물처럼 소리 없이 머리 위에서 내려앉았다. (「ファミリー アフェア」, 위의 책, 127면)

시니컬하면서도 오빠와 여동생 사이에 가족 간의 사랑 같은 것이 느껴지는 훈훈한 소설이다. 페이지를 넘길 때마다 웃지 않을 수 없는 문장들이 계속 이어지는 이 소설은 하루키가 좋아하는 제롬 데이비드 셀린저(Jerome David Salinger, 1919~2010)의 장편 소설 『호밀밭의 파수꾼』을 떠올리게 한다. 「패밀리 어페어」에 나오는 여동생 이미지를 살려서 장편 소설 『노르웨이의 숲』의 주요 인물인 명랑한 미도리를 창조해낼 수 있었다고 한다.

「쌍둥이와 침몰한 대륙(双子と沈んだ大陸)」

이 소설은 '상실'의 의미를 깊이 다룬다. 『1973년의 핀볼』에도 등장했던 쌍둥이 자매는 주인공 '나'와 동행하는 욕망 혹은 무의식과 같은 존재다. 이 소설은 『1973년의 핀볼』에 이어지는 후일담처럼 읽을 수 있다.

쌍둥이와 헤어진 지 반년쯤 지났을 무렵, 나는 그녀들의 모습을 사진 잡지에서 발견했다.
그 사진 속의 쌍둥이는 예의—나와 함께 살 때 늘 입고 있던—'208'과 '209'라는 번호가 적힌 싸구려 트레이닝셔츠가 아니라, 더 제대로 된 시크한 차림이었다. (「双子と沈んだ大陸」, 위의 책, 131면, 인용자 번역)

『1973년의 핀볼』에서 '나'는 쌍둥이와 헤어졌다. "쌍둥이와 헤어진 지 반년쯤 지났을 무렵" '나'는 잡지에서 그 모습을 발견한다. 그녀들이 누군지 모를 남성과 잡지 사진으로 나타난 것이다. 롯폰기(六本木) 디스코텍에서 찍힌 사진이다.

쌍둥이는 예전보다 멋진 옷을 입고 머리도 길게 길렀다.

웨이트리스에게 잡지 한 페이지를 오려가도 괜찮은지 양해를 구하고, '나'는 사진을 주머니에 넣은 후 생각에 잠긴다. '나'는 이제 쌍둥이 자매가 사라진 상실을 예로 들면서, 과연 상실이란 무엇인가, 사라져가는 것들의 의미를 추적해본다.

'내'가 사무실에 돌아오니 동업자 와타나베 노보루는 나가고 없다. 사무 보는 여자아이가 감기로 사흘째 쉬고 있어서 사무실이 엉망이다. 사무실에서 커피 한 잔을 마시는데, 옆 치과에서 일하는 메이라는 아가씨가 들어온다.

사무실 정리를 하고 사진을 다시 본다. 쌍둥이 자매와 남자는 잘 어울렸다. 마치 '내'가 예전에 쌍둥이 자매와 잘 살았듯이 어울려 보인다. 세 사람은 예전에 '내'가 그랬듯이 공동생활을 하고 있을지도 모른다.

내가 사진을 보는데도, 이상하게 그 남자에게 질투가 나지 않았다. 질투뿐만 아니라, 다른 어떤 종류의 감흥도 느껴지지 않았다. 그것은 단지 상황으로 그곳에 존재할 뿐이었다. 내게는 다른 시대 다른 세계에서 오려 두었던 단편적인 정경에 지나지 않았다. 나는 이미 쌍둥이를 상실했고, 어떤 상황에서도 원래의 상태로 돌아갈 수 없었다. (「双子と沈んだ大陸」, 위의

책, 140면)

5시에 퇴근하려는데 옆 치과의 메이가 다시 온다. 세면실을 빌려 쓰겠다며 들어왔는데, 다리가 예쁘다. '나'는 가사하라 메이(笠原メイ)라는 이름이 신기하다느니 잡담을 나눈다. 그녀에게 저녁이라도 함께하지 않겠냐고 제의하지만 그녀는 약혼자와 선약이 있다고 한다.

혼자가 되자 식욕이 사라지고, 아파트에 돌아가기도 싫고 해서, 그냥 거리를 걷기로 한다. 쿵푸 영화의 간판이나 악기점 쇼윈도 혹은 지나가는 사람들의 얼굴을 바라보며 걷는다. 지금까지 몇 천 명의 사람들이 '내' 눈앞에서 나타났다가 사라져갔다.

거리에서 사람들의 웅성거림, 짧게 토막 난 음악, 자동차 소리 등이 스쳐 지나간다. 이 소리며 냄새 따위는 현실에 존재하는 것일까. 혹시 지난주 혹은 지난달부터의 먼 메아리가 아닐까. 거리를 지나가는 사람들 속에서 '나'는 쌍둥이의 얼굴을 찾는다.

인기척 없는 좁은 샛길의 가끔 혼자 술을 마시는 작은 바에 들어간다. 위스키 온더록스를 주문하고, 치즈 샌드위치를 몇 조각 먹는다. 문득 상실에 대해 생각한다. 모든 것은 상실되어 사라지지 않는가. 오 분 후, 십 분 후, 십오 분 후 대체 뭘 하면 좋을까. 어디 가서 무얼 하면 좋을까.

나에게 필요한 것은 결국 리얼리티라고 생각했다. 지구가 태양의 둘레를 회전하고, 달이 지구의 둘레를 회전하는 것 같은 유형의 리얼리티. (「双子と沈んだ大陸」, 위의 책, 150면)

'나'는 처음 본 여자와 잠자리를 한 후 꿈 이야기를 하는데, 소설에서 어디까지가 현실이고 비현실인지 구별하기가 쉽지 않다. 매번 꿈의 내용은 엇비슷했는데, 어떤 인부가 벽 앞에 또 다른 장식 벽을 쌓고 벽과 벽 사이에 쌍둥이가 있다는 내용이다. 여자는 꿈의 내용을 이해하는 것 같지는 않았지만, 이야기만은 참을성 있게 들어준다. 콘크리트 벽에 갇힌 듯 쌍둥이는 없다. '나'의 상상 속에 존재하는 인물일 뿐이다.

그것이 리얼리티라는 것이다. 나는 쌍둥이가 없는 세계를 받아들이지 않으면 안 되는 것이다. (「双子と沈んだ大陸」, 위의 책, 150면)

얼마 동안 어느 정도를 걸었는지 모를 정도로 걸으며 '나'

는 계속 상실에 대해 생각한다. 지금 '나'는 살아오면서 몇 백 명 몇 천 명을 만나왔다. 아쉽게도 칠팔십 년이 지나면 그 많은 사람들은 분명히 사라질 것이다. 물론 '나' 또한 사라질 것이다.

그 상실은 마치 "바다에 가라앉아버린 고대 전설의 대륙"에 비견할 만하다. 먼 옛날 해저로 침몰해 사라진 대륙은 '내' 주변에 사라져가는 것들의 상실과 무엇이 다른가. 사라져가는 것들이 안타깝도록 그리운 사실을 쌍둥이 자매들이 가르쳐준 것이다.

> 잃어버린 뭔가에 대해 우리가 확신을 가질 수 있는 것은, 그것을 잃어버린 날짜가 아니라, 잃어버리고 있다는 것을 우리가 깨달은 날짜일 뿐이다. (「双子と沈んだ大陸」, 위의 책, 150면)

흐르는 시간들, 흐르는 기억들이 얼마나 소중한가 깨닫는 순간은 그 소중한 것을 "잃어버리고 있"을 때이다. 가령 가장 사랑하는 사람, 친구든 어머니든 아버지든 연인이든, 그 소중한 대상을 잃어버리고 있을 때, 소멸해갈 때, 함께 있던 시간들이 고통스러울 정도로 소중하게 다가오지 않는가.

아무리 선명한 꿈이라 할지라도 선명하지 못한 현실 속으로 들어가면 결국은 그런 꿈이 존재했다는 것조차 떠올릴 수 없게 되리라고 '나'는 생각한다. 그만큼 현실에서 소중한 것을 '상실'하는 마음은 상상으로 대처할 수 없는 거대한 결핍이 된다. 그 상실은 크고 작고의 문제가 아니다. 쌍둥이 자매를 상실하든 대륙이 침몰하든 사라져가는 것들, 소멸해가는 것들은 모두 절실하고 소중하다.

「로마제국의 붕괴 · 1881년의 인디언 봉기 · 히틀러의 폴란드 침입 · 그리고 강풍세계(ローマ帝國の崩壊 · 一八八一年のインディアン蜂起 · ヒットラーのポーランド侵入 · そして强風世界)」

하루키가 쓴 제목 중 가장 긴 제목으로 보이는 이 작품은 『월간가도가와(月刊カドカワ)』 1986년 1월호에 실렸고, 이어 같은 해 4월에 출판된 『빵가게 재습격』에 실린다.

소설은 하루키 자신으로 보이는 '나'의 특별할 것 없는 일상을 보여준다. 오후에 강풍이 불기 시작하는 어느 일요일 오후의 이야기다. 이 소설에서 중요하게 보아야 할 것은 역사와 바람(강풍)과의 관계다.

바람이 불기 시작한 사실을 알아차린 것은 일요일 오후의 일이었다. 정확하게 말하면 오후 두시 칠분이다.

그때 나는 평소처럼——즉, 평소 일요일 오후에 그랬던 것처럼—— 주방 식탁에 앉아 방해되지 않는 음악을 들으면서 일주일 분의 일기를 쓰고 있었다. 나는 날마다 일어난 일들을 간단히 메모했다가, 일요일에 그것을 제대로 된 문장으로 정리했던 것이다. (「ローマ帝國の崩壞・一八八一年のインディアン蜂起・ヒットラーのポーランド侵入・そして强風世界」, 위의 책, 165면, 인용자 번역)

도입부에서 하루키 작품 전체에서 보기 어려운 일기 쓰는 습관이 나온다. 특히 일요일의 습관이다. 일요일에 지난 일주일 분의 일기를 쓴다. 메모해두었다가 "일요일에 그것을 제대로 된 문장으로 정리했던 것이다". 여기에 "80퍼센트의 사실과 20퍼센트의 성찰이 내 일기 쓰기의 방침"이라는 방식은 성실한 작가의 독특한 습관을 보여준다.

그야말로 폭풍이군, 하고 나는 생각했다.

그런데 신문을 펼쳐서 기상도를 들여다봐도, 아무 데도 태풍이 온다는 낌새 같은 건 없다. 비가 올 확률은 온전히 제로 퍼센트였다. 기상도를 보는 한, 그것은 전성기의 로마제국처럼 평화로운 일요일이었다.

  나는 30퍼센트 정도의 가벼운 한숨을 쉬며 신문을 접은 뒤, 빨래를 서랍장에 정리해서 넣고, 방해가 되지 않는 음악을 계속 들으면서 커피를 내리고, 커피를 마시면서 일기를 계속 썼다. (「ローマ帝國の崩壞・一八八一年のインディアン蜂起・ヒットラーのポーランド侵入・そして强風世界」, 위의 책, 166~168면)

일요일에 일기를 몰아 쓰는데, 폭풍이 분다. 사실 일기 예보 어디에도 태풍이 불 거라는 정보가 없어서 전성기 로마제국처럼 평화로워 보였는데 강풍이 불어온다. 이후에 전혀 관계없는 역사적 사실들이 현재의 일상에 겹쳐 나타난다. 현재의 일상은 새로운 것이 아니라, 과거 언젠가 일어난 일과 같다는 뜻이다. 동일한 사건이 반복되는 것이다.

  '나'는 빨래를 개어 서랍장에 '정리해서' 넣고, 음악을 계속 들으면서 커피를 마시면서 일기를 계속 쓴다. 주인공들의 생활이 깔끔한 것은 하루키 작품의 특징이다. 지저분한 인간은 하루키 소설에 거의 나오지 않는다. 독자는 자신도 모르는 사이에 깔끔한 인물과 일상을 공유하면서, 기분 좋게 독서를 즐기는 상태가 된다.

  두 번째 이야기 '1881년의 인디언 봉기'가 이어진다. 여자 친구에게 걸려온 전화벨이 울렸을 때, 시곗바늘은 2시 36분을 가리키고 있었고, 그녀와 함께 굴 전골(牡蠣鍋)을 해먹기로 했다.

아무튼 전화벨이 울린 때는, 오후 두시 삼십육분이었다. 알람시계가 전화 옆에 있고, 나는 전화벨이 울릴 때마다 시계를 보기 때문에, 그 점에 대해서도 내 기억은 완벽하다.

그런데 내가 수화기를 들었을 때, 그곳에서 들려오는 것은 지독한 바람 소리뿐이었다.

'휘이이이이이이잉' 하는 바람 소리만이, 1881년에 일어난 인디언의 본격 봉기처럼 일제히 수화기 속에서 날뛰고 있었다. 그들은 개척 오두막을 태우고, 통신선을 자르고, 캔디스 버겐을 범하고 있다.

"여보세요" 하고 말해보았지만 나의 목소리는 압도적인 역사의 거센 파도 속으로 덧없이 빨려들어 갔다.

"여보세요."

다시 큰 소리로 외쳐보았지만 결과는 마찬가지였다. (「ローマ帝國の崩壞・一八八一年のインディアン蜂起・ヒットラーのポーランド侵入・そして強風世界」, 위의 책, 169~170면)

2시 36분에 전화가 걸려 와서 여자 친구일 거라 생각하고 받았는데, 전화기에서는 "휘이이이이이이잉" 하는 바람 소리만 요란하다. 마치 1881년 일어난 인디언의 봉기처럼 시끄럽기만 하다. 영화배우 캔디스 버겐(Candice Bergen, 1946~)이 출연한 인디언 영화는 〈솔저 블루(Soldier Blue)〉(1970)다. 이 영화는 백인은 선, 인디언은 악이라는 구도를 뒤엎은 영화다. 파란색(Blue) 군복을 입은 백인 병사(Soldier)들이 인디언을 학살하고, 인디언 여성을 강간하고 유방을 도려내고, 아이들까지도 학살한다. 이 영화는 1864년 샌드크리크 대학살(Sand Creek massacre)을 재현한 작품이다. 이 영화에서 캔디스 버겐은 인디언 편에 서서 학살을 막으려고 애쓰는 인물로 등장한다. 1881년 전후로 인디언들이 여러 번 봉기했다.

'나'는 예상할 수 없는 날씨의 변화를 인디언 학살과 봉기에 비유하며 이야기를 풀어내고 있다. 전화에 대고 "여보세요"라고 여러 번 말했지만, 통화할 수 없다. 다음은 세 번째 이야기 '히틀러의 폴란드 침입'이다.

토요일에는 히틀러의 기갑사단이 폴란드를 침입하고 있다.
급강하하는 폭격기가 바르샤바 거리에—
아니, 틀리다. 그렇지 않다. 히틀러의 폴란드 침입은 1939년 9

영화 〈솔저 블루(Soldier Blue)〉(1970) 포스터.

월 1일의 사건이다. 어제의 일이 아니다. 어제 나는 저녁 식사 후 영화관에 가서 메릴 스트립의 〈소피의 선택〉을 보았다. 히틀러가 폴란드에 침입한 것은 그 영화 속의 사건이다.

메릴 스트립은 영화 속에서 더스틴 호프만과 이혼하지만, 통근 열차 안에서 중년의 토목 기사로 분한 로버트 드니로와 만나 재혼한다. 꽤 재미있는 영화였다. (「ローマ帝國の崩壞・一八八一年のインディアン蜂起・ヒットラーのポーランド侵入・そして強風世界」, 위의 책, 171면)

어제 본 영화 〈소피의 선택(Sophie's Choice)〉(1982)에서는 히틀러의 나치가 폴란드를 침입하는 장면이 나왔다. 폴란드 여인 소피는 제2차 세계 대전 때 아우슈비츠에 끌려가 홀로코스트를 직접 목격하고 구사일생으로 살아남은 인물이다. 가까스로 살아 미국으로 건너가서 유대인 연인 네이든을 만나지만, 이들은 전쟁 후유증으로 천국과 지옥을 오가는 비극적 나날을 지낸다. 이상하게 '나'는 이 영화에서 일어난 일이 어제의 일이라고 착각한다. 히틀러가 폴란드를 침략한 때는 1939년 9월 1일인데 말이다.

이제 네 번째 이야기 '그리고 강풍세계'다.

'나'는 지난주 분의 일기를 전부 끝내고, 쇼스타코비치의 첼로 콘체르트를 들으면서 창밖의 풍경을 바라본다. 다시 전화벨이 울리고, 시계는 3시 48분을 가리킨다.

바람은 그녀가 예고한 대로 네시 오분 전에 뚝 그쳤다. 나는 창을 열고 바깥 풍경을 내다보았다. 창 아래에는 커다란 검둥개가, 땅 냄새를 맡고 킁킁거리며 돌아다녔다. 개는 십오 분에서 이십 분가량 지치지도 않고 그러기를 계속했다. 개가 왜 그래야만 하는지, 나는 잘 이해할 수 없었다.

그러나 그것 말고는, 세상의 모습과 그 시스템은 바람이 불기

영화 〈소피의 선택(Sophie's Choice)〉(1982).

전과 별반 달라지지 않았다. 히말라야삼나무와 밤나무는 아무 일도 없었다는 듯이 태연하게 공터에 서 있었고, 빨래는 비닐 빨랫줄에 축 늘어져 있었으며, 까마귀는 전봇대 꼭대기에 앉아 신용 카드처럼 반들반들한 날개를 파닥거리고 있었다. (「ローマ帝國の崩壞・一八八一年のインディアン蜂起・ヒットラーのポーランド侵入・そして强風世界」, 위의 책, 174면)

이 부분은 니체가 언급한 '영원회귀'를 떠올리게 한다. 니체의 영원회귀는 인간의 역사는 목적을 향하여 직선으로 향

현재 \ 단계	날씨와 상황	과거와 같다
1. 일기를 몰아 쓰는 일요일 오후 2시 7분	날씨 예보에는 태풍 정보가 없는데, 세찬 바람이 불어 베란다에 나가 빨래를 걷는다. 나 혼자만의 시간	전성기 로마제국처럼 평화로운 일요일
2. 여자 친구와 굴전 골 먹기로, 2시 36분	바람의 기세가 너무 격렬하다. 여자 친구에게서 걸려온 전화가 끊겼다.	1881년 인디언의 봉기처럼 시끄럽다.
3. 일기를 계속 쓴다	날씨는 안 나오고 메릴 스트립의 〈소피의 선택〉 이야기가 나온다. 여자친구가 집으로 왔다.	1939년 9월 1일 히틀러는 폴란드를 침입한다.
4. 바깥 풍경을 본다	히말라야삼나무와 밤나무는 늘 그 공터에 서 있다.	나는 사건을 메모하며, 일기를 쓴다.

한다는 목적론적 세계관을 정면으로 부정한다. 인간의 역사는 직선이 아니며, 또한 원으로 돌아간다고 생각하지도 않는다. 인간의 삶, 지구의 생명은 직선으로 나아가는 것이 아니라, 불규칙하게 영원히 반복된다는 것이 니체의 영원회귀 사상이다. 과거에 있던 사건들은 지금 일상과 관계없는 것이 아니라, 일상에서 다른 모습으로 반복된다는 것이다.

이 소설에 나오는 과거의 역사는 일상과 관계하고 있다. '로마제국'은 주인공 '내'가 혼자 있는 시간을 뜻한다. 여자 친구에게 걸려온 전화는 '인디언 봉기'처럼 어수선하다. '히틀러의 폴란드 침입'은 여자 친구가 집에 찾아오는 것을 비유한 것이다. 네 번째 '그리고 강풍세계'의 이야기가 이어진다.

나는 이 이십이 년간 하루도 거르지 않고 일기를 계속 써올 수 있었다. 모든 의미 있는 행위는 그 나름의 독자적인 시스템을 가지고 있다. 바람이 불든 불지 않든, 나는 이런 식으로 살고 있다.
(「ローマ帝國の崩壊・一八八一年のインディアン蜂起・ヒットラーのポーランド侵入・そして強風世界」, 위의 책, 177면)

3시 48분에 또다시 전화벨이 울린다. 이번엔 여자 친구다. 여자 친구는 굴전골 재료와 눈가리개를 가지고 우리 집으로 올 것이다. 그리고 나는 일기를 쓰기 위해 오늘 하루 일어난 일을 간단히 메모한다.
① 로마제국의 붕괴 ② 1881년의 인디언 봉기 ③ 히틀러의 폴란드 침입.
세 가지 키워드를 기억하면, '나'는 이 사건에 얽힌 날씨와 함께 그날의 일을 기억에 되살려 일기를 쓸 수 있다.
이 소설은 과거의 역사에서 벗어날 수 없는 인간을 보여준다. 인간은 바람을 느끼듯 과거의 역사와 함께하며, 가까이는 흘러가는 몇 시 몇 분이라는 시간이 중요하다. 더불어 그날그날 일어나는 일을 일기로 쓴다는 것은 대단히 중요하다. 일기란 과거의 역사와 오늘의 나날을 기억하는 일이다. 살아간다는 것은 일기를 쓰듯 같은 일의 반복이지만, 그 영원한 반복의 한계를 알고 오히려 운명을 사랑하는 '아모르 파티'의 나날을 지낼 수 있다는 암시를 이 소설은 독자에게 건넨다.

「태엽 감는 새와 화요일의 여자들(ねじまき鳥と火曜日の女たち)」

이 소설의 주인공 '나'는 법률 사무소에서 일하다가 그만둔 상태고, 해야 할 일은 없다. 스파게티를 삶고 있을 때 정체 모를 여자에게서 전화가 온다. 그 여자는 십 분만 얘기하고 싶다고 하는데, 이상한 전화 같아서 나는 핑계를 대고 전화를 끊는다. 아내는 '와타나베 노보루'라는 고양이를 골목에 가서 찾아보라고 한다.
다시 정체 모를 여자에게서 전화가 온다.

"입술을 만져줘. 천천히요. 그리고 벌려요. 천천히요."(「ねじまき鳥と火曜日の女たち」, 위의 책, 201면, 인용자 번역)

여자는 '나'를 안다며 외설스러운 음담을 늘어놓는다.
실제로 일본에서는 혼자 사는 남자의 전화번호를 찾아내,

외설스러운 전화를 걸어오는 경우가 있다. 또한 전화를 걸어 폰섹스(Phone sex)를 하면, 고가의 전화 요금이 청구되는 경우가 있다. 다시 소설로 돌아가자.

전화를 끊은 후 고양이를 찾으러 집 옆 골목으로 간다.

> 주변은 너무나 고요해서, 풀잎이 햇볕을 쬐며 호흡하는 소리까지 들리는 것 같았다. 하늘에는 몇 개의 조각구름이 떠 있었는데, 그것은 마치 중세 동판화의 배경에 새겨진 구름처럼 선명하고 간결한 형태를 띠고 있었다. 눈에 띄는 모든 것이 하도 선명한 탓에 나 자신의 육체가 너무나 막연하고 종잡을 수 없는 존재로 느껴진다. 그리고 무진장 덥다. (「ねじまき鳥と火曜日の女たち」, 위의 책, 204~205면)

골목에서 '나'는 오토바이 사고에서 아직 회복되지 않아 다리를 저는 소녀를 만난다. 소녀는 고양이를 보았다고 한다. 잠시 소녀와 잡담을 하다가, '나'는 소녀의 권유로 낮잠을 잔다. 일어나보니 소녀는 없고 '나'는 집으로 돌아온다.

집에 돌아오니 아내가 '나'에게 "당신이 고양이를 죽였다"며 막무가내로 말한다. 뭔가 억울해서 답하려는데 아내가 울고 있어서 그만둔다. 그때 전화가 또 온다. 음담패설을 늘어놓았던 그녀일까. 아내도 나도 전화를 받지 않는다.

여러 단편이나 산문을 썼다가 후에 수정하여 장편 소설로 만드는 경우가 있다. 카프카는 「화부」라는 단편을 쓰고, 이후에 이 글을 앞부분에 넣어 미완성 장편 소설 『실종자(아메리카)』를 쓴다.

하루키의 이 단편도 그런 경우다. 이 단편은 9년 후 장편 소설 『태엽 감는 새 연대기』의 1장으로 들어간다. 이 장편에서 와타나베 노보루는 주인공 '내'가 증오하는 인물로 나온다. 장편 소설 전체에서 도입부에 해당되는 이 부분에는 일상에 찌든 '내'가 등장한다. 태엽이 감긴 것처럼 반복해서 이상한 소리를 내고, 부부 관계는 권태롭기만 하다.

판타지의 4단계, 순례자의 길

이제 여섯 편의 단편 소설이 실린 소설집 『빵가게 재습격』을 판타지 이론으로 정리해보자. 판타지는 4단계의 과정을 거친다. 판타지의 상징이라 할 수 있는 디즈니랜드야말로 4단계로 구성되어 있다. 전 세계의 디즈니랜드는 모두 같은 구성으로 디자인돼 있다.

매표소와 정문까지는 ① 입장하는 단계다. 들뜬 마음, 머뭇

디즈니랜드.

거림으로 줄을 서서 기다리고 표를 사서 들어간다. 다음 상점가에서는 ② 조금씩 판타지에 입장하며 낯선 물품들을 만나면서 일상에서 일탈(逸脫)하기 시작한다. 마지막 신데렐라가 있는 궁 근처에 가면, ③ 전혀 낯선 미키 마우스라든지, 곰이나 토끼 인형 등을 만나 환상의 세계에 들어간다. 즐겁게 즐기고 ④ 일탈에서 돌아오면 피곤했던 일상들이 거꾸로 전혀 새롭게 다가온다.

어지러울 정도로 망아지경(忘我之境)에 빠지는 굿에 참여하거나, 깊은 산에 가서 예불하거나, 성당에 가서 미사를 드리거나, 교회에 가서 예배를 드리고 돌아와 일상을 새롭게 대하

영화 〈나니아 연대기: 사자, 마녀 그리고 옷장〉에서 루시가 옷장을 발견하는 장면.

는 이 길이 바로 '순례자의 길(The Pilgrim's Road)'이다.

애니메이션 〈원령공주〉(1997)에서 주인공 아시타카가 방랑을 떠나는 숲길, 애니메이션 〈센과 치히로의 행방불명〉(2001)에서 아버지가 통과하자 돼지가 된 터널, 영화 〈해리포터〉(2005)에서 마법 학교의 환상으로 떠나는 플랫폼, 〈나니아 연대기〉(2005)에서 루시가 들어가는 옷장 등이 판타지로 들어가는 터널이다.

히치콕의 영화 〈새〉(1963)에서 여주인공이 자동차로 가도 될 집을 나룻배를 타고 건너가는 장면, 역시 히치콕의 영화 〈사이코〉(1960)에서 언덕 위에 있는 집으로 층계를 오르는 장면들은 모두 판타지로 입장하는 터널이다.

단편집 『빵가게 재습격』에 실린 소설들은 판타지의 4단계로 정리해볼 수 있다.

이 단편집에 실린 소설들에는 자본주의 사회에서 권태로운 일상을 살고 있는 인물들이 나온다. 기계적인 반복 속에서 등

단계 현재	1단계 피곤한 일상	2단계 일상에서의 일탈	3단계 판타지의 정점	4단계 돌아온 일상
빵가게 재습격	결혼하고 두 주 만에 공복감(불안, 결핍)	해저 화산이 보인다. 빵을 훔친다.	맥도날드에서 햄버거 30개 강탈	눈을 감고 상상 속 밀물을 기다린다.
코끼리의 소멸	코끼리에 대한 관심	코끼리를 관찰한다.	코끼리가 소멸했다.	의사소통의 어려움을 깨닫는다.
패밀리 어페어	5년간 사소하게 부딪치는 남매	여동생이 와타나베 노보루라는 남자친구를 만난다.	와타나베가 집에 온다.	남매의 평화 휴전
쌍둥이와 침몰한 대륙	쌍둥이와 남자가 있는 사진을 잡지에서 본다.	옆 치과에서 일하는 여성과 대화한다.	쌍둥이가 콘크리트에 갇히는 꿈을 꾼다.	쌍둥이의 상실, 대륙의 상실 비교
로마제국의 붕괴 · 1881년의 인디언 봉기 · 히틀러의 폴란드 침입 · 그리고 강풍세계	뭔가 반복되는 뻔한 일상	과거의 비극적인 역사	과거-현재 동시에 존재	'나'라는 인간은 어디에 있는가.
태엽 감는 새와 화요일의 여자들	'나'는 권태로운 실업자다.	이상한 전화를 받는다.	고양이가 사라지고, 이상한 소녀를 만난다.	아내와 다시 통화한다.

장인물들은 새로운 일탈과 판타지를 꿈꾼다. 그 반복은 저주일 수도 있고 축복일 수도 있지만, 하루키는 그 어느 쪽에도 쉽게 쏠리지 않는다. 읽기에 재미있지만 어딘가 둔중한 무게로 권태로운 일상을 성찰하게 한다.

7. 연결된 고통과 삶의 자리

1987년 38세
『노르웨이의 숲』

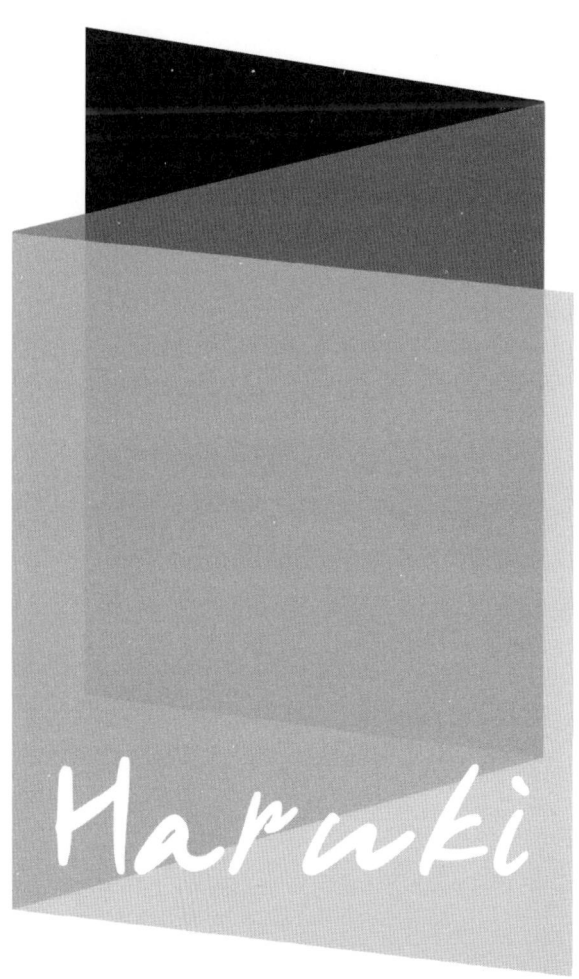

"나는 서른일곱 살, 그때 보잉 747기 좌석에 앉아 있었다(僕は三十七歳, そのときボーイング747のシートに座っていった)."

첫 문장은 말할 필요 없이 중요하다. 『노르웨이의 숲(ノルウェイの森)』은 '나는(僕は)'으로 시작한다. 곧 함부르크에 도착할 보잉 747기에 앉아 있는 '내'가 갈 곳은 함부르크가 아니다. 소설에서 '나'는 상처로 남은 과거를 향해 떠나려 한다. 37세의 주인공이 18년 전으로 돌아가, 갓 스무 살에 이른 1969년에 일어난 시간으로 떠나려 한다. 설레는 마음으로 떠나는 여행이 아니라, 상실의 근원을 향해 가는 순례다.

"서른일곱 살, 그때 나는 보잉 747기 좌석에 앉아 있었다."

라고 민음사 번역본에는 "서른일곱 살"이 첫 단어로 나오지만, 하루키가 '나(僕)'를 제일 앞에 둔 것은 의도했건 않았건 간에 중요한 설정으로 보인다. 영어 번역본도 "Here I am, thirty-seven years old, seated in a Boeing 747."이라며 '나'를 맨 앞에 두었다.

와타나베 도루라는 이름의 '나'는 18년 전으로 돌아가 사랑하는 친구들을 떠올리기 시작한다. 특히 나오코(直子)의 죽음은 와타나베의 모든 것을 흔들어놓는다. 18년 전을 회상하는 서른일곱 살이라는 기점이 중요한 숫자일 수도 있지만, 이 소설에서 가장 중요한 단어는 '나'다. 이 소설은 와타나베라는 '내'가 사랑과 죽음을 성찰하는 이야기다.

소설 마지막에서 고바야시 미도리(小林綠)가 와타나베에게 "너, 지금 어디야?"라고 묻는 질문은 독자에게 건네는 존재적 질문이다.

> 이윽고 미도리가 입을 열었다. "너, 지금 어디야?" 그녀는 조용한 목소리로 말했다.
> 나는 지금 어디에 있지?
> 나는 수화기를 든 채 고개를 들고 공중전화 부스 주변을 휙 둘러보았다. 나는 지금 어디에 있지? 그러나 거기가 어디인지

알 수 없었다. 짐작조차 가지 않았다. 도대체 여기는 어디지? 내 눈에 비치는 것은 어디인지 모를 곳을 향해 그저 걸어가는 무수한 사람들의 모습뿐이었다. 나는 어느 곳도 아닌 장소의 한가운데에서 애타게 미도리를 불렀다. (무라카미 하루키, 『노르웨이의 숲』, 민음사, 2017, 486면)

어디에 있냐는 미도리의 물음에 와타나베는 "나는 지금 어디에 있지?"라고 자문한다. '나'는 지금 어디에 있는가. 마지막 문단에서 '나'는 네 번 나온다. 이 소설은 단독자 '내'가 겪은 시련을 담고 있고, 따라서 첫 문장과 마지막 문단에서 강조되는 '나'는 이 소설에서 중요한 단어 중 하나다.

상실의 노래, 노르웨이의 숲

'나'는 함부르크 공항에 착륙하려는 참이지만, 이 도입부는 순례기로 향하는 입구에 불과하다. 11월의 냉랭한 빗물과 BMW라는 자본주의 세계를 넘어 이제 '내'가 가려는 곳은 사실 함부르크가 아니라, 18년 전 과거의 어느 지점이다.

나는 서른일곱 살, 그때 보잉 747기 좌석에 앉아 있었다. 그 거대한 비행기가 두터운 비구름을 뚫고 강하하여 함부르크 공항에 착륙하려던 참이었다. 11월의 냉랭한 비가 대지를 어둡게 적시고, 비옷을 입은 정비사들, 밋밋한 공항 빌딩 위에 걸린 깃발, BMW 광고판, 그 모든 것이 플랑드르파의 음울한 그림 배경처럼 보였다. 이런, 또 독일이군, 하고 나는 생각했다.

비행기가 멈춰 서자 금연 사인이 꺼지고 천장 스피커에서 작은 소리로 음악이 흐르기 시작했다. 어느 오케스트라가 달콤하게 연주하는 비틀스의 「노르웨이의 숲(Norwegian Wood)」이었다. 그리고 그 멜로디는 늘 그랬듯 나를 혼란에 빠뜨렸다. 아니, 그 어느 때라고 비교도 할 수 없을 정도로 격렬하게 나를 마구 흔들어놓았다. (村上春樹, 『ノルウェイの森』, 講談社, 1987, 인용자 번역)

하루키의 소설에는 반드시 음악이 나온다. 음악을 들으며 소설을 읽게 한다. 소설을 읽고 난 뒤에도 그 음악을 들으면, 음악과 함께 소설의 내용이 회감(回感, Erinnerung)된다. 회감이란 자아와 대상이 일치될 때 일어난다. 작가와 소설의 화자와 독자가 동일하게 감각을 공유하는 순간에 회감은 작동한다. 효과는 한 번에 끝나지 않고 계속 가슴속에서 물너울처럼 울린다.

하루키는 바둑알 놓듯 꼭 필요한 음악을 배치하여 등장인물의 상태를 돋보이게 한다. 『노르웨이의 숲』처럼 비틀스 노래의 제목을 그대로 소설 제목으로 쓰듯이, 소설집 『여자 없는 남자들』에는 비틀스 노래 제목인 「드라이브 마이 카」, 「예스터데이」가 실려 있다. 『1Q84』 첫 문장에도 음악이 나온다.

> 택시 라디오에서는, FM방송의 클래식 음악이 흘러나오고 있다. 곡은 야나체크의 「신포니에타」. 정체에 말려든 택시 안에서 듣기에 어울리는 음악이랄 수는 없었다. (村上春樹, 『1Q84』, 新潮社, 2009, 인용자 번역)

하루키는 어떻게 음악과 친해졌을까. 1962년 4월, 12세의 중학생 하루키는 "무섭도록 책을 읽고 음악을 들었다"고 한다.

중학생 하루키는 비틀스 음악부터 시작하여 온갖 팝송, 로큰롤에 빠져든다. 하루키가 중학교 2학년이던 1963년에 비틀스 1집 앨범 「Please Please Me」가 나왔다. 14세의 하루키는 난생처음 미국의 재즈 드러머이자 밴드 리더인 아트 블래키(Art Blakey, 1919~1990)의 재즈 공연을 보러 간다. 하루키는 재수할 때에도 학원에 등록하지 않고 하루 종일 라디오로 로큰롤만 들으며 지내는 날이 많았다고 한다.

1968년 19세의 하루키는 와세다 대학 문학부 연극과에 진학한다. 대학생 시절 와세다 대학 연극박물관에서 영화 시나리오를 탐독하며 200편 이상의 영화를 본다. 영화 각본가를 꿈꾸며 시나리오를 쓴다. 학교에는 거의 나가지 않고 신주쿠에 있는 레코드 가게에서 아르바이트를 하면서 가부키초의 재즈 찻집을 드나들며 지낸다.

1971년, 도쿄도 지요다구 스이도바시에 있던 재즈 찻집인 '스이도바시 윙'의 종업원으로 일할 때 만난 다카하시 요코와 혼인식 없이 결혼한다. 대학을 졸업하기 전인 1974년, 25세의 하루키는 고쿠분지시에서 재즈 카페 '피터 캣'을 오픈한다. 낮에는 커피점, 밤에는 재즈 바였다. 재즈 바를 경영하면서 레코드를 수집하고 재즈 음악에 심취한다.

『노르웨이의 숲』의 첫 문단에는 도시가 배경으로 나온다. 비행기가 멈춰 서면서 "어느 오케스트라가 달콤하게 연주하는 비틀스의 「노르웨이의 숲(Norwegian Wood)」"이 비행기 천장 스피커에서 조용하게 흐른다. 이국적 사물을 통해 시각과 청각을 동원하게 만드는 첫 장면부터 판타지의 도시로 들어간다는 입체적 환상에 빠져든다.

비틀스의 「노르웨이의 숲」은 하루키가 고등학교 2학년 때였던 1965년 12월에 발표되어, 그다음 해에 인기 차트 정상에

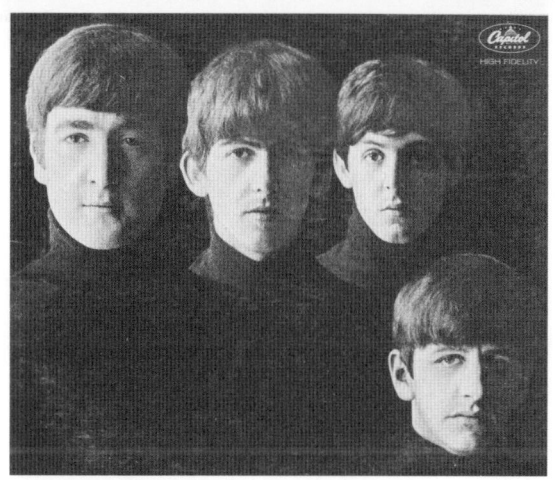

비틀스, 「노르웨이의 숲」.

6주 동안이나 머문다. 1960년대 중반 인도를 여행하며 힌두 사상에 심취한 비틀스의 기타리스트 조지 해리슨이 인도의 전통 악기 시타르로 연주해서 유명하다. 소설 내용과 노래 가사, 인도 사상을 담은 악기 연주 등이 일맥상통하는 것 같다.

제목인 'Norwegian Wood'가 '노르웨이의 숲'이 아니라 '노르웨이산(産) 목재 가구'라는 등 논쟁이 있지만, 가사의 핵심은 하룻밤 꿈처럼 사라져버린 사랑의 상실에 있다.

> And when I awoke I was alone.
> 그리고 내가 깨어보니 나는 혼자였어.
> This bird had flown.

이 새는 날아갔어.

So I lit a fire.

그래서 불을 피웠어.

  가사 내용은 한 여인을 만나 밤새 사랑했지만 다음 날 깨어 보니 그녀는 어디론가 가버리고 자신만 홀로 남았다는 이야기다. 노르웨이 숲이든 노르웨이산 목재 가구든 상관없이, 핵심 주제는 하룻밤의 사랑이 떠나간 상실이다.

  소설에서는 이시다 레이코(石田玲子)가 기타로 「노르웨이의 숲」을 노래한다. 나오코는 생일날 레코드로 비틀스의 「Sgt. Pepper's lonely Hearts Club Band」를 듣는다. 1960~1970년대를 배경으로 하는 『노르웨이의 숲』을 쓰면서 하루키는 그 시대를 담아낸 이 곡을 120번 정도 들었다고 한다.

  「노르웨이의 숲」은 하룻밤의 허무한 사랑을 노래한 가벼운 노래일까. 인생이란 이 노래의 기타 소리처럼 단순하고 가벼우면서도 얼마나 허무한 것인가. 이 노래는 소설 내용과 잘 어울린다. 한국에서 『상실의 시대』라는 제목으로 출간되기도 했는데, 이런 의미에서는 어울리는 제목이었다.

나오코의 '우물'

11장으로 이루어진 이 소설에는 수많은 상징이 등장한다. 가장 먼저 1장에서부터 나오는 상징은 '우물'이다. 어느 날 나오코는 갑자기 와타나베에게 우물 이야기를 한다.

> 그래, 그녀는 내게 들판의 우물에 대해 이야기했다. 그런 우물이 실제로 존재하는지 않는지 나는 모른다. 어쩌면 그것은 그녀 안에만 존재하는 이미지나 기호였을지도 모른다. (『노르웨이의 숲』, 1장 14면)

그 우물은 초원이 끝나고 숲이 시작되는 경계선 바로 언저리에 있다지만, "그녀 안에만 존재하는 이미지나 기호"일 수도 있다고 한다. 그녀 안에 있는 무의식일 수도 있다는 말이다. 와타나베는 우물이 무엇인지 조금씩 이해하기 시작한다. "우물의 모습이 내 머릿속에서 떨어져 나갈 수 없는 한 부분으로 풍경 속에 굳게 자리 잡"았다고 한다. 상상 속의 우물은 안을 들여다보면 아무것도 보이지 않을 정도로, 그 구멍이 무서울 정도로 깊다.

와타나베가 "상상도 할 수 없을 만큼" 깊다고 짐작한 것처럼 깊고 암흑에 가득 찬 '우물'이란 나오코의 안에 존재한 이미지나 기호이며, 무의식이며 트라우마다.

고등학교 때 나오코가 사랑했던 기즈키가 3학년 5월에 자살한 이후로, 우물은 나오코의 깊은 내면에 암흑이 가득 찬 트라우마로 남았다. 나오코가 자살하자 '우물'이라는 기호가 와타나베에게 평생 굳게 자리 잡은 것이다.

나오코는 와타나베에게 우물에 빠지지 않도록 조심해야 한다고 말한다. 어디쯤에 있는지 잘 몰라서, 우물에 빠져 죽는 사람도 있다고 한다. 들판의 우물 속에 한번 빠지면, 도와주는 사람이 없다면 죽는다고 한다.

이 소설에 나오는 우물은 허무, 상실, 트라우마, 죽음 등 인간의 삶을 어둡게 하는 온갖 비극적인 요소를 상징한다. 우물에 한번 빠지면 탈출하기 어렵다. 탈출하기 전에 처음부터 빠지지 말아야 한다. 나오코는 빠지지 않는 방법을 말한다.

"하지만 괜찮아, 넌. 너는 아무런 걱정도 할 필요 없어. 어둠 속에서 아무리 헤매고 다녀도 절대 우물에 빠지지 않아. 그리고 이렇게 너랑 같이 있는 한 나도 우물에 빠지지 않아."

(중략)

"지금처럼 너랑 이렇게 손을 꼭 잡으면 하나도 안 무서워. 어

떤 어둡고 나쁜 것도 나를 끌어들이려 하지 않아."(『노르웨이의 숲』, 1장 16면)

나오코는 자신이 트라우마인 우물에 빠지지 않게 지켜달라고 와타나베에게 부탁한다. 와타나베가 나오코의 상실을 작은 부분이라도 채워주기 때문이다. 와타나베는 나오코가 기즈키가 남긴 우물에서 탈출할 수 있도록, 그 상실을 채워주려고 나오코와 육체적인 결합을 하기도 한다. 안타깝게도 나오코와 와타나베는 내면 깊이 자리 잡은 어두운 우물에서 탈출할 수 없었다. 와타나베는 계속 탈출하려고 노력했으나, 끝내 우물에서 탈출하지 못한 나오코는 자살하고 만다.

나오코는 "나를 잊지 마."라고, "언제까지고 나를 잊지 마. 내가 여기 있었다는 것을 기억해줘."라고 호소한다. 18년이 지났지만 와타나베는 이 말을 생각하면 견딜 수 없이 슬프다. 와타나베는 1장 끝에서 "나오코는 나를 사랑하지조차 않았"다고 토로한다.

열일곱 살에 친구 기즈키의 자살로 인해 상처 받은 나오코와 와타나베, 나오코는 결국 어둡고 바닥을 알 수 없는 죽음의 우물에 빠지고 만다. 와타나베 역시 허무와 상실의 우물에 빠져 소설 마지막 부분에서는 위험한 지경에 빠진다. 그 시간은 성숙한 자아를 위해 갈등하는 참혹한 성장통의 시간이다.

인생이라는 세상 어딘가 위험한 초원에, 그 초원이 감추고 있는 아가리를 벌린 우물이 있다. 헤매는 자를 삼켜버릴 괴물 같은 우물이 어느 때이든 우리 인생을 삼키려고 기다리고 있다. 우물이 들판과 초원의 경계에 있다는 상징은 중요하다. 우물은 삶의 세계와 죽음의 세계를 잇는 경계에 있다. 나오코가 와타나베에게 우물 이야기를 한 것은 그녀가 이미 상실의 미로, 죽음의 문턱에 와 있기 때문일 것이다.

또한 이 소설의 주제 중 하나는 '죽음은 삶의 대극이 아니라 그 일부로 존재한다.'는 경구인데, 죽음을 상징하는 우물이야말로 우리 인생의 초원에 함께 존재하는 것이다. 우물은 죽음의 공간이고, 초원은 삶의 공간이다. 초원 속에 우물이 있다는 것은 상실과 허무 혹은 죽음이 삶의 일부이며, 인간은 트라우마와 더불어 살아가야 한다는 것을 상징한다.

다행히 우물에서 빠져나온 미도리가 주인공 와타나베를 찾으며 소설은 끝난다. 미도리가 와타나베를 죽음이라는 깊은 우물에 빠지지 않도록 "너, 지금 어디야?"라며 살려낸다. 미도리라는 존재가 없다면, 이 소설은 와타나베의 회상이 아닌 비극적인 유서로 끝났을 것이다. 미도리가 구원자로 등장하면서 와타나베의 방황 혹은 고통의 순례길은 끝난다.

'우물'은 일본어로 井戸(いど)이며 '이도(ido)'라고 읽는다. 우리말로 이드(id, 무의식)를 일본인은 우물과 같은 발음인 'イド'라고 쓰고 '이도'로 읽는다. 일본인은 '이도(いど, 우물)'라는 단어를 읽을 때 정신 분석학자 지그문트 프로이트가 제시한 '이도(id, 무의식)'를 연상할 수도 있다는 말이다.

프로이트는 인간의 심리를 무의식(id), 자아(ego), 초자아(super-ego)로 나누었는데, 하루키는 무의식과 같은 발음으로 연상되기 쉬운 '우물'을 사용하여, 트라우마·상처·상실 등에 주목하는 것이다. 깊고 어두운 우물을 1장에서 첫 번째 상징으로 내놓은 것은 대단히 중요하다.

『노르웨이의 숲』에서 나온 상실 혹은 트라우마 혹은 죽음을 가리키는 '우물'은 다른 소설에서도 나온다.

"사람의 마음이라는 것은, 깊은 우물과도 같은 것이 아닐까 하고 생각해. 무엇이 바닥에 있는지는 아무도 몰라. 가끔 우물에서 떠오르는 모습으로 상상할 수밖에 없는 거지."

두 사람은 잠시 동안 우물에 대해 생각했다. (무라카미 하루키, 「비행기-혹은 그는 어떻게 시를 읽듯 혼잣말을 했는가」, 『TV 피플』, 북스토리, 2003, 96면)

위 소설에서 트라우마가 있는 여인은 '우물'을 사람의 마음에 비유한다. 깊은 우물 밑바닥에 무엇이 있는지 모른다는 말은 사람의 무의식에 무엇이 있는지 모른다는 뜻이다.

우물과 같은 '구멍'은 하루키 작품에서 무의식 혹은 다른 세계로 넘어가는 통로로 등장한다. 『태엽 감는 새 연대기』의 우물, 『기사단장 죽이기』의 석실 등도 그런 통로다. 주인공들은 구멍을 지나 '저쪽' 세계로 발을 들여놓는다. 이때 다른 세계는 마음 깊은 곳에 자리 잡은 무의식을 의미한다.

하루키가 등장인물의 무의식을 대화체로 구성했던 도스토옙스키의 방식을 자신의 소설론으로 굳혔다는 것에 대해선 『1973년의 핀볼』을 다룰 때 언급했으므로 여기선 생략한다.

위대한 개츠비, 나가사와의 욕망

『노르웨이의 숲』에는 수많은 작가들이 등장한다. 특히 『위대한 개츠비』가 중요한 작품으로 나오는데, 이 작품을 좋아하는 인물은 나가사와(永澤)라는 같은 기숙사에 있는 선배다.

나가사와의 아버지는 큰 병원을 운영하고, 형은 도쿄 대학교 의학부를 나와 아버지 뒤를 이을 재원이다. 별 어려움 없이 도쿄대 법대에 입학하여 우수한 성적으로 공무원 시험에 합격한 나가사와는 외무성에 들어가 외교관의 길을 걸으려는 참이다. 나가사와는 늘 중얼거린다. "『위대한 개츠비』를 세 번이나 읽을 정도면 나하고 친구가 될 수 있을 것 같은데."

이 문장 하나로 그가 대단히 자기중심적이며 주관이 뚜렷하다는 사실을 알 수 있다. 바로 이 말 때문에 '나' 와타나베는 나가사와와 친해진다.

"현대 문학을 신용하지 않는다는 말은 아냐. 나는 시간의 세례를 받지 않은 것을 읽는 데 귀중한 시간을 소모하고 싶지 않아. 인생은 짧으니까."

이렇게 나가사와의 기준은 확고하다. 남들과 똑같은 것을 읽으면 남들과 같은 생각밖에 할 수 없다는 그의 자세는 자기 성찰을 한다는 것을 보여준다. 나가사와는 현대인이 갖고 있는 '이기적인 욕망'을 가장 잘 보여주는 유형이다.

사람들 위에 서서 상황을 능숙하게 판단할 줄 아는 나가사와는 사람들을 끌어당기는 뭔가를 갖고 있다. 그는 가장 큰 미덕인 정직이라는 고귀한 정신과 구제할 길 없는 속물근성을 동시에 지녔다. 나가사와가 여자 백 명을 해치웠다를 "따먹었다"라고 표현한다는 사실이 기숙사 안에 전설처럼 퍼졌다. 와타나베 또한 나가사와의 방탕한 생활에 물들어버린다. 와타나베는 수많은 여자들과 잠자리를 한 뒤, 아침에는 엄청난 허무와 상실에 시달린다. 여기까지 읽으면 나가사와가 왜 『위대한 개츠비』를 좋아하는지 이해할 수 있다.

무엇이 위대한가

프랜시스 스콧 피츠제럴드(Francis Scott Key Fitzgerald, 1896~1940)가 쓴 『위대한 개츠비』는 1장부터 9장까지 이루어진 장편 소설로, 닉 캐러웨이가 소설 전체를 주관하는 서술자로 등장한다.

미국 중서부에서 자라 예일 대학교를 졸업한 서술자 닉은 제1차 세계 대전에 참가한 후, 주식 등을 배우려고 뉴욕으로 온 인물이다. 뉴욕 롱아일랜드에 집을 구한 닉은 우연히 이웃 제이 개츠비를 만난다. 롱아일랜드 대저택에서 매일 밤 호화 파티를 여는 개츠비는 수수께끼의 사내다. 호화스러운 파티에 오는 그 많은 사람들은 사실 개츠비의 과거를 잘 모른다.

이 소설은 1920년대 뉴욕 변경에서 미국 자본주의를 탐닉하는 인물들의 이야기다. 당시 미국은 제1차 세계 대전의 승리와 함께 주가는 끝없이 치솟았고, 사람들은 화려한 삶에

영화 〈위대한 개츠비〉 포스터.

'과시적 소비'를 누렸다.

개츠비가 사랑하는 여인은 데이지다. 그녀의 남편은 최고의 미식축구 선수였던 톰 뷰캐넌으로, 유명한 인물이지만 외도를 일삼는 바람둥이다. 서술자 닉은 데이지와 먼 친척 관계다. 개츠비가 닉에게 접근한 까닭이 바로 여기에 있다. 닉을 통해서 개츠비는 데이지를 만나고 싶었던 것이다. 이 작품에는 여러 욕망이 부딪치며 갈등한다. 개츠비는 오로지 데이지를 욕망한다.

"돈으로 충만한 목소리야." 개츠비가 불쑥 말했다.

바로 그거였다. 예전에는 몰랐지만 정말 그녀의 목소리는 돈

으로 충만했다. (F. 스콧 피츠제럴드, 『위대한 개츠비』, 문학동네, 2009, 151면)

데이지는 오로지 돈을 욕망한다. 톰은 오로지 성욕을 욕망한다. 지금도 그렇지만 당시 미국 특히 뉴욕 부촌은 오로지 돈이 지배하는 사회였다.

개츠비는 왜 '위대한' 인물일까. 과연 무엇이 위대하여 『위대한 개츠비』라고 했을까. 개츠비는 1장 끝에 이름만 잠깐 나오고, 3장부터 등장한다. 영화에서는 닉이 "GREAT"라고 쓰면서 끝난다. 피츠제럴드가 딸이 태어나자 맨해튼을 떠나 뉴욕 근교인 롱아일랜드의 '그레이트 네크(Great Neck)'로 이사를 갔기에 '그레이트'라는 이름을 붙였을 수도 있다고, 『위대한 개츠비』의 번역자인 김영하는 해설에서 언급했다. 설사 그게 사실이더라도 '위대한'을 붙인 이유가 또 있을 것이다.

첫째, 개츠비는 자본주의 사회에서 '흙수저'를 극복한 '금수저'였다. 부자들의 허상을 그린 이 소설에는 하인들이 간간이 등장할 뿐 당시 하층민들의 삶은 거의 나오지 않는다. 따지고 보면 주인공 개츠비야말로 자본주의의 밑바닥에서 기어 올라간 흙수저 출신의 금수저였다. 하류층이었던 개츠비는 부를 세습한 부자들에게 맞서 자신의 부를 일군 인간이다. 가난한 농부의 아들로 태어난 개츠비의 내면에 숨어 있던 강한 자존감을 깨우친 잉걸불은 데이지였다. 장교로 복무하던 제1차 세계 대전 중 개츠비는 상류층 자제였던 데이지를 만나면서 어떡하든 금수저로 올라서야 한다는 강한 열망에 가득 찬다.

둘째, 개츠비는 희망과 사랑을 버리지 않는 낭만적 끈기를 지녔다. 개츠비는 한때 데이지의 연인이었다. 가난하다는 이유로 데이지의 부모로부터 청혼을 거절당한 후 개츠비는 프랑스 전선으로 배속된다. 1년 뒤 데이지는 톰과 결혼했다. 그 4년 후에 개츠비는 데이지를 찾아 뉴욕에 나타난다. 개츠비는 먼저 데이지가 사는 집 근처에 큰 저택을 산다. 매주 주말 연회를 개최하여 데이지가 나타나기를 기다린다. 데이지를 아는 사람을 수소문하여 마침내 데이지의 먼 친척인 닉을 찾아낸다. 닉은 개츠비가 원한 대로 데이지를 초대한다. 개츠비와 데이지는 5년 만에 재회하고 사랑에 빠진다. 개츠비는 유부녀와 사랑하면서도 당당했다.

"우리 둘이 도망갔으면 좋겠어." 데이지는 사랑의 도피를 하자고 유혹하지만, 개츠비는 단번에 거부한다. 개츠비는 데이지에게 톰과 헤어지고 부모가 있는 루이빌에서 결혼식을 올리자고 한다. 개츠비의 사랑은 현실적이었고 당당했다.

자동차 수리점 주인 조지 윌슨의 아내 머틀은 톰과 간통하는 사이였다. 어느 날 뭔가 눈치챈 윌슨과 말다툼을 벌이던 머틀은 집 밖으로 도망쳐 나온다. 마침 데이지와 함께 돌아가던 개츠비의 차를 톰의 차인 줄 알고 머틀이 달려든다. 톰과의 갈등 속에 흥분한 데이지는 미친 듯 차를 몰다가 '윌슨 정비소' 주변에서 달려들던 머틀을 치여 죽인다.

놀랍게도 개츠비는 데이지가 아니라 자기가 운전하다 머틀을 죽인 것처럼 숨긴다. 사랑하는 여성을 끝까지 지켜내려는 것이다.

셋째, 개츠비는 가족적 휴머니즘을 외면하지 않는 따뜻한 인간이다. 온갖 노력으로 부를 모은 개츠비는 가난한 아버지를 위해 집을 사준다. 그때도 그렇고 현재도 그렇지만 자식이 부모를 위해 집을 사준다는 게 쉬운 일인가. 닉은 이 사실을 개츠비의 장례식 때 찾아온 개츠비의 아버지에게서 듣는다.

넷째, 개츠비는 운동과 독서를 게을리하지 않는 정신적 노력파다.

개츠비의 아버지인 헨리 개츠가 장례식 전에 와서 아들 개츠비가 어릴 적에 쓴 계획표를 보여주는 장면이 소설에 나온다. 아버지가 보여준 것은 1906년 9월 12일 날짜에 기록된 메모다.

기상	오전 6:00
아령 들기와 암벽 타기	오전 6:15~6:30
전기학 등 공부	오전 7:15~8:15
일	오전 8:50~오후 4:30
야구와 운동	오후 4:30~5:00
웅변 연습, 자세와 발성 방법 훈련	오후 5:00~6:00
발명에 필요한 공부	오후 7:00~9:00

결심

새프터스나 ooo(해독 불가능)에서 시간 낭비하지 말 것

금연

이틀에 한 번 목욕하기

매주 교양서적 혹은 잡지 읽기

매주 5달러(줄을 그어 지웠음) 3달러 저축

부모님께 잘해드리기

 매주 5달러로 썼다가 지우고 "3달러 저축"이라고 고쳐 쓴 메모에서는 청교도적 근면성이 보인다. 일하고 운동하고 독서하고 저축하는 바쁜 일상 속에서도 부모님께 효도를 잊지

않은 개츠비의 성실성을, 닉은 개츠비의 사망 후에야 확인한다. 오로지 호화로운 파티만 탐닉하고 개츠비가 죽자마자 외면하는 인간들에 비하면 개츠비는 위대한 인물이 아닐까.

'위대한'을 직설적인 표현으로 이해하면, 몇 가지로 '위대한 개츠비'의 모습을 추정할 수 있다. 개츠비는 돈만 사랑한 인간이 아니었다. 아버지를 사랑하고, 자신의 미래에 투자하고, 떠난 연인 데이지를 사랑했던 개츠비는 온 세계를 치열하게 사랑한 인물이었다.

출판사 편집자의 제안으로 제목을 "The great Gatsby"로 정했다고 하는데, 원래 'great'는 '대단하다'는 뜻이었다고 한다. 그것이 우리말로는 '위대한'으로 번역되었다. 흙수저가 금수저로 살기 위해 애썼던 개츠비는 대단한 자본주의적 인간이다. 개츠비 같은 인간 유형을 일컫는 '개츠비스크(Gatsbyesque)'란 말도 있다. 뭔가 요란하면서 과장된 스타일을 가리키거나 환상적인 힘으로 인생을 긍정하는 현상을 가리킨다.

다만 금수저라는 목적에 이르기까지 개츠비의 인생 역정이 정당하다 할 수 있을까. 개츠비는 불법 사업을 하는 마이어 울프심의 하수인으로 일하면서 밀주 등으로 부를 일구었다. 부를 얻기 위해 개츠비는 얼마나 많은 거짓 과정을 거쳤을까. 부를 얻자 환락의 파티에 낭비한다. 이때 '위대한'이라는 형용사는 반어법(反語法, Irony)으로 보인다.

머틀의 남편 윌슨은 톰에게, 머틀을 죽인 노란 차의 주인이 개츠비라는 말을 듣는다. 개츠비의 저택에 숨어든 윌슨은 개츠비에게 총을 쏘고 자살한다. 목적은 정당해도 과정이 정당하지 못한 인간을 향한 작가의 안타까운 경고가 아닐까. '위대한'이라는 단어는 소설 마지막 9장에 한 번 나온다.

> 이 섬에서 자취를 감춘 나무들, 개츠비의 저택에 자리를 내주었던 나무들은 한때 인류의 마지막, 가장 위대한 꿈을 향해 나직하게 속삭이며 유혹의 눈길을 던진 것이다. 그 덧없는 축복의 순간, 이 대륙이 눈앞에 나타나는 순간에 인간은 분명 숨을 죽였을 것이다. (『위대한 개츠비』, 224면)

제1차 세계 대전에 참전해 연합국을 승리로 이끌면서 물질적으로 세계 무대의 중심에 선 미국은 스스로 '위대한 조국'으로 칭했다. 작가는 "가장 위대한 꿈을 향해" 나아가는 미국이란 공동체가 위대한가 역설적으로 묻는다. 개츠비가 사망한 후 데이지는 전화 한 통 걸지 않는다. 데이지는 물론이고 파티 때 흥청거렸던 뉴욕 주변의 인물들은 개츠비의 장례식에도 나타나지 않는다. 작가는 "그 덧없는 축복의 순간"에 취한 미국 공동체가 과연 위대한가 묻는다. 그 환상의 불덩이에 부나비처럼 뛰어든 개츠비야말로 얼마나 비극인가. 이때 '위대한' 이란 표현은 개츠비의 어리석음을 비꼬는 형용사다. 준비 안 된 성공은 망할 수밖에 없다는 경고가 아닌가. 미국 사회를 힐난하는 역설적인 표현이 '위대한' 이 아닐까.

하루키와 개츠비

『위대한 개츠비』를 더욱 빛나는 고전으로 알린 이는 무라카미 하루키다. 『노르웨이의 숲』의 주인공 와타나베는 『위대한 개츠비』를 최고의 소설이라 하면서 아무 페이지나 펼쳐서 읽어도 늘 감동이라고 했다.

하루키는 『위대한 개츠비』를 일본어로 번역해 알렸다. 하루키의 영향 때문인지 일본에서는 '개츠비' 라는 남성 화장품 브랜드도 있다. 그만치 개츠비라는 이름은 일본 사회에서 상식적인 이름이다.

『노르웨이의 숲』을 읽다 보면 하루키가 좋아했을 부분이 눈에 든다. 1장의 마지막 부분을 보자.

내가 다시 한 번 개츠비를 찾아보았을 때 그는 이미 사라져버렸고, 나는 불안정한 어둠 속에 또다시 혼자였다(When I looked once more for Gatsby he had vanished, and I was alone again in the unquiet darkness).

건너편 집에 개츠비가 보였는데 이내 보이지 않는다는 서술이다. 마치 『위대한 개츠비』 전체를 요약한 듯하다. "옆집 그림 속에서 나타나 두 손을 호주머니에 찌른 채, 은빛 후춧가루가 뿌려진 별빛을 응시하고 있던" 개츠비가 이내 사라지고, "불안정한 어둠 속에 또다시 혼자"로 남는 닉의 모습은 개츠비가 죽고 속물들 속에 홀로 남는 닉의 초상을 예견한다.

개츠비의 삶도 하루키가 추앙하는 삶이다. 목적이야 어떻든 그 하루에 충실하며 마지막까지 최선을 다하는 인간 유형이다. 『위대한 개츠비』의 마지막은 명문으로 끝난다.

개츠비는 오직 저 초록색 불빛만을 믿었다. 해가 갈수록 멀어지기만 하는 가슴 설레는 미래를. 그것은 이제 우리 앞에서 자취를 감추었다. 그러나 무슨 문제인가. 내일 우리는 더 빨리 달리고 더 멀리 팔을 뻗을 것이다… 그러면 마침내 어느 찬란한 아침…

그러므로 우리는 물결을 거스르는 배처럼, 쉴새없이 과거 속으로 밀려나면서도 끝내 앞으로 나아가는 것이다. (『위대한 개츠비』, 224~225면)

초록색 불빛은 그가 사랑하는 연인 데이지의 집이 있는 강 건너편 지역인 '이스트 에그(East Egg)'에서 빛난다. 이 소설 처음부터 반복해 나오는 '초록색 불빛(Green Light)'은 개츠비의 꿈이며, 미국의 이상이며, 인간 누구나 갖는 희망의 상징이다. 강을 사이에 두고 개츠비는 건너편 데이지의 저택에서 나오는 불빛에 닿고자 하며, 그의 꿈과 희망이 실현되기를 갈망한다.

인간은 매일매일 끊임없이 노를 젓는 어부의 삶을 살아간다. 닿을 수 없는 초록색 불빛을 향해 인간은 노를 젓는다.

"우리는 물결을 거스르는 배처럼, 쉴새없이 과거 속으로 밀려나면서도 끝내 앞으로 나아가는 것이다."라는, 개츠비의 묘비에도 써 있는 이 문장은 연어 같은 인간 군상의 실존주의적 안간힘을 보여준다. 헤밍웨이의 『노인과 바다』를 연상하게 하는 문장이다.

하루키도 2006년 『요미우리 신문』과의 인터뷰에서 이 부분을 인용하며, "소설 속 개츠비가 강 건너 반대편의 초록색

영화 〈위대한 개츠비〉 중에서 개츠비의 초록색 불빛.

불빛을 바라보는 것처럼, 제 이야기도 이 우주 속에서 하나의 빛을 내기 위해 계속 나아갈 것입니다."라고 했다.

주목해야 할 상징이 있다. 윌슨의 자동차 정비소가 위치하고 있는 '잿더미 계곡(Ash Valley)', 곧 쓰레기 매립지에 서 있는 광고판이다. "T. J. 에클버그 안과의사의 두 눈(The Eyes of Doctor T. J. Eckleburg)"이다. "비록 오랜 세월 페인트칠도 하지 않고 햇빛과 바람에 바래긴 했지만, 이 장엄한 황무지를 골똘히 응시하는" 눈이다. 광고판 눈동자의 지름은 무려 1미터에 달한다. 이 눈은 미국인의 환상과 비극을 모두 목도한다. 윌슨은 음울한 시선으로 바깥의 잿더미 계곡에 있는 광고판을 응시한다.

"나는 속일 수 있을지 몰라도 하느님은 못 속인다고. 마누라를 창가로 데리고 갔어. (중략) 주님은 네가 저지른 일, 저지른 모든 일을 알고 계셔. 네가 나를 속일 수 있을지는 몰라도 그분을 속일 수는 없어!"

(중략)

"주님이 모든 걸 보고 계셔." 윌슨이 되풀이했다.

"저건 광고판이에요." 마이케일러스가 힘주어 말했다. (『위대한 개츠비』, 198~199면)

윌슨은 자신의 운명이 비극으로 끝날 것을 의식했는지도 모른다. 저 눈은 파놉티콘(Panopticon)의 눈이다. 조지 오웰의 『1984』에서 한 명 한 명을 감시하는 빅 브라더의 눈이기도 하다. 하루키의 『1Q84』에서 사람의 내면을 응시하는 두 개의 달이기도 하다. 저 시선을 윌슨은 신의 눈처럼 의식했다.

저 광고판은 잿더미 계곡에서 빛바랜 미국의 꿈을 목도하는 상징이다. 동시에 인간 내면에 존재하는 초자아 혹은 숨은 신의 재현이다. 쾌락만 추구하는 미국이라는 소돔을 경고하는 메시지가 아닐까.

『위대한 개츠비』는 100년 전 이야기가 아니다. 『노르웨이의 숲』처럼 욕망을 따라 사는 나가사와야말로, 전 지구에서

영화 〈위대한 개츠비〉에 나오는 T. J. 에클버그 안과의사의 두 눈(The Eyes of Doctor T. J. Eckleburg).

최고의 자본주의를 구가하던 당시 일본이야말로 위대한 개츠비의 공간과 유사하다. 아직도 금수저/흙수저로 나뉘는 '수저 계급론'이 인생을 결정하는 현대 사회에서도 우리는 위대한 개츠비를 경험한다.

사랑을 찾는 반딧불이

20년 전에 28세의 '나' 와타나베는 어느 사립 대학의 기숙사에서 살았다. 그 방은 2인실이었고, 룸메이트는 매일 아침 라디오 체조를 하고 말을 더듬는 국립 대학생 '돌격대(突擊隊)'였다. 어느 날 '나'는 1년 만에 나오코를 만난다.

나오코는 고등학교 2학년 때 '나'의 유일한 친구 기즈키의 애인이었다. 셋이서 즐겁게 지내곤 했는데, 5월 어느 날 오후 기즈키가 '나'에게 당구를 치자고 했다. 당구를 치면서 농담도 하지 않던 기즈키는 그날 저녁 자기 집 차고에 세워둔 차 안에서 자살한다.

이후 만나지 못했던 나오코를 만난 와타나베는 그녀와 함께 콘서트에 가는 등 점점 연인처럼 지낸다. 1969년 4월 나오코의 스무 살 생일에 와타나베는 케이크를 사들고 나오코를 찾아간다. 그녀의 아파트에서 축하 파티를 하고 둘은 관계를 가진다.

당연히 그녀가 기즈키와도 잤을 것이라고 '나'는 생각했는데 놀랍게도 그녀는 처녀였다. 그날 와타나베는 나오코가 부자연스럽게 말하는 것을 느낀다. 그 부자연스러움 속에는 죽은 기즈키가 있었다. 나오코는 아직 기즈키가 자살했다는 충격에서 벗어나지 못했던 것이다.

'나'는 왜 기즈키와 자지 않았느냐는 묻지 말아야 할 말을 하여, 결국 나오코를 울게 만든다. 와타나베는 나오코를 진정시키고 둘은 함께 밤을 보낸다.

일주일이 지나도 와타나베는 나오코에게 연락하지 못하고, 이후 나오코가 이사 갔다는 소식을 듣는다. 와타나베는 "아마도 우리가 생각하는 것 이상으로 우리는 서로를 필요로 하는 것 같아."라고 나오코의 고향집에 편지를 보내지만, 답장은 오지 않았다. 와타나베는 나오코가 떠난 뒤, 몸속에서 뭔가 쑤욱 빠져나가고 그 빈자리가 메워지지 않는 텅 빈 상실의 상태로 지낸다.

와타나베는 두 명의 여자들과 자면서도 늘 나오코를 생각하고 후회한다. 7월 초에 나오코에게서 편지가 온다. "교토 산속에 잘 맞는 요양소가 있어" 거기로 간다는 내용이었다. 와타나베는 편지를 몇 백 번이나 읽고, 참을 수 없는 슬픔을 느낀다.

나오코가 떠난 그달 말에 돌격대가 반딧불이 한 마리를 주어 왔다. 와타나베는 반딧불이가 든 인스턴트커피 병을 들고 옥상으로 올라간다. 반딧불이는 집을 떠난 나오코를 상징한다.

> 병 바닥에서 반딧불이가 희미하게 빛났다. 그러나 그 빛은 너무도 약하고 그 색깔은 너무도 엷었다. 반딧불이를 본 것도 아주 오래전이지만 기억 속에서 반딧불이는 아주 밝고 선명한 빛을 여름의 어둠 속에 뿜어냈다. 그래서 나는 반딧불이란 늘 선명하게 타오르는 듯한 빛을 내는 것이라 여겼다. (『노르웨이의 숲』, 3장 84~85면)

현재 병 바닥에서 희미한 빛을 내는 반딧불이는 "지쳐 죽어가는" 반딧불이며, 나오코의 상태를 은유한다. 반딧불이가 빛을 내는 이유는 짝짓기를 하기 위해서라고 한다. 반딧불이는 종마다 빛을 내는 방식도 다르고 밝기도 다르다고 한다. 반딧불이의 빛은 바로 사랑을 찾는 신호인 것이다. 결국 와타나베나 나오코는 사랑을 찾지 못해 희미한 빛을 내는 반딧불이다. 평생 한 번 빛을 내는 반딧불이의 생명은 불과 10여 일이라고 한다. 내가 여기 있다고, 사랑하고 싶다고 반딧불이는 빛을 발한다. 결국 빛을 내고 사랑을 찾은 반딧불이는 산란(産卵)을 하고 생을 마감한다.

반딧불이가 사라져 버린 다음에도 그 빛의 궤적은 내 속에 오래오래 머물렀다. 눈을 감으면, 그 작고 희미한 불빛은 짙은 어둠 속을 갈 곳 잃은 영혼처럼 언제까지고 떠올랐다.
나는 어둠 속으로 몇 번이나 손을 뻗어 보았다. 손가락에는 아무것도 닿지 않았다. 그 작은 빛은 언제나 내 손가락 조금 앞에 있었다. (『노르웨이의 숲』, 3장 86면)

와타나베는 반딧불이에 손을 대고 싶었지만 닿지 않는다. 이것은 사랑을 찾지만 닿지 않는 와타나베의 심정을 재현한다. 10여 일 안에 사랑을 찾아야 하는 반딧불이의 삶은 애절하기만 하다. 그 짧은 삶은 인간의 유한성과 비교할 수 있다. 와타나베의 절절한 감정을 애절한 반딧불이의 삶에 비유한 마지막 명문으로 3장은 끝난다.

닫혀 있는 시대, 1968년 전공투

4장은 "여름 방학 중 대학 당국은 경찰에 출동을 요청했고, 기동대는 바리케이드를 부수고 농성 중인 학생들을 모두 체포했다."라는 문장으로 시작한다.

4장의 배경은 하루키가 대학에 다니던 시절과 겹친다. 1968년 도쿄에서 전학공투회의(全學共鬪會議, 젠가쿠쿄토카이기) 사건이 일어난다. 전학공투회의는 1968년에서 1969년에 걸쳐 일본의 각 대학에서 학생 운동이 바리케이드 스트라이크 등 무력 투쟁으로 행해지던 시절, 공산주의자동맹과 전학련(전일본학생자치회총연합)이 학부와 정파를 초월한 운동으로서 조직한 대학 내 연합체들이다. 일본 공산당을 보수 정당으로 규정하고 도쿄 대학교를 중심으로 시작된 새로운 학생 운동이다. 줄여서 '전공투(全共鬪, 젠쿄토)' 라고 한다.

1968년 7월 학생들이 점거한 채 장기 농성을 벌이던 도쿄

전공투. '전공투'는 1960년대 초반 미일안전보장조약 문제로부터 시작된다.

대학교 야스다 강당이 경찰에 의해 포위되면서, 전공투는 급격히 약화된다. 베트남 전쟁 지원에 반대하고, 나리타 국제공항 건설 반대 등 온갖 방면에서 민주 사회를 만들려 했던 시도들도 실패한다.

> 동맹 휴교가 해제되고 기동대가 점령한 가운데 강의가 시작되자 맨 먼저 출석한 인간들도 동맹 휴교를 주도한 녀석들이었다. 그들은 아무 일도 없었다는 듯 교실에 나와 필기를 하고 이름을 부르면 대답을 했다. (중략) 나는 녀석들에게 다가가서 왜 동맹 휴교를 계속하지 않고 강의를 듣느냐고 물어보았다. (『노

르웨이의 숲』, 4장 88면)

동맹 휴교를 주도했던 좌파 운동권에 대한 분노가 드러나는 문장이다. 하루키 문학에는 바로 이런 실패의 '상실'이 중요한 주제로 등장한다. 전공투가 몰락하자마자 일본의 대기업에 서둘러서 순순히 취직을 해버리는 운동권 학생들을 본 하루키는 어떤 이데올로기나 '주의(ism)'도 따르지 않기로 결심한다.

미도리, 수선화와 니체

4장에서 주목되는 인물은 '미도리'다. 기즈키가 자살하고, 돌격대는 사라지고, 연락이 두절된 나오코. 주인공 와타나베가 아는 관계는 모두 사라지고 만다. 게다가 시대는 어떤 전망이나 희망도 보이지 않는다. 바로 그때 미도리라는 여학생이 등장한다.

미도리는 녹색(綠, みどり)이라는 뜻이다. "나, 이름이 미도리야. 그렇지만 녹색하고는 하나도 안 어울려. 이상하지?"라고 하지만, 미도리는 녹색과 어울리는 인물이다. 미도리는 다른 등장인물처럼 어두운 결핍을 경험하지만 마지막까지 희

수선화의 꽃말은 자기 사랑, 자존심, 고결, 신비 등이다.

망을 잃지 않는 캐릭터다. 미도리는 다른 한쪽의 반쪽이 되기를 바라는 듯하지만, 실은 자기를 잃지 않으려고 애쓰는 유형이다. 그래서 학교를 싫어하면서도 "난 무지각, 무결석으로 개근상까지 받았어. 그렇게나 학교가 싫었는데도, 왜 그랬는지 알아?"라고 하는데, 그 까닭은 미도리가 홀로 이 세상을 극복하려는 강한 의지력을 가진 인물이기 때문이다.

여기서 하루키의 디테일을 볼 수 있는 상징이 나온다. 그것은 수선화다.

> "나 수선화를 정말 좋아해. 옛날 고등학교 축제 때 「일곱 송이 수선화(Seven Daffodils)」를 부른 적이 있어. 알아, 「일곱 송이 수선화」?" (『노르웨이의 숲』, 4장 121면)

수선화의 꽃말은 자존심, 자긍심이다. 수선화를 영어로 나르키소스(Narcissus)라고 한다. 자기애를 뜻하는 나르시시즘(narcissism)이 이 단어에서 나왔다. 미도리는 왜 수선화를 좋아한다고 했을까. 자기 자신의 결핍을 숨기는 방어 기제로 수선화를 사랑할 수도 있다. 미도리의 결핍은 어디에 있을까. 2년 전 미도리의 어머니가 사망했을 때 아버지의 반응은 충격 그 자체였다.

"엄마가 죽었을 때, 아빠가 언니랑 나한테 뭐라고 한 줄 알아? 이렇게 말하는 거야. '난 지금도 억장이 무너져. 네 엄마를 잃는 것보다 너희 둘을 잃는 게 훨씬 나았을 거야.' 우린 너무 어이가 없어 아무 소리도 못 했어. 그렇잖아? 아무리 그래도 그렇지 세상에 그런 말이 어디 있어? 물론 세상에서 가장 사랑하는 반려자를 잃는 괴로움, 슬픔, 아픔은 알아. 애처로운 일이지. 하지만 자기 딸한테 너희들이 대신 죽는 게 나았다니, 그건 아니잖아? 정말 너무하다고 생각 안 해?" (『노르웨이의 숲』, 4장 128면)

어머니가 죽자 그 충격으로 아버지는 모든 것을 팽개치고 우루과이로 가버렸다고 한다. 미도리는 죽은 어머니는 물론이고 살아 있는 아버지에게도 사랑을 못 받는 처지에 이른다.

어머니의 죽음에 더해 미도리는 아버지에게서도 사랑의 결핍을 느낀 것이다. 결핍 속에서도 미도리는 즐거움을 잊으려 하지 않는다. 우루과이로 떠난 아버지가 우루과이로 오라고 하면 어떡할 거냐는 질문에, 미도리는 "난 가볼 거야. 재미있을 것 같으니까."라고 즐겁게 답한다.

와타나베는 당연히 미도리 못지않게 사랑에 결핍된 존재다. 깨진 주체로서 서로 치유하려 하고, 자신의 빈 마음을 상대의 사랑으로 채우고 싶었다.

와타나베가 미도리와 둘이 밥을 먹고 이야기를 나누며 쉬는 중에, 이웃집에서 불이 난다. 와타나베가 대피해야 하지 않냐고 하니까, 미도리는 "죽어도 괜찮아."라면서 기타 치며 노래를 부른다. 미도리는 늘 쾌활하고 죽음도 별로 두려워하지 않는다. 복잡하게 생각하는 와타나베에게는 단순하게 생각하는 미도리가 신선한 충격이었을 것이다.

사실 소설을 조금 더 읽으면, 미도리의 아버지는 우루과이에 있는 것이 아니라 병원에 입원해 있다. 미도리는 왜 아버지가 우루과이에 있다고 거짓말을 했을까.

"내가 바라는 건 그냥 투정을 마음껏 부리는 거야. 완벽한 투정. 이를테면 지금 내가 너한테 딸기 쇼트케이크를 먹고 싶다고 해. 그러면 넌 모든 걸 내팽개치고 사러 달려가는 거야. 그리고 헉헉 숨을 헐떡이며 돌아와 '자, 미도리, 딸기 쇼트케이크.' 하고 내밀어. 그러면 내가 '흥, 이젠 이딴 건 먹고 싶지도 않아.' 라며 그것을 창밖으로 집어 던져 버려. 내가 바라는 건 바로 그런 거야." (『노르웨이의 숲』, 4장 137면)

미도리가 원하는 사랑은, 사랑하는 사람에게 무엇이든 내 줄 수 있는, 상대에게 완벽한 투정을 부릴 수 있는 사랑이다. 아버지가 우루과이로 갔다는 거짓말은 미도리가 갈구하는 완벽한 사랑에 가까운 모습으로 아버지를 형상화하고 싶었기 때문이 아닐까. 미도리의 어머니는 뇌종양으로 몇 년 전에 죽었다.

자식보다 아내를 더 사랑한다는 아버지가 너무하다고 생각하지만, 역설적으로 아버지의 완벽한 사랑을 인정한 미도리는, 죽음에 절망하여 우루과이까지 가버리는 아버지로 형상하고 싶었던 것이 아닐까.

부모에게 완벽한 사랑을 받지 못한 미도리는 이성에게 사랑을 기대한다. 와타나베에게 미도리는 사랑을 느끼기 시작한다. 자신과 성격이 반대인 와타나베에게 뭔가 끌린 것이다. 미도리는 자기를 극도로 사랑해줄 대상을 찾았는데, 그 인물이 와타나베였다.

다음 날 미도리는 와타나베와 함께 듣는 수업에 나타나지 않는다. 와타나베는 나가사와 선배와 함께 모르는 여자와 밤을 지내고 아침에 기숙사에 돌아온다. 돌아온 기숙사에서 나오코의 편지를 발견하며 4장은 끝난다.

미도리가 대단한 것은 부모에게 사랑을 못 받았다고 원망하지 않는다는 사실이다. 미도리는 과거의 트라우마에 얽매여 있지도 않았다. 미도리는 상처에서 벗어나 홀로 살 방법을 끊임없이 강구한다. 미도리는 과거의 상처에서 헤어나지 못하는 나오코나 와타나베와 확실히 다른 인물이다. 하루키가 이 인물의 이름을 고바야시 미도리(小林綠), 즉 '작은 숲의 푸르름'이라고 정한 까닭은 그녀의 끊임없는 낙관성 때문일 것이다. 어려움을 극복하고 명랑하게 살아가는 미도리는 니체의 역동적 허무주의 혹은 적극적 허무주의를 떠오르게 한다.

하루키는 중학교 3학년 때 비틀스와 함께 서구 문학을 읽었다. 부모가 구독하던 가와데쇼보의 '세계문학전집'과 중앙공론사의 '세계의 문학'을 한 권 한 권 읽으며 10대 시절을 보냈다. 중학생 때 마르크스, 노자, 니체 등을 읽는다.

니체는 인간의 모습을 노예처럼 굴종하는 낙타형, 불평만

와타나베와 미도리. 영화 〈노르웨이의 숲〉의 한 장면.

하는 사자형, 창조적인 어린아이형이라는 세 가지 유형으로 나누어 설명했다.

> 나는 그대들에게 정신의 세 가지 변화에 대해 말하련다. 어떻게 정신이 낙타가 되고, 낙타는 사자가 되며, 사자는 마침내 어린아이가 되는가를. (프리드리히 니체, 「세 가지 변화」, 『차라투스트라는 이렇게 말했다』, 인용자 번역)

미도리는 낙타처럼 굴종하지 않고, 사자처럼 불평하며 으르렁대지 않는다. 미도리는 그저 어린아이처럼 혼자서도 즐겁게 논다. 니체의 시각에서 보면, 나오코는 트라우마에 무릎

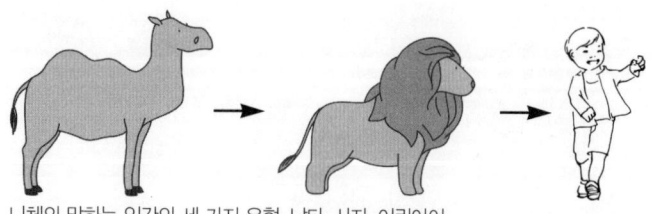

니체의 말하는 인간의 세 가지 유형. 낙타, 사자, 어린아이.

을 꿇은 낙타의 유형일 수 있다. 6시면 정확히 일어나 10년 동안이나 매일 아침 체조를 하는 규칙적인 '돌격대'도 낙타형 인간이 아닐까. 타의에 의해 길들여진 대로 살아가는 '돌격대'는 자신 있게 말하지 못하고 말을 더듬곤 한다. 반면 미도리야말로 위버멘쉬(Übermensch)에 가깝다. 가출을 두 번이나 했던 미도리는 어떤 강요나 속박에도 굴하지 않는다.

> 어린아이는 (원죄 의식이 없는——인용자) 천진난만이요, 망각이며, 새로운 시작, 놀이, 스스로의 힘으로 굴러가는 수레바퀴이고, 최초의 운동이자 신성한 긍정이다.
>
> Unschuld ist das Kind und Vergessen, ein Neubeginnen, ein Spiel, ein aus sich rollendes Rad, eine erste Bewegung, ein heiliges Ja-sagen. (프리드리히 니체, 『차라투스트라는 이렇게 말했다』, 인용자 번역)

미도리야말로 어린아이처럼 "천진난만"하고, 과거의 비극을 잊고 트라우마를 "망각"하며, 늘 "새로운 시작, 놀이, 스스로의 힘으로 굴러가는 수레바퀴이고, 최초의 운동이자 신성한 긍정"으로 살아가는 인물이다.

피할 수 없는 자본주의의 권태가 미도리에게 깊게 배어 있으면서도, 숲의 푸르름처럼 자연스럽게 살고 싶어 하는 노자 정신이 충만하다. 쇼펜하우어의 염세주의를 넘어선 니체가 말한 '적극적 허무주의' 적 태도가 미도리에게 강하게 나타난다. 하루키는 미도리를 통해 적극적 의지로 허무주의를 극복해보려는 실존주의를 드러낸다.

인물로 보면 이 소설은 미도리와 와타나베의 성장 소설이다. 미도리는 와타나베를 선택하고, 와타나베는 소설 마지막에 미도리에게 돌아온다. 소설의 결말에서 와타나베는 과거에 얽매이지 않고, 오늘 이 순간을 견디며 살아가려는 삶을 선택한다. 미도리는 '와타나베'를 성장시키는 조력자다.

뒤틀림, 히즈미와 나오코

5장에는 "여기 온 지도 벌써 넉 달이나 지났네."라며 나오코가 보낸 일곱 장의 편지가 나온다. 나오코는 '공정'이라는 가치를 편지에 서술한다. 이어 나오코는 회복되는 느낌이 든다고 하면서, '뒤틀림'에 대한 의사의 말을 전한다.

> 그(의사——인용자)는 우리가 여기에서 생활하는 것은 뒤틀림을 교정하려는 게 아니라 그 뒤틀림에 익숙해지기 위한 거라고 했어. 우리의 문제점 가운데 하나는 그 뒤틀림을 인정하고 받아들이지 못한다는 데 있다고. 사람마다 걷는 버릇이 다 다르듯이 느끼는 방식이나 생각하는 방식, 보는 방식이 다른데 그것을 고치려 한들 쉽게 고쳐지는 것도 아니고 억지로 고치려다가는 다른 부분마저 이상해져 버린다고 말이야. (중략) 우리는 분명 자신의 뒤틀린 부분에 잘 적응하지 못하는 건지도 몰라. 그래서 그 뒤틀림이 불러일으키는 현실적인 아픔이나 고뇌를 자기 내면에서 정리하지 못하고, 그런 것들로부터 멀어지기 위해 여기 들어온 거야. (『노르웨이의 숲』, 5장 155면)

여기서 뒤틀림은 자기의 주체성이나 정체성에 상처를 입거나 상실하거나 결핍되었을 때 일어나는 상처, 트라우마, 콤플렉스, 장애처럼 불안정한 상태를 말한다. 이 '뒤틀림'은 나오코 개인의 상실을 의미할 수도 있고, 긍정적 전망을 잃어버린 일본 사회의 상실을 뜻할 수도 있다. 1968년 전공투의 실패와 함께 일본 사회는 고도 경제 성장과 맞지 않게 민주주의가 진척되지 않는 모순을 경험한다. 더 이상 공정한 민주 사회로 나아가지 못하는 집단 욕망의 뒤틀림을 경험했던 것이다.

소설 원문을 보면 뒤틀림은 '歪み'로 나오는데, 이것을 읽는 발음은 두 가지다. 겉으로 뒤틀린 것이 보일 때는 유가미(ゆがみ)로 읽고, 겉이 아니라 내부가 뒤틀렸을 때는 히즈미(ひずみ)로 읽는다. 나오코가 머무는 요양원에서 말하는 뒤틀림은 사람들의 외모가 아니라, 내면의 의식이 뒤틀린 증환(症幻)이기에 히즈미로 읽어야 한다.

나오코의 한자 이름이 '직자(直子)', 곧 '똑바른 아이'라는 뜻이라는 사실도 중요하다. 나오코(直子)는 뒤틀림(歪み)을 받아들이지 못한다. 바르게 살려는 나오코는 뒤틀려진 운명을 받아들이지 못한다. 나오코에게는 세 번의 뒤틀린 상실이 있었다.

첫째는 언니가 목을 매 자살했기에 생긴 상실이다. 공부도 일등, 스포츠도 일등에 리더십도 있고 인기도 있는 바른(直) 언니였다. 둘째는 삼촌이 투신자살하여 생긴 상실이다. 머리가 좋다는 바른(直) 삼촌은 17세부터 집에 틀어박혀 4년을 지내다가 전차에 뛰어든다. 셋째는 남을 잘 배려하고 머리도 똑똑한 바른(直) 기즈키가 집 주차장 차 안에서 자살하여 생긴 상실이다.

모두 뒤틀린 현실을 견디지 못해, 바른(直) 사람들이 자살한 사건이다. 게다가 나오코는 와타나베를 통해 상실을 극복 혹은 망각해보려 했지만, 실패한다.

『위대한 개츠비』가 발표된 1925년 미국의 고도 성장기에 졸부인 개츠비는 그 욕망을 이루지 못하는 뒤틀림을 경험한다. 1960년대 일본의 고도 성장기에도 일본인은 개인적인 욕망을 성취하지 못하는 뒤틀림을 경험한다.

> 이 시설의 유일한 문제점이라면 일단 여기 들어오면 바깥으로 나가는 것이 내키지 않거나 두려워진다는 거야. 이곳에 있는 한 평화롭고 마음이 안정돼. 자신의 뒤틀림에 대해서도 자연스러운 태도를 가질 수 있고. 스스로가 회복되었다는 느낌을 받아. (『노르웨이의 숲』, 5장 156~157면)

요양원에서 나오코는 뒤틀림을 느끼지 못한다. 기즈키의 죽음으로 뒤틀림이 심각해진 나오코는 요양원에서 뒤틀림을 조금씩 치료받는다고 생각한다. 일상의 공간과 '다른 공간'에서 상처를 잊는 시간 보내기에 집중한다는 것을 알 수 있다. 아쉽게도 나오코는 외부 세계와 차단된 채 단절 격리되어 있을 뿐, 뒤틀림은 치유받지 못한다. 이 뒤틀림은 프로이트가 말한 트라우마, 융이 말한 그림자(shadow), 라캉(Jaques Lacan, 1901~1981)이 언급한 깨진 주체 혹은 '빗금 그어진 주체(barred subject)'라고 할 수 있다.

정상이라는 사람들은 뒤틀린 사람을 받아들이지 않는다. 사회는 뒤틀린 존재를 비정상으로 '차별'한다. 하루키의 소설에는 뒤틀리고 불구인 인물들이 자주 등장한다. 『바람의 노래를 들어라』에는 왼손 새끼손가락이 없는 여자, 『댄스 댄스 댄스』에는 왼팔이 없는 시인, 『1973년의 핀볼』에는 한쪽 발을 못 쓰는 늙은 고양이 등이 등장한다. 완벽한 외모가 아닌 인물들도 등장한다. 『세계의 끝과 하드보일드 원더랜드』에는 통통한 여자, 『노르웨이의 숲』에는 웃으면 얼굴에 주름이 잡히고 너무도 말라 가슴이 거의 없는 레이코 등이 등장한다.

나오코는 와타나베를 요양원에 초대하고 싶다고 편지에 썼다. 편지 봉투 뒤편에 적힌 '아미 사'라는 주소를 보며, 와타나베는 프랑스어 'ami(친구)'를 떠올린다. 한편으로는 아미타불(阿彌陀佛)의 '아미'를 생각해볼 수도 있다. 무량광불(無量光佛) 또는 무량수불(無量壽佛)이라고도 하는 아미타불은 모든 사람을 구제하는 부처이기 때문이다. 요양원이 뒤틀린 사회에서 영혼이 뒤틀린 사람을 구제해준다는 의미에서 '아미 사'라고 했을 수도 있다. 또한 '아미 사'는 비틀어진 사람들이 서로 '구제'하고 기대며 살아가는 일종의 유토피아, '헤테로토피아(Heterotopia)'라고도 볼 수 있다.

교토 아미 사, 헤테로토피아

6장에서 와타나베는 나오코를 만나기 위해 교토에 있는 '아미 사'를 찾아간다. 아미 사는 "무서울 정도로 깊은 산속에" 있다고 표현한 것은 그곳에서 벌어질 일을 암시한다. 이제 소설은 도쿄가 아닌 쿄토 '아미 사'라는 새로운 공간에서 펼쳐진다.

나는 창구로 가서 표를 산 다음 근처 서점에 가서 지도를 사서 대합실 벤치에 앉아 '아미 사'의 정확한 위치를 살펴보았다. 지도를 보니 '아미 사'는 무서울 정도로 깊은 산속에 있었다.
(『노르웨이의 숲』, 6장 160~161면)

'나'는 아미 사에서 3일을 머문다. 아미 사는 나오코가 선택한 위로와 일탈의 공간이다. 이런 공간을 어떻게 보아야 할까. 미셸 푸코(Michel Foucault, 1926~1984)는 『헤테로토피아』에서 유토피아를 대체하는 현실 속의 '헤테로토피아'를 제시한다.

> 자기 이외의 모든 장소들에 맞서서, 어떤 의미로는 그것들을 지우고 중화시키고 혹은 정화시키기 위해 마련된 장소들, 그것은 일종의 반(反)공간(counter-space)이다. 이 반공간, 위치를 가지는 유토피아들(utopies localisees). 아이들은 그것을 완벽하게 알고 있다. 그것은 당연히 정원의 깊숙한 곳이다. 그것은 당연히 다락방이고, 더 그럴듯하게는 다락방 한가운데 세워진 인디언 텐트이며, 아니면 목요일 오후 부모의 커다란 침대이다. 바로 이 커다란 침대에서 아이들은 대양을 발견한다.
> (중략)
> 그러니, 나는 우리가 사는 공간에 신화적이고 실제적인 이의제기(contestations)를 수행하는 이 다른 공간들, 다른 장소들을 대상으로 삼게 될 하나의 과학——나는 분명히 과학(science)이라고 말한다——을 꿈꾼다. 이러한 과학은 유토피아를 연구하지는 않을 것이다. [유토피아라는] 그 이름은 정말로 어떤 장소도 갖지 않는 것을 위해서만 남겨져야 하기 때문이다. 그 과학은 절대적으로 다른 공간들, 헤테로-토피아들(hétéro-topies)을 연구할 것이다. (미셸 푸코, 『헤테로토피아』, 문학과지성사,

2014, 11~14면)

어릴 때 다락방은 엄마의 뱃속처럼 안락한 아이들의 헤테로토피아다. 나이 들어 노래방도 안락한 피난처로서 헤테로토피아다. 아슬아슬한 불륜을 탐하는 자는 룸살롱을 찾으며 판타지로서의 헤테로토피아를 상상한다. 고대 시대의 인류사를 회고하고 싶은 이가 찾는 박물관은 과거를 대체하는 헤테로토피아다. 묘지라는 공간은 죽은 이에게 조금이라도 다가가고 싶어 하는 마음을 위로하는 헤테로토피아다.

이 공간들은 현실에서 유토피아를 찾기 어렵기 때문에, 유토피아를 대신해서 찾아낸 공간이다. 이 공간은 사회 안에 존재하면서 유토피아적인 기능을 일시적으로 수행하는, 실제로 현실화된 대체 유토피아다. 헤테로토피아는 유토피아 대신 현실에 일시적인 가짜 유토피아를 설정하는 다른(헤테로, heteros) 장소(topos)인 것이다.

6장부터 10장까지 배경으로 나오는 교토의 아미 사는 이 소설의 헤테로토피아로 기능한다고 볼 수 있다. 주의 깊게 보아야 할 점은 이 소설에 토마스 만(Thomas Mann, 1875~1955)의 『마의 산(Der Zauberberg)』이 자주 인용된다는 사실이다.

미셸 푸코의 『헤테로토피아』.

『노르웨이의 숲』 첫 문장에서, '나'는 함부르크 비행장에 내린다. 왜 함부르크일까. 혹시 토마스 만의 『마의 산』과 관계있지 않을까. 『마의 산』에 나오는 주인공 한스 카스토르프가 태어난 고향이 함부르크다. 아니나 다를까 6장에 와타나베가 『마의 산』을 읽는 장면이 나온다.

나는 잠이 잘 오지 않아 배낭에서 손전등을 꺼내 『마의 산』을 읽었다. 12시 조금 전에 침실 문이 살짝 열리더니 나오코가 다가와서 내 옆으로 파고들었다. (『노르웨이의 숲』, 6장 280면)

왜 와타나베가 『마의 산』을 읽을까. 『마의 산』은 요양원 이야기이고, 죽음을 앞둔 사람들의 이야기다. 죽음이 뭔지 생각해본 적이 없는 스물네 살의 주인공 한스 카스토르프는 사촌 요아힘 침센을 문병 간다.

알프스 산속 다보스에 있는 베르크호프라는 국제 요양원을 방문한 한스는 자신도 결핵 환자라는 사실을 듣고 요양원에 입원한다. 3주 정도로 생각하고 방문했다가 죽음을 마주한 한스는 치료 받기로 한다. 한스는 요양원에서 유별난 사람들 7명을 만난다. 게다가 쇼샤 부인에게 빠져 사랑을 하면서 요양원에서 7년 동안 장기 체류를 한다. 토마스 만은 요양원이 있는 베르크호프를 '마(魔)의 산'이라는 헤테로토피아로 형상한다.

요양원에서 죽음, 종교, 철학 등을 성찰하는 카스토르프는 이 세계가 죽음에 지배되면 안 된다고 판단하지만, 성하지 않은 몸으로 독일군에 징집되어 제1차 세계 대전에 참전하면서 소설은 끝난다.

『노르웨이의 숲』과 『마의 산』을 비교해보면 비슷한 점이 많다. 『노르웨이의 숲』의 와타나베나 『마의 산』의 한스는 모두 요양원을 오가며 세상을 깨달아간다. 두 소설은 모두 청년 주인공의 내면 성장을 다룬 성장 소설이다. 두 소설 모두 요양

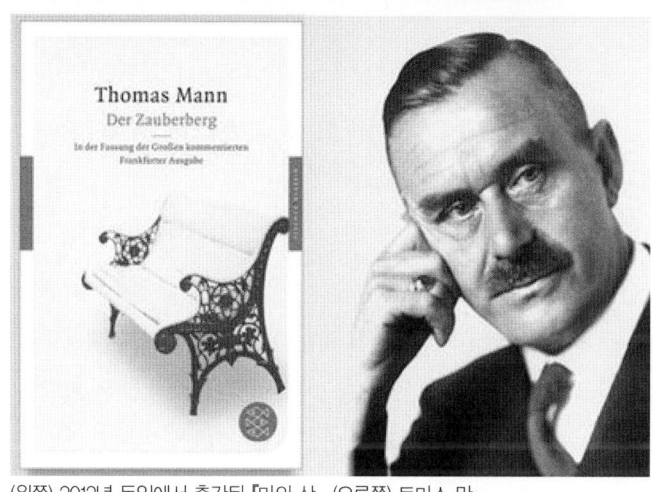

(왼쪽) 2012년 독일에서 출간된 『마의 산』. (오른쪽) 토마스 만.

원이라는 헤테로토피아에서 일어나는 일을 담고 있다. 두 소설 모두 요양원이 산에 있다. 헤테로토피아는 일시적인 유토피아, 일시적인 헛것이기에 진정한 해결에 이르지 못한다. 두 소설 모두 완전한 치유나 해결에 이르지 못한다.

『노르웨이의 숲』의 주인공 와타나베는 계속 『마의 산』을 읽는다. '아미 사'에 갈 때도 『마의 산』을 들고 가서, 레이코가 무심하다고 핀잔까지 한다. 게다가 "죽음은 삶의 대극에 있는 것이 아니라, 우리 삶 속에 잠겨 있다."는 문장이 소설 속에 여러 번 인용되는데, 이 문장은 『마의 산』에 나온 문장이다.

"죽음의 모험은 삶 속에 포함되며, 그런 모험이 없는 삶이라

면 삶이 아닐 거야." (토마스 만, 『마의 산』, 열린책들, 2014, 중권 67면)

하루키가 『마의 산』을 소설 곳곳에 인용하고, 또 요양원이라는 공간 설정이 비슷한 것, 죽음에 대해 끊임없이 성찰하는 것 등을 볼 때, 『마의 산』이 이 소설 집필에 적지 않은 영향을 주었다는 사실을 부인하기는 어려울 것 같다.

『설국』의 '니가타 헤테로토피아'

전혀 새로운 공간에서 이야기가 전개되는 형식은 가와바타 야스나리(川端康成, 1899~1972)의 『설국』에도 나온다.

국경의 긴 터널을 빠져나오니 설국이었다.(國境の長いトンネルを拔けると雪國であった.) (川端康成, 『雪國』, 인용자 번역)

『설국』은 무위도식하는 시마무라(島村)가 도쿄에 있는 가족을 떠나 니가타 온천에서 일하는 게이샤 고마코(駒子)와 사랑을 나누는, 말하자면 불륜 이야기다. 전설적인 첫 문장으로 유명한 이 첫 문장의 번역은 다양하다.

"현(懸) 접경의 긴 터널을 빠져나오자 눈의 고장이었다."(문예출판사), "국경의 긴 터널을 빠져나오자, 눈의 고장이었다."(민음사)로 번역됐다. 국경(國境)을 '현 접경'으로 번역한 것, 게다가 "雪國であった"를 두 출판사 모두 "눈의 고장이었다"로 번역한 것이 아쉽다. 필자는 '국경', '긴 터널', '설국'이라는 단어를 살려 번역해봤다.

이 첫 문장은 하이쿠(俳句)의 음률을 살려낸 문장으로 알려져 있다. "こっきょう[國境]の/ながい[長い]トンネルを/ぬける[拔ける]と/ゆきぐに[雪國]であった"는 '5/7/5/7'의 음수로 5·7·5조라는 17음의 하이쿠 음률을 이용한 문장이다. 우리로 말하면 "살으리 살으리랏다. 청산에 살으리랏다"로 첫 문장을 썼다고 감탄할 만하다는 것일까. 단순히 음률 문제가 아니라, 첫 문장에 담긴 소설 전체에 대한 구도 설정이다.

'국경(國境)'이라는 첫 단어는 중요하다. 우선 일본인에게 국경은 '다른 지역'을 뜻한다. 일본은 고대 시대부터 여러 나라(구니, 國)로 나뉘어 있었다. 가령, 10세기경 나라현 일대에는 13개 나라가 있었다. 15세기 중반부터 16세기 후반까지 펼쳐졌던 전국 시대(戰國時代)의 전국(戰國)이라는 말 자체가 여러 나라(國)가 싸운다(戰)는 뜻이다. 대략 헤이안 시대부터에도 시대까지는 68개의 구니(國)가 있었다. 근대에 들어 '구니'가 정식 행정 구역으로 쓰인 적은 없으나, 일본인의 의식에는 아직도 60여 개의 상상의 나라가 존재한다. 일본 철도의 역 이름을 보면, 아직 역 앞에 '구니'의 이름을 붙여 구분하기도 한다. 가령 '무사시사카이역'은 무사시(武藏)라는 옛 구니에 있는 사카이역이라는 뜻이다.

지금도 "어느 나라에서 왔나요?(どの國からきましたか?)"라고 외국인이 아니라 일본인인 내국인에게 물으면, 자기가 태어난 구니의 현재 지명을 말한다.

곧 가와바타 야스나리가 '국경'이라는 단어를 선택한 것은 전혀 다른 나라에 들어간다는 의미다. 전혀 다른 나라는 어떤 나라인가. 그것은 헤테로토피아라는 판타지의 세계다. 국경 너머에는 인간의 욕망을 솔직하게 풀어낼 수 있는 무의식의 솔직한 세계가 있다.

시마무라가 살아가는 현실, 도쿄의 세계는 소설에 거의 나오지 않는다. 도쿄는 게이샤 고마코의 춤 스승의 아들인 유키오가 일하러 갔다가 병을 얻은 곳이다. 도쿄는 고마코와 유키오가 적응하지 못하고 돌아온 공간이다.

『설국』에서 시마무라가 찾는 '설국'은 바로 헤테로토피아의 세계다. 설국은 "자연의 것이었다. 그리고 먼 세계"였던

(왼쪽) 『설국』에서 고마코의 실제 모델인 게이샤 마쓰에. (오른쪽) 우표에 실린 가와바타 야스나리.

것이다. 도쿄라는 번잡한 세상에서 만날 수 없는 흰 눈의 다른 세계, 전혀 다른 나라다. 그래서 첫 문장의 "雪國であった"를 '눈의 고장이었다'로 의역하는 것보다 '설국이었다'로 직역하는 것이 저자의 의도에 맞을 것이다. 따라서 『설국』의 첫 문장에서 '국경'과 '설국'이라는 한자는 둘 다 직역하는 편이 좋겠다.

비교해보면 무라카미 하루키의 『노르웨이의 숲』도 비슷한 구조를 보인다. 토마스 만의 『마의 산』, 가와바타 야스나리의 『설국』은 비슷한 구조를 가지고 있다.

	세속 세계	판타지로 가는 길목	헤테로토피아 솔직한 무의식의 세계 자연의 세계, 먼 세계
『마의 산』	한스가 죽음을 모르고 지내던 세계	다보스 가는 길	다보스 베르크호프 국제 요양원
『설국』	시마무라가 일하는 도쿄	터널	터널을 지나 고마코가 있는 니가타 온천 마을
『노르웨이의 숲』	와타나베가 공부하는 도쿄 신주쿠 지역	기차	나오코가 요양하고 있는 요양원 아미 사

『설국』에서 시마무라가 혼돈에 쌓인 도쿄를 떠나 고마코가 있는 니가타로 향한다면, 『노르웨이의 숲』에서는 와타나베가 과거의 트라우마로 고통을 겪는 나오코가 요양하고 있는 아미 사를 찾아간다.

아미 사에 도착한 와타나베는 나오코와 같은 방을 쓰는 38세의 이시다 레이코(石田玲子)에게 조언을 듣는다.

"이곳 생활 자체가 요양이지. 규칙적인 생활, 운동, 외부 세계에서 격리, 고요, 깨끗한 공기. 우리는 밭에서 나는 작물로 거의 자급자족하고, 텔레비전도 없고, 라디오도 없어. 요즘 유행하는 코뮌 같은 거라고 보면 돼. 하긴 여기 들어오려면 돈이 많이 드니까 그 점만은 코뮌과 다르지만." (『노르웨이의 숲』, 6장 170면)

아미 사는 보편적인 일상에서 떠나 있는 그대로 솔직하게 살아갈 수 있는 공간이다. 아미 사에 들어온 지 8년 차로 훨씬 전에 퇴원할 만한 수준으로 치료가 되었지만, 직원들의 일을 여러모로 도와주면서 직원 취급을 받는 레이코는 요양원의 치료 방식까지 설명한다.

"여기에서는 우리 모두가 평등해. 환자도 스태프도 그리고 자기도. 자기도 여기에 있는 한 우리 동료니까, 난 자기를 도울 수 있고 자기도 나를 도울 수 있어." 레이코 씨는 온 얼굴의 주름을 부드럽게 잡으며 웃었다. "자긴 나오코를 돕고 나오코는 자길 돕는 거지."

"난 어떻게 하면 되나요, 구체적으로."

"첫째, 상대를 돕고 싶다고 생각할 것. 그리고 자신도 다른 사람의 도움을 받아야 된다고 생각할 것. 둘째, 정직할 것. 거짓말을 하거나 사실을 왜곡하거나 마음에 불편하다고 해서 적당히 얼버무리지 말 것. 그런 것만 명심하면 돼." (『노르웨이의 숲』, 6장 172면)

『설국』과 『노르웨이의 숲』은 비슷한 헤테로토피아의 구조를 갖고는 있다. 두 소설의 주인공은 헤테로토피아의 공간에서 자기를 찾으려는 주체적 성찰을 고심한다. 실존에 대한 성찰은 소설의 내용을 채우고 있지만, 두 소설이 말하는 방식이나 주제는 차이가 있다. 하루키 문학은 세계인의 고통스러운 현실을 담고 있으면서도 가장 일본인다운 아픔을 드러내고 있기도 하다.

『노르웨이의 숲』에서 나오코와 레이코가 원하는 것은 회복이며 치유다. 젊은 시절에는 피아노 신동으로 불릴 만한 천재였던 레이코는 어느 날 마음의 병을 얻어 피아노를 못 치게 되었고, 정신 병원에 여러 번 입원한 적이 있다. 레이코가 피아노를 가르치던 여중생이 레즈비언이었는데, 어느 날 이 여중생이 레이코를 애무하며 유혹한다. 레이코는 여중생의 뺨을 후려치고 "없었던 일로 하겠다."라며 그냥 넘어갔는데, 나중에 이 여학생이 레이코가 자신을 강간하려 했다고 소문을 퍼뜨린다.

나오코가 울자 와타나베는 나오코가 자주 우냐고 레이코에게 묻는다.

"자주 그래. 감정이 차올라서 울어. 괜찮아, 그건 그것대로. 감정을 바깥으로 표출하는 거니까. 무서운 건 그걸 바깥으로 드러내지 못할 때야. 감정이 안에서 쌓여 점점 딱딱하게 굳어 버리는 거지. 여러 가지 감정이 뭉쳐서 몸 안에서 죽어 가는 거. 그러면 큰일이야." (『노르웨이의 숲』, 6장 200면)

여중생 때문에 강간범으로 몰린 레이코는 정신병이 재발하여, 남편과 이별하고 아미 사에 온 것이다. 레이코는 헤테로토피아에서 회복해야 할 방향성을 알고 있다. 레이코는 나름대로 자기 "감정이 안에서 쌓여 점점 딱딱하게 굳어 버리는" 응어리를 풀어버릴 방법을 찾는다.

레이코가 휘파람으로 톰 존스의 「프라우드 메리(Proud Mary)」를 노래하며 쓰레기를 정리하는 것은 쌓여 있는 감정을 풀기에 정말 적당한 노래이기 때문일 것이다.

> Left a good job in the city
> 도시에 있는 좋은 직장을 떠났어요
> Workin' for the man every night and day
> 상사를 위해 밤낮 할 것 없이 일했어요
> Haven't ever lost one minute of sleeping
> 1분도 잠이 들 틈을 주지 않았어요
> Worried about the way things might have been
> 앞으로 일어날 수도 있는 일에 대해 항상 걱정했어요

A big wheel keeps on turnin'
큰 바퀴는 계속 굴러갔어요
Proud Mary keeps on burnin', rollin', rollin' Rollin' on a river
프라우드 메리는 계속 굴러가요, 굴러가요, 굴러가요. 강 위를 굴러가요
Rollin, rollin, rollin on a river
굴러가요, 굴러가요, 강 위를 굴러가요.

안타깝게도 나오코의 트라우마는 쉽게 풀 수 있는 감정의 문제가 아니었다. 나오코는 언니가 자살하는 끔찍한 장면을 목격한 트라우마에서도 벗어나지 못한다. 나오코의 상처는 풀기에는 너무 깊었다. 아미 사는 "무서울 정도로 깊은 산속에" 있다고 표현한 것은 나오코의 상처가 무서울 정도로 깊다는 암시이기도 하다.

연결된 고통

지금까지 우리가 읽어온 이야기는 고통이 따로따로 존재하는 것이 아니라, 문화적이거나 개인적이거나 이유를 알 수 없는 고통이 다른 이에게 전이되는 '연결된 고통'의 이야기다.

『연결된 고통』의 저자인 내과 의사 이기병의 체험은 큰 울림을 준다. 아프리카에서 온 외국인 노동자를 치료하다가 그의 질병이 코트디부아르 정세와 관계있다는 사실을 발견한다. 알코올 중독으로 사망한 사람, 심부전증 환자 등, 모든 질병은 다른 고통과 연결되어 있다고 이기병은 문화 인류학의 시각에서 설명한다.

고통과 통증은 오직 개인적인 것이라고 상상하지만 실제로는 그가 속한 문화와 사회와 역사의 층위 위에서 상연되는 것일 가능성이 높다. (이기병, 『연결된 고통』, 아몬드, 2023, 15면)

질환을 가진 삶은 분명 고통스러운 면이 있다. 그것을 옆에서 지켜보게 되는 가족도 마찬가지로 고통을 겪는다. 환자는 평소에 아무렇지 않게 누리던 무엇인가를 잃어버리며 결코 원하지 않던 무엇인가를 떠안는다. 그러나 쉽게 동의할 수 없는 그 교환의 관계가 지속되며 그는 질병이나 아픔과 함께 살아가는 것이 무엇인지를 배우게 된다. 어쩌면 이런 방식이 삶에 주어진 고통의 의미를 이해하고 해석하는, 또 그것을 극복하는 유일한 방식일지도 모르겠다. (『연결된 고통』, 51면)

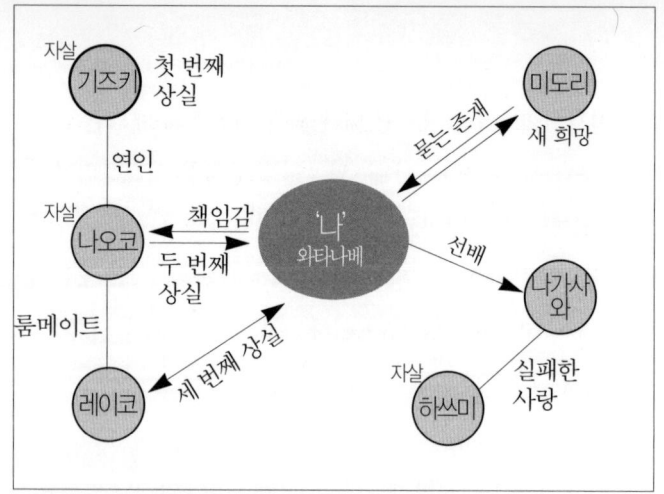

『노르웨이의 숲』 등장인물들 간의 연결된 고통. ⓒ김응교

치과 의사가 내 어금니에 어떤 고통도 연결되지 못하도록 찬물을 마시지 마라, 음식을 어금니로 씹지 마라, 일에 너무 스트레스를 갖지 말라고 하듯이, 연결된 고통은 끊어야 한다.

『노르웨이의 숲』에 나오는 모든 이들은 고통과 연결되어 있다. 고통을 외면하는 이들도 있지만, '나오코'는 목매 자살한 언니, 투신자살한 삼촌, 가스 자살한 기즈키의 자살이라는 연결된 고통에서 헤어나지 못한다. 주인공 '나'는 나오코에 대한 책임감과 연민이라는 '연결된 고통'에서 벗어나지 못한다. 나오코와 룸메이트로 지낸 레이코 역시 연결된 고통에서 벗어나지 못한다.

이제 이 끔찍한 '연결된 고통'에서 어떻게 벗어나야 할까. 미도리는 연결된 고통을 단절하고, 끊임없이 '연결된 기쁨'으로 살아가려 한다. 미도리는 희망이 될 수 있을까.

장례식, 이시다 레이코와 함께

11장 첫 문장은 나오코가 죽은 이후에 일어날 일을 예고한다. 나오코는 결국 자살한다.

> 나오코가 죽은 다음에도 레이코 씨는 나에게 편지를 몇 차례 하면서, 그 일은 내 탓도 아니고 다른 누구의 탓도 아니며, 하늘에서 내리는 비처럼 아무도 막을 수 없는 일이라고 했다. 그러나 나는 그 편지에 답장을 쓰지 않았다. (『노르웨이의 숲』, 11장 449면)

장례식이 끝나고 개강을 했는데도 와타나베는 나오코의 죽음에서 벗어나지 못한다. "죽음은 삶의 대극에 있는 것이 아니라, 우리 삶 속에 잠겨 있다."는 『마의 산』에 나오는 문장을 기즈키가 죽었을 때부터 기억하며 이겨내려 했지만, 나오코의 죽음은 너무도 고통스러운 소식이었다. 나오코의 죽음은 와타나베에게 애도란 무엇인지 역설적으로 가르쳐준다.

> 어떤 진리로도 사랑하는 것을 잃은 슬픔을 치유할 수는 없다. 어떤 진리도, 어떤 성실함도, 어떤 강인함도, 어떤 상냥함도, 그 슬픔을 치유할 수 없다. 우리는 그 슬픔을 다 슬퍼한 다음 거기에서 뭔가를 배우는 것뿐이고, 그렇게 배운 무엇도 또다시 다가올 예기치 못한 슬픔에는 아무런 소용이 없다. 나는 오로지 홀로 그 밤의 파도 소리를 듣고, 바람 소리에 귀를 기울이며 하루하루 그것만 붙들고 생각하고 또 생각했다. (『노르웨이의 숲』, 11장 454면)

도쿄를 떠난 와타나베는 어딘지도 모를 곳을 떠돌며 폐인이 되어 방랑한다. 세차게 바람 부는 저녁나절, 폐선 그늘에서 침낭에 들어가 눈물 흘리는 와타나베에게 젊은 어부가 다가와 담배를 권하며 위로한다. 이 부분의 서술이 얼마나 어두운지, 우울증이 있는 독자에게는 권하고 싶지 않을 정도다.

1970년 10월 20일, 와타나베는 한 달 동안, 거의 폐인으로 지내다가 도쿄로 돌아온다. 어떡하든 현실로 돌아와야 한다고 와타나베는 생각했다. 도쿄로 돌아왔지만 미도리에게 연락할 엄두는 나지 않는다. 나흘 뒤 레이코로부터 편지가 도착

했다. 전화를 걸었더니 옛 친구를 만나러 홋카이도에 가는데, 도중에 도쿄에 들를 테니 마중을 나와달라고 부탁한다.

이 부분부터 소설이 쉽게 이해되지 않는다. 레이코는 와타나베에게 이삼 일 정도 방에서 신세를 지겠다고 한다. 함께 지내면서 레이코는 나오코가 죽을 무렵 상황을 자세히 말한다. 특히 죽기 전날 나오코는 레이코에게 와타나베('나')와의 처음이자 마지막 섹스에 대해 자세히 이야기했다는 말을 한다. 레이코는 왜 이런 이야기까지 와타나베에게 하는 걸까.

기즈키는 17세, 나오코는 21세에 이승을 떠났다. 친구들의 죽음을 견디지 못하는 '나'는 레이코와 나오코의 장례식을 다시 치른다. 장례식은 둘이서 와인을 마시고 기타를 치며 노래하는 방식이었다. 첫 번째 곡은 나오코가 좋아했던 헨리 맨시니의 「디어 하트(Dear Heart)」였고, 비틀스 노래 열네 곡을 비롯한 여러 곡을 연주하다가 50번째 곡으로 다시 한 번 비틀스의 「노르웨이의 숲」을 부른다. 51번째로 레이코가 바흐의 푸가를 연주한 후 둘은 섹스를 한다.

성행위라는 의식

와타나베와 레이코의 섹스를 어떻게 이해해야 할까.

윤리적인 문제를 지적받을 만한 불안한 성행위가 아닐까. 일본인들은 모두 이런 식으로 행동할까. 아니다. 소설을 보고 일본식이라고 생각하면 큰 오해다. 성 관념이 우리보다는 폭이 넓지만, 이런 행동은 일본인에게도 황당하고 충격적인 결말이다. 이런 성관계를 어떻게 이해해야 할까.

하루키 소설에서 섹스가 두드러지게 재현되는 소설은 『노르웨이의 숲』이 처음이랄 수 있겠다. 이후 『국경의 남쪽, 태양의 서쪽』에서 시마모토는 이별이라는 의식으로 '나'와 섹스하고, 『태엽 감는 새』에서는 아내 대신 가노 크레타가 '나'와 섹스 한다. 『스푸트니크의 연인』에서 뮤는 대관람차를 타고 남자와 섹스 하고, 『해변의 카프카』에서는 쉰 살이 넘는 사에키와 열다섯 살 소년이 섹스 한다.

『노르웨이의 숲』에서는 여성이 과거의 족쇄에서 벗어나려는 계기로 섹스 한다. 나오코는 기즈키에게서 벗어나려고 딱 한 번의 섹스를 한다. 다만 기즈키에게서 벗어날 수 없다는 사실을 깨닫고 나오코는 더욱 절망에 빠진다.

레이코의 경우는 좀 더 복잡하다.

첫째, 레이코는 나오코의 대리인일 수도 있다. 나오코를 대신하여 레이코가 와타나베를 위로하는 의식으로서의 성행위일 수도 있다. 레이코는 나오코 대신 와타나베와 성관계를 가지면서 와타나베를 위로하려고 했을까. 두 사람이 성관계를 가졌다고 상실의 슬픔이 치유되었을까. 소설 1장에 와타나베가 나오코를 애타게 기억하는 장면이 있는 것으로 보아 치유되지 않았다. 이런 시각으로 보면 레이코는 치유의 사제라기보다는 열아홉 살이나 어린 아들뻘 청년과 성관계를 맺는 팜파탈(femme fatale), 곧 파멸로 이끄는 여성일 수 있다.

둘째, 레이코가 등장하는 장면부터, 아니면 성관계를 갖는 장면부터 판타지로 볼 수도 있지 않을까. 장례식을 위해 추모곡 50곡을 노래한다는 것은 쉬운 일이 아니다. 거의 한 시간 반을 기타 치며 노래 부르는 상황이다. 레이코가 찾아온 현실이 판타지가 아닐까, 추측하게 하는 실마리는 레이코가 떠나면서 하는 말이다.

"날 잊지 마."
"안 잊을 거예요, 언제까지나."
"다시는 못 볼지도 모르겠지만, 난 어디를 가든 자기와 나오코를 기억할 거야." (『노르웨이의 숲』, 11장 485면)

자신을 잊지 말라는 부탁은 이 소설 1장부터 나오코가 만날 때마다 했던 말이다. 판타지가 아니라면, 레이코가 나오코의 분신 역할을 해준 것이 아닐까. 레이코는 "행복해야 해."를 반복하며 떠난다.

지금 어디야? — 삶의 정황(Sitz im Leben)

37세 와타나베의 회고는 "나는 지금 어디에 있지?(僕は今どこにいるのだ?)"라는 물음으로 끝난다.

이윽고 미도리가 입을 열었다. "너, 지금 어디야?" 그녀는 조용한 목소리로 말했다.
나는 지금 어디에 있지?
나는 수화기를 든 채 고개를 들고 공중전화 부스 주변을 휙 둘러보았다. 나는 지금 어디에 있지? 그러나 거기가 어디인지 알 수 없었다. 짐작조차 가지 않았다. 도대체 여기는 어디지? 내 눈에 비치는 것은 어디인지 모를 곳을 향해 그저 걸어가는 무수한 사람들의 모습뿐이었다. 나는 어느 곳도 아닌 장소의 한가운데에서 애타게 미도리를 불렀다. (『노르웨이의 숲』, 11장 486면)

이 소설의 제목이며 자주 나오는 비틀스의 노래 「노르웨이의 숲」에서 "아침에 눈을 떴을 때 나는 혼자였네.(And when I awoke, I was alone.)"라는 노래 구절 역시 여럿이 함께 사는 것 같지만 결국은 홀로 단독자로서 살아야 할 존재의 숙명을 암시한다. 소설의 마지막 문장에는 화자가 '홀로' 지금 어디에 있는지 묻는 물음이 반복해 나온다. 이 물음은 이 소설의 주제라 할 수 있다.

이 소설에는 먼저 죽음을 선택하는 인물들이 나온다. 기즈키는 가스 자살, 나오코와 그 언니는 목을 맨 자살, 나오코 삼촌은 투신자살, 하쓰미는 동맥을 그어 자살한다. 이들은 견디며 살아가는 대신 죽음을 선택한다.

앞의 인물들과는 반대로 죽음 대신 생명을 선택하는 사람들도 나온다. 생명을 선택했다고 모두 긍정할 만하지는 않다. 죽는 순간까지 쾌락을 즐기며 살려고 하는 나가사와는 자신의 쾌락을 위해 여자는 쾌락의 대상으로만 여기는 호색한이다. 잠시 등장할 뿐이기에 작가가 권할 만한 인간 유형으로 등장시킨 인물이 아니라는 사실을 알 수 있다.

주인공 와타나베가 마지막으로 선택하는 인물은 미도리다. 어디로 튈지 모르는 생기발랄한 미도리는 어떤 비극적 운명이라도 받아들이고 극복해가려 한다. 와타나베는 하루하루 즐거움으로 이겨내는 미도리를 애타게 부른다. 미도리의 삶 쪽으로 향하는 것이다. 미도리는 하루키의 실제 부인 다카하

죽음에 굴복하여 자살한 인물들	삶의 정황 (Sitz im Leben)	역경을 즐기며 맞서는 인물들
고교 동창 기즈키	**'나'는 어디에 있는가?**	쾌락을 즐기는 나가사와
나가사와 애인 하쓰미		아직 치료 중인 레이코
나오코		고통을 이겨내는 미도리

시 요코일 수 있다. 방황을 끝낸 하루키가 요코와 결혼하면서 안착을 했다. 하지만 미도리는 실제 인물을 뛰어넘는 허구적 인물이다.

『노르웨이의 숲』이라는 소설 제목에 대해 시비를 가린 적이 있었다. 비틀스의 「Norwegian wood」라는 제목에서 'wood'를 하루키가 목재 가구가 아니라 한자 '森'으로 쓴 것은 '森'이라는 한자가 이 소설의 주제를 암시하기 때문이 아닐까. 林 자 위에 木 자가 있는 글자 모양이 '내'(와타나베)가 죽음과 생명을 양쪽에 두고 그 사이에서 선택을 고민하는 듯한 모양새다. 고단샤에서 나온 일본어판 상하권이 붉은색과 녹색 표지인 것은 나오코(죽음)와 미도리(생명)를 상징하는 것이 아닐까.

붉은색과 녹색 사이에서 '홀로' 나는 어디에 있는가를 묻는 질문은 소설 속의 화자뿐만 아니라 독자에게도 해당한다.

『노르웨이의 숲』 일본어판. 표지 색깔이 상권은 붉은색, 하권은 녹색이다.

이 질문은 삶의 정황(Sitz im Leben, situation in life)을 묻는 말이다. '삶의 정황'은 '삶의 자리'라고도 하며, 신학자 헤르만 궁켈(Hermann Gunkel, 1862~1932)이 설명한 용어다. 모든 성경 구절은 특별한 삶의 자리에서 선포된다는 뜻이다. 이 용어를 성경 구절이 아닌 인간 존재에게 묻는 질문으로 바꾸어보자. 한 인간이 살아가는 양태는 그가 처해 있는, 그가 선택한 특별한 삶의 정황에서 나타난다. 우리가 어떻게 살아가는가는 어떤 삶의 정황을 선택했는지에 따라 결정될 것이다.

『노르웨이의 숲』을 쓰기 전 1974년부터 하루키는 재즈 카페 '피터 캣'을 아내와 함께 운영한다. 미군에 밀려나는 사이공, 허망하게 끝나는 베트남 전쟁을 본 1975년 4월, 26세의 하루키는 와세다 대학교 제1문학부 연극학과를 졸업한다. 졸업 논문은 「미국 영화에서의 여행의 의미」였다. 1981년에는 '피터 캣'을 정리하고 전문 작가의 길에 들어선다. 생계를 위해 1986년부터 1989년까지 그리스 등 유럽 여러 나라에서 살며 여행기를 연재했는데, 이때 『노르웨이의 숲』 등을 썼다.

"나는 지금 어디에 있지?"라는 질문은 고향을 떠난 하루키 자신이 늘 마주하는 질문이기도 했다.

『노르웨이의 숲』은 이제 우리에게 어떤 삶을 선택할 것이냐고 묻는다.

첫째, 이 소설은 시대의 희망이나 잊을 수 없는 친구들이 죽음으로 사라지는, 모든 것을 상실할 때 어떻게 애도해야 하고 어떻게 극복해야 하는지, 어떤 삶을 선택해야 할지 생각하게 한다. 이 소설은 단순한 연애 소설이 아니라 치유의 소설이기도 하다.

둘째, 이 소설은 19세에서 37세에 이르는 주인공의 성장 과정을 보여준다. 기즈키와 나오코의 죽음을 목도하는 주인공이 어떻게 그 그림자를 이겨내고 어른이 되어갔는지, 페르소나와 그림자의 일치 과정을 보여주는 성장 소설이다.

미도리를 만났다고 해서 와타나베의 상처가 완전히 치유되었을까. 와타나베는 미도리와 함께 살았을까. 아니다. 소설 1장을 보면 나오코를 잃은 상처는 완전하게 치유되지 않은 것을 알 수 있다. 함부르크 공항 비행기 안에서 비틀스의 「노르웨이의 숲」을 들은 37세의 와타나베는 잊은 줄 알았지만 아직도 잊지 못하고 있는 나오코에 대한 18년 전 기억으로 소환된다. 1장 어디에도 미도리라는 이름은 나오지 않는다. 오히려 죽은 나오코 이름만 수십 차례 언급되고 기억된다. 이토록 인간의 트라우마란 무의식에 깊이 박혀 있다가, 자신도 모르는 순간 어떤 계기가 주어지면 표면으로 떠오르면서 괴롭힌다. 그 계기는 바로 「노르웨이의 숲」이라는 노래였다. 이 소설의 제목이기도 한 「노르웨이의 숲」이란 노래가 주인공의 무의식에 숨어 있던 트라우마를 일깨운 것이다. 아울러 와타나베는 『노르웨이의 숲』이라는 긴 기록을 남겨, 기억해달라는 나오코의 부탁, 그 약속을 지킨 것이다.

무라카미 하루키는 '연결된 고통'이 얼마나 무서운가를 썼다. 비틀어진 존재들이 서로 기대며 위로하는 시공간을 하루키는 소설에서 재현했다. 『노르웨이의 숲』은 미도리를 통해서 "딱딱한 껍데기"에서 탈출하는 이야기다.

8. 고도 자본주의의 제설 작업, 춤을 추라

1988년 39세
『댄스 댄스 댄스』

『댄스 댄스 댄스(ダンス ダンス ダンス)』는 '나를 찾는 순례기'라는 의미에서는 바로 전해에 발표한 『노르웨이의 숲』과 비슷하다.

잠깐 이 장편이 나오기까지 하루키의 이력을 일별해보자. 1979년 처녀작 『바람의 노래를 들어라』로 제22회 군조 신인문학상을 수상한다. 1982년 세 번째 소설 『양을 쫓는 모험』을 발표하고, 이 작품으로 제4회 노마(野間) 문예 신인상을 수상한다. 1984년 「반딧불」, 「헛간을 태우다」 등 단편 발표, 1985년 『세계의 끝과 하드보일드 원더랜드』로 제21회 다니자키 준이치로상을 수상한다. 1986년 『빵가게 재습격』, 1987년 『노르웨이의 숲』을 발표해 세계적으로 하루키 신드롬을 일으킨다. 다음 해 1988년 발표한 작품이 바로 『댄스 댄스 댄스』다.

이 작품은 쥐, 양 사나이, 귀 모델 등 같은 인물이 등장하는 『바람의 노래를 들어라』, 『1973년의 핀볼』, 『양을 쫓는 모험』에 이어지는 마지막 4부작이라고 할 수도 있다. 소설은 총 44장, 각권 22장인 두 권의 책으로 구성되어 있다.

낭비의 시대

과거엔 허름했던 돌핀[이루카(イルカ, 돌고래)] 호텔은 지금은 화려하게 새로이 지어졌고, 여전히 돌핀 호텔이란 상호를 사용하고 있는 특급 호텔이다. 34세의 주인공 '나'는 20대였을 때 돌핀 호텔에서 지낸 적이 있다. 『양을 쫓는 모험』에 등장하는 주인공과 같은 인물로 추정되는 '나'는 잡지나 자질구레한 지면에 글을 싣는 자유 기고가다.

언제부터인가 꿈에서 몇 년 전 동거했던 '키키'라는 고급 콜걸이 자신을 부르는 환영을 보고, 4년 만에 그토록 싫어했던 돌핀 호텔에 다시 간다. 그녀는 고급 콜걸이면서, 조그마한 출판사에서 아르바이트로 교정 일을 하고, 파트타임으로 '귀 모델'도 한다. 바로 앞에 발표한 『양을 쫓는 모험』에 등장했던 키키가 있지 않을까 해서 돌핀 호텔로 찾아간 '나'는 키키를 만나지 못한다.

우리는 고도 자본주의 사회에 살고 있는 것이다. 거기에선 낭비가 최대의 미덕인 것이다. 정치가는 그것을 내수(內需)의 세련화라고 부른다. 나는 그것을 무의미한 낭비라고 부른다. (무라카미 하루키, 『댄스 댄스 댄스』, 문학사상사, 1995, 1권 3장 51면)

만일 모두가 낭비인 것을 일체 생산하지 않게 된다면, 대공황이 일어나서 세계의 경제는 엉망진창이 되고 말 것이다. 낭비라는 것은 모순을 일으키게 하는 연료이며, 모순이 경제를 활성화하고, 활성화가 다시 낭비를 만들어내는 것이다, 라고. (『댄스 댄스 댄스』, 1권 4장 61면)

문화적 제설 작업

1권 7장부터 서서히 빨리 읽힌다. 7장은 조금 길다.

'나'는 새로 지은 돌핀 호텔 프런트 여직원에게 렌터카를 빌릴 수 있는지 묻는다. 이상하게도 이 여직원은 개인적으로 할 대화가 있다며 밖에서 만나자고 한다. 아홉 시 오 분 전에 여직원이 자신이 만나자고 정한 바에 나타난다. 여직원은 어둠에 갇혀 있는 16층 이야기를 한다.

16층에는 객실과는 별도로 종업원용 탈의실 등이 있다. 여직원이 16층에 내렸는데 갑자기 캄캄한 어둠 속이다. 헛간에서 풍길 법한 오래된 공기가 다가온다. 엘리베이터 스위치 램프까지 꺼져서 무서웠다. 발소리가 살살 그녀 곁으로 다가오는 듯한 공포를 느낀다. 가까스로 1층으로 내려가 남자 매니저에게 16층이 이상하다고 말한다. 매니저와 16층에 다시 가보니 이상하게도 전등이 휘황하게 켜져 있다. 냄새도 안 나고, 달라진 것이 없다. 16층은 소설 마지막에 유령이 사는 공간으로 다시 나온다.

'나'와 여직원은 16층 이야기를 마치고 식사한다. 호텔의 요정처럼 보이는 그녀는 스물셋이고, 호텔 전문학교에서 2년간 공부한 뒤 삿포로에 있는 돌핀 호텔까지 온 것이다. 두 사람은 서로 개인사를 묻는다. 그녀는 글쓰기가 무슨 일인지 '나'에게 묻는다.

"재미나다고 생각한 적은 한 번도 없지. 글 쓰는 일 자체는 별로 고통스럽진 않아. 글 쓰는 건 싫지 않거든. 쓰고 있으면 긴장이 느슨해지지. 하지만 쓰고 있는 내용은 제로인 거야. 아무런 의미도 없어."

『댄스 댄스 댄스』의 무대는 돌핀 호텔이고 여주인공은 프런트에서 일한다.

"예를 들면 어떤 데가?"

"예를 들면 하루에 열다섯 곳이나 레스토랑이며 요리점을 돌고, 내놓는 요리를 한 점씩 먹어보고, 나머지는 전부 남겨놓는 일. 그런 것이 어딘가 결정적으로 잘못됐다고 나는 생각해."

"하지만 전부를 다 먹을 순 없잖아요?"

"물론 그럴 순 없지. 그런 짓을 하면 사흘이면 죽어버려. 다들 나를 바보인 줄 알지. 그런 짓을 하고 죽어도 아무도 동정하지 않아."

"그럼, 하는 수가 없지" 하고 나는 되풀이 말했다. "그건 알고 있어. 그러니까 제설(除雪) 작업 같은 거야. 하는 수 없으니까 하고 있는 거야. 재미나서 하고 있는 것이 아니라구."

"제설 작업" 하고 그녀는 말했다.

"문화적 제설 작업" 하고 나는 말했다. (『댄스 댄스 댄스』, 1권 7장 101면)

이 소설에서 눈을 치우는 '제설 작업(除雪作業)'이라는 말은 여러 번 반복돼 나온다. 다른 어느 곳보다도 홋카이도 삿포로에서 제설 작업이란 특별한 의미를 지닌다. 홋카이도 지역은 겨울이면 도로를 덮은 눈을 치울 새도 없이 눈이 많이 내리는 데다 기온이 낮아, 겨울 내내 눈 위로 다녀야 할 정도다. 처음 홋카이도에 간 사람들은 눈이 아름답게 보이지만, 그곳에 사는 주민들에게는 집 앞을 덮어버리고 쌓여 있는 엄청난 눈더미들이 쓰레기로 보일 수도 있다. 눈이 다시 내리면 다시 그때그때 치워야 하는데, 그 일이 많을 때는 버겁기만 하다. 눈이 연이어 내리면 포기하고 만다. 물론 "하는 수 없으니까 하고 있는" 제설 작업은 의미 있는 일이기도 하다.

사람이 살아가면서 경험한 많은 일들을 그냥 흘려버릴 수도 있지만, 잘 정리해두어야 할 때도 있다. 눈에 덮인 길을 그대로 두면 언젠가는 녹겠지만, 그때그때 제설하면 언제나 멋진 길이 될 수도 있다. 글을 쓴다는 행위는 인간이 겪은, 어쩌면 쓰레기나 눈 더미로 보이는 순간들을 정리하는 제설 작업이 아닐까. 원고 마감일에 다가가면서 하는 글쓰기는 눈 더미를 하나씩 치우며 제설 작업을 하는 마음과 비슷하지 않은가.

제설 작업은 깨끗하게 보이지만 사실 더러운 것을 덮어버리는 부정적인 눈을 치우는 일이다. 그렇게 본다면 『댄스 댄스 댄스』에 등장하는 모든 인물들은 제설 작업을 하고 있다. 콜걸 메이는 성행위로 남자의 욕망을 치워주는 제설 작업을 한다. 한 명씩 죽어가는 다섯 명의 인생들은 더러운 눈을 치우는 제설 작업에 따라 사라지는 존재들이 아닌가.

호텔 프런트의 그녀와 '나'는 하룻밤을 같이 지내려 했으나 참는다. '나'는 아침에 도서관으로 가서 "삿포로의 토지 의혹, 검은손이 농간하는 도시 재개발"이라는 기사를 본다. 삿포로시 재개발 계획에 "일본도를 휴대한 해결사 패거리가 들이닥친다. 경찰도 그러한 사건에는 그렇게 열심히 손을 쓰려 하지 않는다".

그것이 고도 자본주의 사회라는 것이었다. 마음에 들건 안 들건간에, 우리들은 그러한 사회에 살고 있었다. 선악(善惡)이라는 기준도 세분화되었다. 궤변론적인 것이다. 선 가운데에도 유행을 좇는 선과 유행을 좇지 않는 선이 있었다. 악 가운데에도 유행을 좇는 악과 유행을 좇지 않는 악이 있었다. (『댄스 댄스

댄스』, 1권 7장 109~110면)

1969년 전공투 투쟁 때는 적이 명확했고, 그 적에게 돌을 던지면 되는 단순한 시대였다.

당시엔 그렇게 생각지 않았지만, 1969년의 세계는 아직 단순했다. 기동대원에게 돌을 던진다는 것만으로도 어떤 경우에는 사람들은 자기 의사 표명을 다할 수가 있었다. 그런 대로 좋은 시절이었다. 궤변론적인 철학 밑에서 도대체 누가 경관에게 돌을 던질 수 있단 말인가? 도대체 누가 자진해서 최루가스를 뒤집어 쓴단 말인가? 그것이 현재인 것이다. 구석 구석에 그물이 쳐져 있다. 그물 바깥에는 또 다른 그물이 있다. 어디로도 갈 수가 없다. 돌을 던지면 그것은 되돌아 자기에게로 온다. 정말 그런 것이다. (『댄스 댄스 댄스』, 1권 7장 110면)

1980년대 고도 자본주의 사회에 들어서면서 "선악(善惡)이라는 기준도 세분화되었다". 특히 놀랍게도 삿포로시 재개발 "그 매점의 첨병이 돌핀 호텔이었다". 『양을 쫓는 모험』에서는 일본 극우의 숙주가 모인 곳이었는데, 이제 돌핀 호텔은 '일본 극우=부패한 자본가=야쿠자'가 모인 어둠의 아지트다. '나'

로서는 도저히 상대할 수 없는 거대한 어둠 덩어리인 것이다.

댄스 댄스, 양 사나이를 만나다

 호텔 프런트 직원 유미요시와 관계가 깊어지는 가운데, 10장 끝에서 드디어 '나'는 돌핀 호텔 16층이라는 이상한 어둠의 공간에서 양 사나이를 만난다.
 『양을 쫓는 모험』에 처음 등장하여 극우에 저항하던 양 사나이는 『댄스 댄스 댄스』에 다시 등장한다. 양 사나이가 겪은 전쟁은 극우 파시즘과의 전쟁이었다. 이제 겪어야 할 전쟁이 이미 시작되었다고 양 사나이는 나에게 말한다.

 "조심해야지. 죽고 싶지 않다면, 조심하는 게 좋아요. 전쟁이라는 건 반드시 있는 거야. 언제건 반드시 있어. 없다는 법은 없는 거야. 없는 것처럼 보여도 반드시 있어. 인간이란 건 말이야. 진짜 마음 속으로는 서로 죽이고 죽고 하는 걸 좋아하거든. 그리고 다들 서로 지쳐 떨어질 때까지 죽이고 죽고 하는 거야. 지쳐 떨어지면 얼마동안 쉬지. 그리곤 다시 죽이고 죽기를 시작해. 뻔한 일이야. 아무도 신용할 수 없고, 아무것도 달라지지 않아. 그러니까 어쩔 수도 없는 거야. 그런 것이 싫다면 다른 세계

로 도망하는 수밖에 없어요." (『댄스 댄스 댄스』, 1권 11장 142~143면)

양 사나이는 '나'의 무의식에 잠재해 있는 은둔자다. 하루키는 '양 사나이는 나의 영원한 히어로'라고 했다. 양 사나이는 하루키의 분신적 캐릭터이면서, 그리스 비극에서 주인공을 대변하거나 앞길을 안내하는 코러스 같은 존재다.

인용문에 '내'가 이제부터 마주칠 전쟁에 대한 예견이 모두 들어 있다. 이제 극우 파시즘과의 전쟁을 넘어, '나'는 고도 자본주의 사회에서 사람이 사람을 죽이는 복잡한 전쟁에 들어선 것이다. 가정은 파괴되고, 정상적인 성관계도 파괴되고, "다들 서로 지쳐 떨어질 때까지 죽이고 죽"는다.

양 사나이는 고도 자본주의 사회 속에서 새로운 방식으로 인간이 인간을 죽이는 전쟁을 예고한다. "그런 것이 싫다면 다른 세계로 도망하는 수밖에 없어요."라고 양 사나이는 단언한다. 실제로 '나'는 소설 마지막까지 벽 저편의 세계로 가려고 한다. 그러다 다시 현실로 돌아온다. '나'는 부패한 돌핀 호텔에서 벗어날 수 있을까. 양 사나이는 불가능하다고 말한다.

"물론이오. 당신도 여기에 포함돼 있어. 나도 여기에 포함돼 있고. 다들 여기에 포함돼 있어요. 그리고 여기는 당신의 세계란 말이오" 하고 양 사나이는 말했다. (『댄스 댄스 댄스』, 1권 11장 147~148면)

현대 인간은 고도 자본주의 사회의 낭비와 부패와 권태, 누군가를 죽이는 일에 알게 모르게 연루돼 있다.

다른 세계로 가지 않고 이 땅에서 살아가는 방법으로 양 사나이는 댄스를 제시한다. 양털을 뒤집어쓴 양 사나이는 현대식 신축 호텔 한구석에서 양초를 불빛 삼아 지내는 주제에 '나'에게 춤을 추라고 한다. 춤을 추는 수밖에 길이 없다고 세 차례나 반복해서 말한다.

"음악이 울리고 있는 동안은 어떻든 계속 춤을 추는 거야. 내가 하는 이 말을 알아 듣겠는가? '춤을 추는 거야. 계속 춤을 추는 거요'. 왜 춤추느냐 하는 건 생각해선 안 돼. 의미 같은 건 생각해선 안 돼. 의미 같은 건 애당초 없는 거요. 그런 걸 생각하기 시작하면 발이 멎어. 한번 발이 멎으면 이미 나로선 어떻게도 도와 주지 못하게 되고 말아. 당신의 연결은 이미 모두가 없어지고 말아. '영원히 없어지고 마는 거요'. 그렇게 되면 당신은 이쪽 세계에서밖엔 살아가지 못하게 되고 말아. 자꾸자꾸 이쪽 세계로 끌려들고 마는 거야. 그러니까 발을 멈추면 안 돼요. 아무리 싱겁기 짝이 없더라도, 그런 건 신경 쓰면 안 돼. 제대로 스텝을 밟아 계속 춤을 추어대란 말이오. 그리고 굳어져 버린 것을 조금씩이라도 좋으니 풀어나가는 거요. 아직 늦지 않은 것도 있을 테니까. 쓸 수 있는 것은 전부 쓰는 거요. 최선을 다하는 거요. ……"(『댄스 댄스 댄스』, 1권 11장 151면)

'나'는 그 말이 무슨 뜻인지 알지 못하지만, 이 문장은 『댄스 댄스 댄스』와 4부작 전체를 아우르는 해답이라고 할 수 있다. 『양을 쫓는 모험』에서는 일본 극우의 숙주를 찾아가는 모험을 했으나, 『댄스 댄스 댄스』에 이르면 자신의 정체성을 성찰하는 자기만의 춤을 추라는 의미로 해석할 수 있다. "쓸 수 있는 것은 전부 쓰는 거요. 최선을 다하는 거요."라는 말은 하루키 자신에게 다짐하는 문장일 것이다.

"왜 춤추느냐 하는 건 생각해선 안 돼. 의미 같은 건 생각해선 안 돼. 의미 같은 건 애당초 없는 거요."란 무슨 뜻일까. 이 말은 정말 많은 상상을 하게 만든다. 이 글을 읽은 사람마다 다른 생각을 할 수도 있다.

첫째, 그간 너무 많은 의미에 묶여 살아온 '나'를 위한 양 사나이의 조언일 것이다. 『바람의 노래를 들어라』에서는 전공투, 『양을 둘러싼 모험』에서는 극우 파시즘, 『노르웨이의 숲』에서는 살아 있다는 의미 등 너무 많은 의미에 묶여 살아왔다. 의미를 생각하지 말라는 것은 어떤 일에 큰 미련을 두지 말고, 일단 하고 싶은 일을 춤추듯 시작하라는 권유로 읽힌다.

'나'는 너무 지쳐 있다. 그래서 앞에 "자신을 재정비한다는 의미와 그다음의 방향성에 대해서는 생각지 않기로 했다. 그것은 또 다른 문제다, 하고 나는 생각했다. 거기에 대해선 다시 다음에 생각하면 된다. 우선 첫째로 평형성을 회복하는 일이다."(2장 43면)라고 털어놓기도 했다. 의미 이전에 일단 '평형성'이라는 안정이 필요한 것이다.

둘째, 이 말은 아무 생각 없이 달려야 한다는 하루키의 방식과도 비슷하다.

나는 달려가면서 그저 달리려 하고 있을 뿐이다. 나는 원칙적으로 공백 속을 달리고 있다. 거꾸로 공백을 획득하기 위해 달리고 있다, 라고 하는 것이 맞을지도 모른다. 그와 같은 공백 속에서도 그 순간순간의 생각이 자연스럽게 스며들어 온다. 당연한 일이다. 인간의 마음속에는 진정한 공백 같은 건 존재할 수 없기 때문이다. 인간의 정신은 진공을 포용할 만큼 강하지 않고, 또 한결같지도 않다. 그렇다고 해도 달리고 있는 나의 정신

속에 스며들어 오는 그와 같은 생각(상념)은 어디까지나 공백의 종속물에 지나지 않는다. 그것은 내용이 아닌, 공백성을 축으로 해서 성립된 생각인 것이다. (무라카미 하루키, 『달리기를 말할 때 내가 하고 싶은 이야기』, 문학사상, 2009, 36면)

하루키는 달리기를 할 때 어떠한 생각도, 어떠한 의미도 생각하지 않고, 머리를 비운 상태로 달린다고 한다. 의미가 없는 '공백'이 그에게는 쉼의 공간이며, 다음 활동을 위한 창조의 공간이다.

셋째, 의미를 두지 않는다는 것은 하루키 문학의 미학이기도 하다. 그는 의미에 의존하지 않으려 애쓰는 작가다. 하루키는 어떤 의미로 독자를 계몽하려는 작가가 아니다. 문학 작품에는 어떤 의미, 곧 민족정신이나 항일 정신이나 반독재라든지, 어떤 의미가 있어야 한다는 한국적 윤리주의 문학관과는 차이가 있다. 하루키의 최대 키워드인 '상실(喪失)'이라는 말은 그 자체가 의미가 사라진 상태를 말한다. 작가가 의미를 강요하는 방식이 아니라, 독자가 나름대로 의미를 만들기를 바라는 방식이다. 아니, 자기 소설을 읽고 '의미'가 아니라 '재미'로 즐겨도 좋다고 생각한다.

모리스 블랑쇼는 『카프카에서 카프카로(De Kafka à Kafka)』

(1981)에서 카프카 문학은 낮의 문학이 아니라 저녁의 문학, 애매모호한 중성(中性)의 문학이라고 평가했다. 밝은 대낮도 아니고, 어두운 밤도 아닌, 무엇인가 정확하지 않은 황혼 같은 분위기는 하루키 문학에도 통한다. 카프카나 하루키 작품은 겉으로 읽으면 아무 의미가 없는 듯 보인다. 두 작가의 작품을 한 번 더 읽고 더 생각하면, 여러 의미로 다가온다.

하루키와 니체의 춤

하루키의 거의 모든 작품에 깔려 있는 철학 사상 중 니체 철학을 빼놓을 수 없다. 니체가 춤에 대해 쓴 글은 『차라투스트라는 이렇게 말했다』에서가 처음이 아니다. 이미 『비극의 탄생(Die Geburt der Tragödie aus dem Geiste der Musik)』 (1872)에서 니체는 디오니소스 축제에서 인간은 노래하고 춤추면서 스스로를 신으로 느끼며, 마치 꿈속에서 신들이 소요하는 것을 본 것처럼 그 자신도 황홀해지고 고양되어 돌아다닌다고 썼다.

『차라투스트라는 이렇게 말했다』 1부 「읽기와 쓰기에 관하여(Vom Lesen und Schreiben)」에서 니체는 춤을 이렇게 표현했다.

이제 나는 가볍다. 나는 날고 있으며 나 자신을 내려다보고 있다. 이제야 한 신이 나를 통해 춤을 추고 있다. (중략) 나는 춤을 출 줄 아는 신만을 믿을 것이다. (프리드리히 니체, 『차라투스트라는 이렇게 말했다』, 책세상, 2010, 65면)

춤을 출 수 있는 신은 당연히 디오니소스다. 고통스러운 삶을 이해하는 디오니소스는 춤추며 삶을 긍정으로 받아들인다. 고통에 대한 허황한 형이상학적-종교적 해석에서 탈출한 자유로운 정신은 춤을 추며 해방된 자유정신을 누린다.

『차라투스트라는 이렇게 말했다』 1부 「춤에 부친 노래(Das Tanzlied)」에서는 춤을 못 추게 땅으로 끌어당기는 '중력(重力)'을 악령이라고까지 했다.

나는 춤을 출 줄 아는 신만을 믿으리라. 나는 악마를 보았을 때 악마가 엄숙하고 철저하고 심오하며 장하다는 것을 알았다. 그것은 중력의 악령이었다. 그것 때문에 모든 것이 몰락한다.

사람들은 노여움으로서는 죽일 수 없고 웃음으로서만 죽일 수 있다. 자, 일어서라! 중력의 악령을 죽여야 하겠다. (『차라투스트라는 이렇게 말했다』, 65면)

(왼쪽) 정승원, 〈니체, 노래하고 춤추다〉. (오른쪽) 이근표, 〈F. Nietzsche〉. 2019년 한국니체학회 춘계 학술 행사 기념 전시회.

'중력의 악령'이란 무엇일까. 우리말로 들으면 무척 어렵다. 영어로 'Spirit of Gravity'라고 번역한다. 독일어로는 'der Geist der Schwere'이다. 'die Schwere'는 무서움, 무게, 중량, 부담이라는 뜻이다. 'der Geist'는 정신이라고 번역하지만 마귀, 유령, 망령이라는 뜻도 있다. 계급 의식, 학벌주의, 인종주의, 국가주의, 지역주의 등 우리 의식의 고양을 방해하는 모든 무거운 고정 관념은 중력의 악령이다.

춤추기 위해서는 몇 가지 기본 요건이 필요하다. 첫째, 즐거워야 한다. 둘째, 가벼워야 한다. 셋째, 굳건해야 한다. 넷째, 균형을 유지할 수 있어야 한다. 다섯째, 무대가 있어야 한다.

391

니체에게 '번개' 혹은 '춤추는 별'은 자기가 기획한 곳, 자유 의지에 따라 원하는 곳에 떨어진다는 상징, 즉 기투(企投, Entwurf)의 상징이다. 남에 의해 던져진 피투(被投, Geworfenheit)의 존재가 아니다. 니체는 '별'을 성숙한 실존의 상징으로 쓴다.

> 춤추는 별을 잉태하려면 반드시 스스로의 내면에 혼돈을 지녀야 한다. You need chaos in your soul to give birth to a dancing star. (프리드리히 니체)

니체는 별을 더욱 역동적으로 "춤추는 별"로 표현한다. 니체는 위버멘쉬의 탄생을 '춤추는 별의 탄생(Die Geburt vom tanzenden Stern)'으로 표현한다. 별은 스스로 의지대로 춤출 수 있는 존재로 재현된다. 모든 인간이 "너의 별을" 찾고 따라가는 것은 얼마나 중요한가.

저녁을 맞이한 위버멘쉬가 추는 춤이야말로 '신성한 춤'이다. 희망이 줄어든 시간에 추는 춤은 중력의 악령, 무거움의 유령을 조롱하는 '신성한 춤'이 될 것이다. '신성한 춤'을 추며 살아가야 하지 않는가.

『차라투스트라는 이렇게 말했다』 3부에 「춤에 부친 또 다

이사도라 덩컨

른 노래(Das andere Tanzlied)」라는 글이 있다.

> 가벼워지기를 바라고 새가 되기를 바라는 자는 먼저 자기 자신을 사랑할 줄 알아야 한다. 나 이렇게 가르치는 바이다. 그렇다고 병든 자 병에 찌든 자, 하는 식으로 자기 자신을 사랑해서는 안 된다. 자애라는 것조차도 그런 자들에게는 악취를 풍기기 때문이다! 나 가르치노니, 자기 자신을 건전하며 건강한 사랑으로써 사랑하는 법을 배워야 한다. 자기 자신을 참고 견뎌 내가며 쓸데없이 방황하는 일이 없도록 하기 위해. (『차라투스트라는 이렇게 말했다』, 319면)

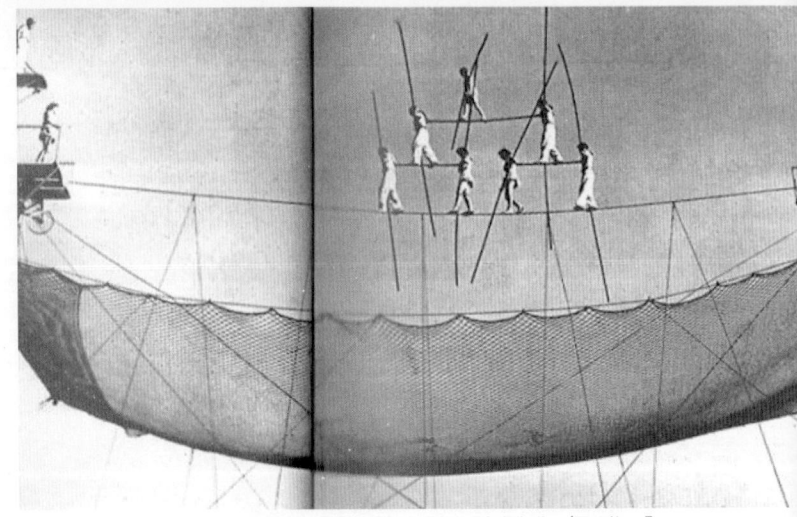

삶을 가볍게 해야 창조자 위버멘쉬로 춤추며 살 수 있다. 위버멘시는 '줄 타는 춤꾼'이다.

현대 무용도 니체의 영향을 크게 받았다. 19세기 말, 클래식 발레만이 무용 예술로 인정받던 당시에 맨발로 가볍게 무대 위에서 뛰어놀며 춤추는 무용수가 등장했다. 이사도라 덩컨(Angela Isadora Duncan, 1877~1927)의 등장은 가히 충격이었다.

『댄스 댄스 댄스』라는 제목과 그 주제도 니체의 춤 철학과 관련 지어 생각할 수 있다. 니체나 이사도라 덩컨이나 하루키의 '양 사나이'는 모두 삶을 가볍게 여기고 긍정하며 춤추며 살고 싶어 했다. 타조나 낙타처럼 무거우면 춤을 출 수 없다. 무거운 중력을 거스르고 날아오르는 힘, 춤은 무거움에 저항

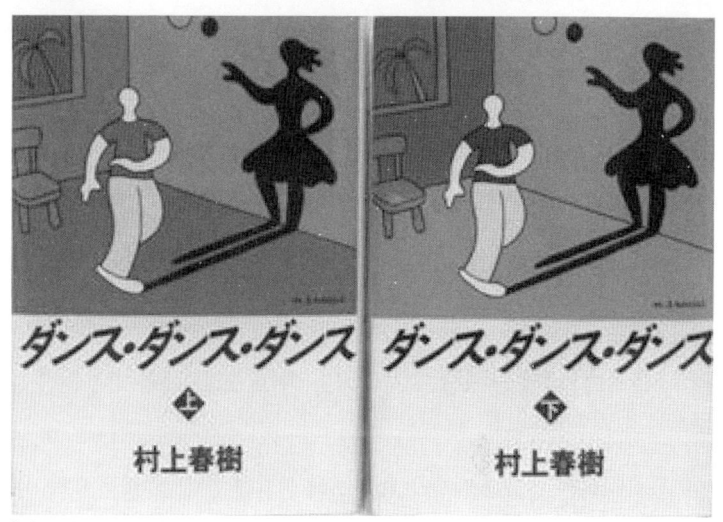

『댄스 댄스 댄스』 일본어판.

하는 예술이다. 무거운 진리, 관습, 규범, 도덕을 승화(昇華)시킬 수 있어야 한다. 삶을 가볍게 해야 위버멘쉬로 춤추며 살 수 있다. 위버멘쉬는 '줄(Seil) 타는 춤꾼(tänzer)'이다. 니체가 강조한 '아모르 파티(amor fati)'는 운명을 사랑하라는 뜻이다. 춤추는 자만이 자기 운명을 춤추듯 사랑할 수 있다. 『댄스 댄스 댄스』의 일본어판 표지에는 그림자와 춤추는 사내 그림이 나온다. 혼자서라도 춤추며 삶을 즐기며 살아가야 한다는 메시지로 보인다.

전화국처럼 연결된 인간들

'나'는 13세 소녀 '마키무라 유키(牧村雪)'를 만난다. 엄마 아메가 그냥 두고 떠난 유키를 '내'가 도쿄에 데려다주면서 둘은 친해진다. '내'가 세상을 보는 인식은 마치 전화국과 비슷하다. 이 소설에서 양 사나이를 '전화 교환수'라고 부른다.

나는 전화국을 생각했다. 선이 연결돼 있다. 이 방에서 죽어디까지나 그 선은 연결돼 있다. 나는 원리적으로는 누구에게나 연결될 수가 있다. 앵커리지에라도 전화를 걸 수 있다. 돌핀 호텔에라도, 헤어진 아내에게라도 전화를 걸 수 있다.
거기에는 무수한 가능성이 있다. 연결점은 전화국에 있다. 컴퓨터가 그 연결점을 처리하고 있다. 숫자 배열에 의해 연결점이 전환하고, 커뮤니케이션이 성립한다. 전선이나 지하 케이블이나 해저 터널이나 통신 위성 등등을 통해서 우리들은 연결된다.
(『댄스 댄스 댄스』, 1권 17장 205면)

사랑했던 아내와 멀어져 이혼한 까닭도 아내와 '나'의 커뮤니케이션의 차이 때문이다.

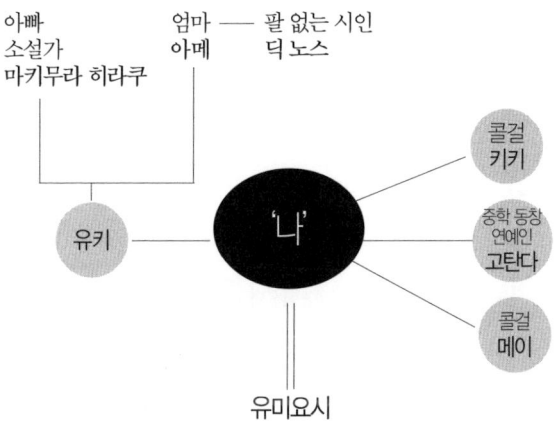

『댄스 댄스 댄스』 인물도. ⓒ김응교

아내는 커뮤니케이션의 자립성 같은 것을 요구했었다. 커뮤니케이션이 얼룩 한 점 없는 백기(白旗)를 내걸고 사람들을 빛나는 무혈 혁명으로 선도해 가는 그런 장면을. 완전성이 불완전성을 삼키고 치유해버리는 그런 상황을. 그런 게 그녀에게 있어서의 사랑이었다.

나에게 있어서는 물론 그렇지가 않았다. 나에게 있어서의 사랑이란 어색한 육체를 가지게 된 순수한 개념이며, 그것은 지하 케이블이니 전선이니를 뭉기적 뭉기적 통과해 가까스로 어떻게 어떻게 해서 어딘가로 연결돼 있는 그런 물건이었다. 굉장히 불완전한 물건인 것이다. 가끔가끔 혼선도 있다. (『댄스 댄스 댄스』, 1권 17장 206면)

이후 만나는 인물들은 모두 기이하다. 평범한 사람들은 없다. '나'를 중심 전화국으로 하여 모든 인물들이 보이지 않게 연결돼 있는 것 같다. '나'의 친구인 유명 배우도 그 나름의 고민과 걱정이 있고, 유명한 사진작가도 혼자서는 정상 생활을 못한다. 고급 창부들, 문화적 제설 작업을 하는 주인공 등, 우리 세상에는 누구나 걱정과 고민이 있다. 누군가가 우러러보는 인물은 그 인물 나름대로의 고뇌가 있다. 사람은 누구나 완벽하지 않지만 행복해지려고 각자 애쓰며 살아간다.

정상적인 연결이 끊어진 유키와 고탄다

이제 사건들은 정상적인 인연이 끊어진 뒤에 벌어지는 상실, 그 상실을 넘은 죽음과 재생으로 나뉜다.
정상적인 인연이 끊긴 가족으로 유키의 가족이 나온다. '내'가 만난 유키의 부모와 그 가족은 자본주의가 낳은 기형적 가정이다. 유키의 아빠인 소설가 마키무라 히라쿠는 전위작가로 넉넉하게 사는 부자다. 부모와의 연이 끊어지고 어린 유키는 고통을 겪는다.

"내가 아저씨에게 폐를 끼치고 있는 게 아니에요?" 하고 유키는 말했다.

나는 이에 대해 약간 생각해 보았다. "끼치고 있을지도 몰라. 하지만 그건 네가 염려할 게 못 돼. 그리고 결국 나 역시 너와 함께 있는 게 좋으니까 함께 있는 거야. 의무적으로 어울리고 있는 게 아냐. 왜 그럴까? 왜 나는 너하고 함께 있는 것을 좋아할까? 나이 차이도 이토록 많고, 공통된 화제도 별로 없는데 말야. 이는 아마 네가 내게 무엇인가를 상기시키기 때문일 거야. 내 속에 죽 묻혀져 있던 감정을 상기시키는 거야. 내가 열세 살이나 열네 살이나 열다섯 살쯤 되었을 무렵에 품고 있던 감정이야. 만일 내가 열다섯 살이었다면, 너와 숙명적으로 연애를 하고 있었을 거야. 이는 이전에 말했었지?"(『댄스 댄스 댄스』, 2권 33장 167~168면)

사실상 부모에게 버림받은 유키는 고통스럽고 위태롭기만 하다. '나'의 중학교 동창이며 유명한 탤런트인 '고탄다(五反田)'는 원하는 모든 것들을 기획사의 '경비 처리'로 구입할 수 있다. 다만 자신이 정말로 사랑하는 사람을 돈으로 살 수는 없다. 그는 돈이 아닌 진실로 사랑을 살 수 없다는 괴리감에 키키를 죽이고, 메이까지 죽인 후 자살할 것을 암시한다. 부자의 상징인 최고급 자가용 마세라티를 타고 시바우라 바다로

자동차 마세라티.

차를 몰아 자살한다.

풍족한 '고탄다'는 무의미한 낭비 속에서 살지만, 진정한 인연을 맺지 못한다. 늦게 발견한 친구 '내'가 그래서 소중하지만, 이미 그의 낭비를 일삼는 헛된 삶, 그 바퀴는 멈출 수가 없었다. 그럴듯한 페르소나 이미지 관리를 위해 기획사와 함께 시간과 돈을 쏟아부으며, 정작 사랑한다는 키키와 아내 중 누구 하나 챙기지 못한다.

하루키는 유키 가족의 붕괴와 고탄다의 자살을 통해 1980년대 일본 사회의 몰락을 경고하고 있는 것이 아닐까. 돈이 최고의 가치라는 것을 자랑하는 세계 제1의 경제 대국이 된 일본이야말로 가장 죽어가는 사회가 아닌가, 이 세계가 어떤 방향키를 잡아야 할지, 하루키는 심각하게 묻는다.

형사 문학과 어부, 카프카의 패러디

21장의 한 페이지는 어디서 읽은 듯한 기분이 든다. 『댄스 댄스 댄스』에서 두 형사, '어부'와 '문학'이 찾아오는 장면은 카프카의 장편 소설 『소송』을 연상시킨다.

> 그들은 오후 세 시 지나서 찾아왔다. 둘이 함께 왔다. 내가 샤워를 하고 있을 때에 초인종이 울렸다. 내가 욕의를 걸친 채 문을 열 때까지 초인종은 여덟 번이나 울렸다. 신경질이 피부를 찌르고 드는 것 같은 울림이었다.
> 내가 문을 열고 보니, 남자 둘이 서 있었다. 하나는 사십대 중반이고, 또 하나는 나하고 비슷한 나이로 보였다. 사십대 중반의 나이로 보이는 편이 키가 크고, 코에 상처 자국이 있었다. 아직 봄무렵인데도 햇볕에 꽤나 그을려 있었다. 어부(漁夫)와 같은 그을림이었다. 괌의 해변이라든가 스키장에서 그을린 그런 류의 것은 분명 아니다. (『댄스 댄스 댄스』, 1권 21장 260면)

아닌 게 아니라, 이들이 찾아왔을 때 '나'는 카프카의 『소송(심판)』을 읽고 있었다. 하루키는 이런 식으로 자신이 패러디 한 장면을 소설에 슬쩍 끼워놓기도 한다. 카프카가 쓴 그 장면을 읽어보자.

> 누군가 요제프 K를 중상모략 한 것이 틀림없다. 그가 무슨 특별한 나쁜 짓을 하지도 않은 것 같은데 어느 날 아침 느닷없이 체포되었기 때문이다. 하숙집 주인 그루바흐 부인의 가정부가 매일 아침 여덟 시경에 그의 아침을 가져오는데, 그날은 아예 나타나지도 않았다. (중략) 노크 소리가 나더니, 이 집에서 한 번도 본 적이 없는 남자가 들어왔다. 남자는 호리호리하면서도 건장한 체격이었고 몸에 꼭 맞는 검은 재킷을 입고 있었는데, 재킷은 여행복처럼 여기저기 주름이 잡혀 있고 다양한 주머니와 버클과 단추에 벨트까지 달린 것이 어떤 용도로 입는 옷인지는 분명치 않았지만 매우 실용적으로 보였다. (프란츠 카프카, 『소송』, 문학동네, 2010, 9~10면)

『소송』에서 주인공 요제프 K는 자신의 서른 번째 생일날 일어나 맞은 아침에 두 명의 감시인이 자신의 방에 침입해 있다는 사실을 깨닫는다. 두 감시인은 K가 '체포'되었으며, 그는 이제부터 법원으로부터 소송 절차를 밟아나갈 것이라고 한다.

중요한 것은 '누군가'라는 단어이다. 이미 벌어진 어떤 문제(problem)가 있었다는 것이 가능하다. K는 이 법원의 사람들로부터 계속 자기의 죄가 무엇인지 알고자 하지만, 사람들은 한결같이 그 죄가 무엇인지 모른다고 할 뿐이며 그 죄가 무엇인지는 법원의 고위 관료들만이 알고 있다고 한다. 하지만 이 고위 관료들은 결코 쉽게 접할 수 있는 사람들이 아니며, 실제로 이 고위 관료들과 연줄이 있는 사람은 거의 아무도 없다. 하지만 K는 자신이 아무런 죄도 범하지 않았다는 것에 대해 스스로 확신이 있기 때문에 이 사건이 당혹스러울 뿐이다. K는 이러한 확신 때문에 이 '소송' 건에 대해 무관심한 태도로 일관한다.

여섯 개의 유골들

유키와 함께 하와이에 여행을 간 '나'는 어느 날 사라졌던 키키를 우연히 보고 쫓아가지만 결국 그녀를 찾지 못한다. 그 대신 그녀의 목소리가 들려온 방에서 여섯 개의 유골을 발견한다.

이후 이유를 모른 채 한 명씩 죽어간다. '나'는 죽은 사람들을 연결시켜 보니, 어떤 어둠의 조직과 연결돼 있다는 사실을 찾아낸다. 그림을 그려본 '나'는 악의 관계도가 "1차 대전이 일어나기 직전의 열강 관계도(關係圖) 같다"고 생각한다.

아무튼 사체가 또 하나 불어났다. 네스미, 키키, 메이, 딕 노스, 그리고 고혼다(고탄다——인용자). 모두 다섯이다. 나머지는 하나. 나는 고개를 저었다. 언짢은 방식의 전개였다. 다음에 무엇이 올 것인가? (『댄스 댄스 댄스』, 2권 40장 247면)

그 유골의 개수에 맞게 차례차례 주변 사람들이 죽어간다. 하지만 하나의 유골은 아직 누구의 것인지 모른다. 이들은 모두 악의 시스템 아래 죽어간 인물들이다.

2009년 하루키는 예루살렘상을 수상하며 '악의 시스템'을 소설로 쓰며 싸운다고 쓴 바 있다.

저는 소설을 쓰는 단 하나의 이유를 가지고 있습니다.
"개인이 지닌 영혼의 존엄성을 드높여, 각 개인의 영혼이 눈부신 빛을 발하게 하기 위함입니다."
우리들 각자의 영혼이 시스템에 종속되어 멸시당하지 않도록 항상 경보음을 울리고 시스템에 빛을 비추어 감시하여 경종을 울리는 것, 이것이 바로 이야기의 역할이자 힘이라고 생각합니다.

『댄스 댄스 댄스』에서 죽어가는 사람들은 모두 '악의 시스템'에 의해 죽어간다. 그 악의 시스템은 국제적인 성 거래 시스템이다. 이 시스템에 이용당하고, 이용 가치가 사라지면 죽임을 당한다. 하루키는 인간의 "시스템에 빛을 비추어 감시하여 경종을 울리는 것, 이것이 바로 이야기의 역할이자 힘"이라고 강조한다.

'나'를 살리는 여성

결국 '나'는 자신의 일에 행복과 보람을 느끼는 유미요시라는 여자를 진심으로 사랑하고 있다는 것을 깨닫고, 그녀와 사랑을 나눈다.

남은 하나의 유골은 '나'의 마지막 행복인 유미요시의 유골일까, 아니면 이미 죽어 있는 삶을 살아가는 '나'의 유골일까. 하루키는 이 답을 독자의 몫으로 남겨놓고 소설을 맺는다. 마지막 문단은 이 소설뿐만 아니라, 하루키 초기 4부작을 총정리한다.

현실이다, 하고 나는 생각했다. 나는 여기에 머무는 것이다.
이윽고 시계 바늘이 일곱시를 가리키고, 여름의 아침 햇살이 창문으로 비춰들어 방바닥에 약간 일그러지고 네모진 도형을 그렸다. 유미요시는 푹 잠들어 있었다. 나는 조용히 그녀의 머리칼을 젖혀 귀가 드러나게 하고, 거기에 살며시 입술을 가져갔다. 뭐라고 말하면 좋을까, 하고 나는 그대로 3분이나 4분쯤 생각하고 있었다. 여러 가지의 말하는 방식이 있다. 여러 가지 가능성이 있고 표현이 있다. 목소리가 잘 나올까? 내 메시지가 현실의 공기를 잘 흔들 수 있을까? 몇 가지 문구를 나는 입 속으로 중얼거려 보았다. 그리고 그 중에서 가장 명료한 것을 골랐다.

"유미요시, 아침이야" 하고 나는 속삭였다. (『댄스 댄스 댄스』, 2권 44장 296면)

'나'는 "현실이다"라며 지금 있는 공간이 현실의 공간인지 스스로 묻는다. 하루키가 실험해온 몽상의 세계도 중요하지만, 결국 현실 공간이 중요하다는 뜻이다. 이 소설 곳곳에서 "자, 하고 나는 생각했다. 사회로 되돌아가야 할 때였다."라며 현실로 돌아가려는 주인공의 의지가 반복해 나온다.

"완벽한 문장 따위는 존재하지 않아. 완벽한 절망이 존재하지 않듯이 말야."라는 문장으로 시작하는 4부작의 첫 소설 『바람의 노래를 들어라』 1장에서, 하루키는 "문장을 쓴다는 것은 자기 치료를 위한 수단이 아니라, 자기 치료를 위한 조촐한 시도에 지나지 않기 때문이다."라고 썼다. 이제 그는 "내 메시지가 현실의 공기를 잘 흔들 수 있을까? 몇 가지 문구를 나는 입 속으로 중얼거려 보았다."라고 고백한다. 하루키가 지금까지 써온 4부작이 잘 전달될지, 4부작 전체를 마무리하는 글이다.

"유미요시"라는 이름은 '내'가 긴 순례 후 돌아온 원점이다. 『노르웨이의 숲』에서 구원자가 미도리라면, 『댄스 댄스 댄스』에서 구원자는 유미요시다. 『노르웨이의 숲』에서 마지막 레이코와의 섹스가 상실을 치유하는 행위라면, 『댄스 댄스 댄스』에서 유미요시와의 기나긴 섹스는 암흑의 세계에서 현실로 돌아오는 행위다. 질편한 죽음과 허무한 섹스가 난무한 이야기의 마지막을 "유미요시, 아침이야"라는 문장으로 밝게 마무리한다.

독자의 마음에 긍정적인 메시지를 주려는 문장으로 결말일까. 하루키는 죽음도 생명의 연장으로 본다. 어둠도 아침의 연장이다. 이 소설 내내 강조되던 어둠의 힘, 어둠의 세계를 '품고' 아침이 있다.

여행객, 순례자의 마음으로 쓴 소설

하루키는 "여행이 나를 키웠다."라고 말할 정도로 여행 예찬론자다. 『노르웨이의 숲』은 리스에서, 『댄스 댄스 댄스』는 이탈리아에서 완성했다. 소설이 잘 써지지 않을 때는 여행 수필을 계속 발표했다.

『댄스 댄스 댄스』는 추리 기법의 재미가 결합되어 작품에 몰두하게 한다. 다만 자기 정체성의 탐색이라는 주제를 장편으로 몇 번이고 변주해서 반복할 때, 조금 짜증이 난다. 주제와 상관없이 이야기 전개와 인상에 남는 자극적인 문장이 마음을 끌고 호기심을 발동시켜 2권 끝까지 읽을 수밖에 없는 소설이다. 반복된 주제에 짜증이 나더라도, 하루키 특유의 문장에는 반박할 수 없다.

자기 정체성 탐구라는 주제가 반복된 것 같지만, 시기에 따라 분명한 차이가 있다. '나'는 20세 학생(『바람의 노래를 들어라』), 24세 번역 회사 직원(『1973년의 핀볼』), 29세 이혼 당한 광고 회사 공동 대표(『양을 쫓는 모험』), 34세 자유 기고가(『댄스 댄스 댄스』)로 성장한다. 나이가 변하는 그때그때, '내'가 마주치는 위기와 부조리는 다르다. 『양을 쫓는 모험』에서 벌이는 투쟁이 극우 파시즘 숙주와의 전쟁이라면, 『댄스 댄스 댄스』에서 벌이는 투쟁은 고도 자본주의의 권태 속에 쓰레기가 되어가는 인간 군상과의 실존적 전쟁이다. 그 전쟁을 하루키는 '제설 작업'이라고 명명한다. 인간이 쌓아놓은 더러운 부조리를 깨끗이 덮어놓은 흰 눈 같은 위장을 벗겨내는

소설 제목	출판 연도	작품 배경	'나'의 나이와 직장	쥐
『바람의 노래를 들어라』	1979년	1969년	20세 학생	21세
『1973년의 핀볼』	1980년	1973년	24세 번역 회사 직원	25세
『양을 쫓는 모험』	1982년	1978년	29세 이혼 당한, 작은 광고 회사 공동 대표	30세, 훗카이도 사망
『댄스 댄스 댄스』	1988년	1980년대	34세 자유 기고가	사망

것이다.

카프카가 『어느 투쟁의 기록』을 통해 젊은 주인공의 고뇌를 3단계의 분석적 캐릭터로 나누어 설명했다면, 헤르만 헤세는 『데미안』, 『싯다르타』, 『유리알 유희』 등을 통해 평생 자아 성장이라는 주제로 소설을 썼다.

카프카와 헤세처럼, 하루키는 초기 4부작을 통해 지겨울 정도로 정체성 탐구를 밀어붙였다. 그 밀어붙임이 어떤 이에게는 지겨울지 모르나, 하루키의 문제와 투지에 함께하는 이들은 다시 새로운 위로나 용기를 얻는 쪽에 선다.

9. 버블 시대의 '중간 단독자'

1992년 43세
『국경의 남쪽, 태양의 서쪽』

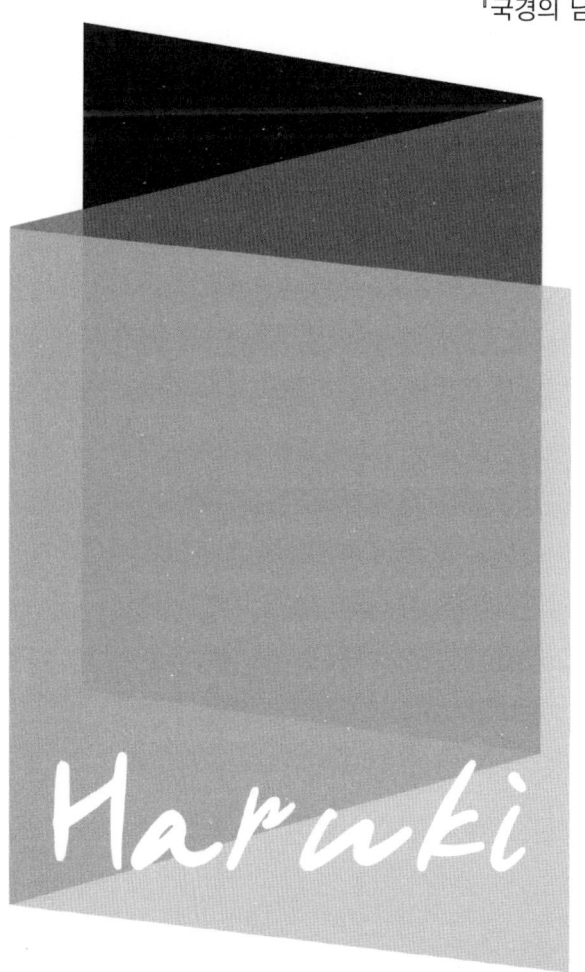

반복과 차이

『국경의 남쪽, 태양의 서쪽(國境の南, 太陽の西)』은 개인의 소소한 이야기다. 놀라운 반전도 없고, 상상의 판타지도 없으며, 역사의 변혁도 없다. 초창기부터 '반복'된 사랑과 실연, 다시 만남으로 이어지는 테마가 '반복'된다. 독자들은 그 '반복'에서 '차이'를 찾는다.

이제까지의 하루키 작품과 차이가 있다면 어떤 차이일까.

첫째, 하루키가 40대를 바라보는 인물을 주인공으로 세운 것은 이 작품이 처음이다. 『노르웨이의 숲』에서는 주인공이 30대로 들어서면서 과거를 회상하지만, 『국경의 남쪽, 태양의 서쪽』은 첫사랑과 아내 사이에서 갈등하는 30대 말 유부남의 불안한 이야기를 사실적으로 다룬다. 하루키 소설의 '반복'이 '차이'를 발생하는 것은 소설 속의 '내' 나이가 변하면서다. 단편 소설집 『일인칭 단수』(2020)에 나오는 '나'는 70대 노인으로 과거를 회상한다.

둘째, 이 소설은 일본 자본주의의 욕망을 비판한다. 주인공 '나'는 1970년대 전공투 시대를 거친 인물이다. 시대에 대한 일말의 양심이 남아 거부인 장인의 부동산 투기, 주가 조작 등에 참지 못하고, 결국 불륜으로 나아간다. 하루키는 이 작품에서 1980년대에 전면적으로 나왔던 자본주의적 욕망과 성적 욕망을 등치시킨다. 이전 작품에서 보이는 비현실적 판타지를 극도로 배제하고 비판적 리얼리즘의 성격을 보여준다. 이제 15장으로 구성된 소설을 펼쳐보자.

열두 살의 첫사랑

주인공 하지메(始, ハジメ)가 "태어난 날은 1951년 1월 4일"이다. 하지메가 태어난 1951년은 일본판 베이비 붐 세대(1947~1949년생)인 '단카이 세대(團塊世代)'의 마지막 출생 시기다. 우리말로 하면 아이들이 '덩어리(團塊)'로 태어났다

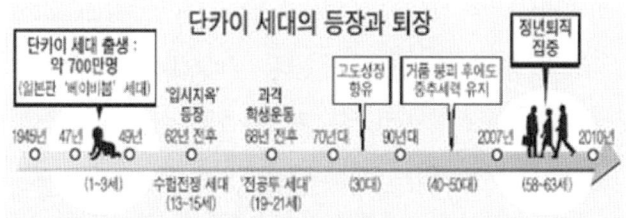

단카이 세대의 등장과 퇴장. 『중앙일보』 2005. 3. 10.

는 세대다. 여기서 '덩어리'란 많이 태어났다는 이미지도 있지만, 자기들끼리 잘 뭉치는 경향이 강하다는 뜻이기도 하다.

주인공 '나'는 특이하게도 외동아들이다. 당시 일본인은 대부분 형제가 둘이나 셋이었다. 아이가 하나인 가정은 드물다 못해 희귀하기까지 했다. 이 시기에 외동아이로 태어난 '나'의 귀에는 늘 '덩어리'들이 "불완전한 인간"이라고 조롱하는 말이 들리는 듯했다.

> 외동아이는 부모의 응석받이로 자라며 허약하고 아주 버릇없다는 것이 내가 살고 있던 어린 시절의 세상에서는 확고부동한 상식으로 통했다. 그건 마치 높은 산에 오르면 기압이 내려간다든가, 암소로부터 많은 젖을 짜낼 수 있다든가 하는 것과 같은 자연의 섭리라고 보는 게 상식이었다. (무라카미 하루키, 『국경의 남쪽, 태양의 서쪽』, 문학사상사, 2006, 9~10면)

하지메는 같은 열두 살에 외동아이인 시마모토(島本)와 정을 나누며 운명적인 사랑에 빠진다. 시마모토는 소아마비로 왼쪽 다리를 조금 절며 걷는다. 외동아들로서 늘 결핍을 느낀 하지메는 다리까지 저는 시마모토에게 더욱 마음을 쏟는다.

시마모토네 집에는 신형 오디오가 있었다. 하지메는 시마모토네 집에 가면 음악을 듣는다. 하루키는 리스트(Franz Liszt, 1811~1886)의 곡을 좋아하는데, 이 소설에서도 아름다운 장면이 나온다.

시마모토 아버지의 레코드 중에서 내가 가장 좋아했던 곡은 리스트의 〈피아노 콘체르토〉였다. 앞면에는 1번이 들어 있고 뒷면에 2번이 들어 있었다. 내가 그 레코드를 좋아했던 데에는 두 가지 이유가 있었다. 하나는 레코드 재킷이 매우 아름다웠기 때문이고, 또 하나는 내 주위에 있는 사람들 중에 리스트의 〈피아노 콘체르토〉라는 곡을 들어본 적이 있는 사람이 단 한 사람——물론 시마모토를 제외하고——도 없었기 때문이었다. 그것은 정말이지 가슴 두근거릴 만한 일이었다. 나는 주위의 어느 누구도 알지 못하는 세계를 알고 있다. 그것은 말하자면 나만 들어갈 수 있는 비밀의 정원 같은 것이었다. 나에게 있어 리스트의 〈피아노 콘체르토〉를 듣는 것이란 인생의 한 단계 위로 나를 끌어 올

리는 일이었다. (『국경의 남쪽, 태양의 서쪽』, 1장 19~20면)

 리스트의 곡을 듣다보면, 영혼에 소용돌이가 생긴다고 한다. 리스트의 곡을 듣는 것은 "인생의 한 단계 위"로 자신을 끌어올리는 일이라고 한다.
 1장에서 이 소설 전체를 아우르는 '국경의 남쪽'이 등장한다. 냇 킹 콜(Nat King Cole, 1919~1965)의 노래 「프리텐드(Pretend)」를 두 아이는 뜻도 모르면서 따라 부른다.

> Pretend you're happy when you're blue
> 기분이 우울할 때 행복한 척하세요
> It isn't very hard to do
> 별로 어렵지 않아요
> And you'll find happiness without an end
> 그리고 당신은 끝이 없는 행복을 찾을 것입니다
> Whenever you pretend
> 척할 때마다
> Remember anyone can dream
> 누구나 꿈을 꿀 수 있다는 것을 기억하세요

이 노래는 계속 여운을 주며 소설의 이면에 깔려 있다가 14장의 결정적인 장면에서 나온다. 안타깝게도 너무 어려서 어떻게 사랑해야 할지 몰랐던 두 아이는 사랑에 이르지 못하고 헤어진다.

내 속의 악과 가족의 균열

고등학교에 다니며 '나'는 여자 친구 이즈미(イズミ)를 만난다. 이즈미의 아버지는 일본 공산당원이며 치과 의사다. '나'는 우연히 만난 이즈미의 사촌 언니에게 "대낮에 길을 걷다가 느닷없이, 눈에는 보이지 않는 소리 없는 벼락을 맞은 것과 같은" 흡인력(吸引力)을 느낀다.

내가 강렬하게 끌리게 되는 것은 수량화·일반화할 수 있는 외면적인 아름다움이 아니라 그 여자의 깊숙한 곳에 있는 보다 절대적인 무엇인가이다. 나는 어떤 특이한 성격의 사람들이 집중호우나 지진이나 대정전(大停電)을 남몰래 좋아하는 것처럼, 이성이 나에게 뿜어내는 그와 같은 종류의 강렬하고 은밀한 무엇인가를 좋아했다. 그 무엇인가를 여기에서는 '흡인력'이라고 부르기로 하자. 좋아하고 좋아하지 않고에 상관없이 어쩔 수 없이 사람을 끌어당기고 빨아들이는 힘이다.
　어쩌면 그 힘을 향수 냄새에 비유할 수 있을지도 모르겠다. (『국경의 남쪽, 태양의 서쪽』, 4장 66면)

　첫 만남에서 느낀 성적(性的) 이끌림, 그 흡인력을 지진이나 대정전에 비유한다. 이즈미에게 거짓말을 해가며 하지메는 "두 달 동안 뇌수가 녹아내릴 정도로 격렬하게 섹스를" 한다. 그 일이 들켜서 두 사람의 관계는 끝나지만, 이즈미에게 지울 수 없는 상처를 주고 만다. 그때 '나' 하지메는 자신의 내면을 처음 깨닫는다.

　그것은 나라는 인간이 궁극적으로 악을 행할 수 있는 인간이라는 사실이었다. 나는 누군가에게 악을 행하고자 했던 적은 단 한 번도 없었다. 하지만 동기나 생각이 어떻든, 나는 필요에 따라 제멋대로일 수 있었고, 잔혹해질 수 있었다. (『국경의 남쪽, 태양의 서쪽』, 4장 76면)

　대학을 졸업한 '나' 하지메는 교과서 출판사에서 일한다. 세월이 흘러 30대가 된 '나'는 여행하다가 우연히 만난 다섯 살 연하의 유키코와 결혼한다. 사랑스러운 두 딸의 아버지인

'나' 하지메는 재즈 바를 운영하며 넉넉한 삶을 누린다. 아무런 부족한 것도 없는데, 이상하게 '나'는 여전히 결핍돼 있다.

하루키 작품에 등장하는 남자는 대부분 노총각이거나 이혼남이다. 그중 『국경의 남쪽, 태양의 서쪽』은 드문 경우로, 아내가 있고 아이까지 있는 온전한 가족의 남편이 등장한다. 이 가족은 1960년대 이후 정착한 두 자녀 부부 뉴 패밀리의 전형을 보여준다.

자신이 운영하는 재즈 바에 계속 찾아오는 한 여성을 알아보지 못하던 하지메는 어느 날, 그녀가 초등학교 시절의 동급생 시마모토라는 사실을 깨닫는다. 25년 만에 갑자기 나타난 시마모토는 하지메의 삶을 송두리째 흔들어버린다. 운명은 이들의 사랑을 허락하지 않았다. 울지 못하는, 울음이 말라붙은 37세에 대하여 너무도 잘 표현한 문장이다.

로빈스 네스트, 안락하고 부패한 도시

20세기 말 번영을 누리는 도쿄를 배경으로 하는 이 소설은 첫 장면부터 시대적 배경이 나온다.

내가 태어났을 무렵에는, 이미 전쟁의 여운이라고 할 만한 것

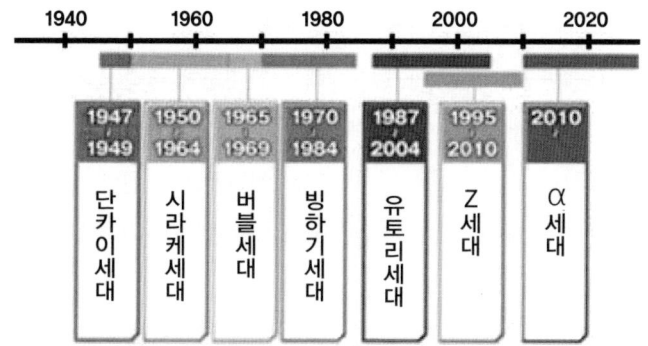

주인공 '나'는 단카이 세대 끝자락인 1951년생이다. TV 아사히 뉴스 해설 화면.

은 거의 남아 있지 않았다. 내가 살았던 주택가 근처에는 공습으로 불탄 흔적이나 미군의 모습도 볼 수 없었다. (『국경의 남쪽, 태양의 서쪽』, 1장 7~8면)

평화로운 시기에 행복하게 태어난 '단카이 세대'의 젊은이들은 전쟁의 아픔 따위는 관심이 없었다. 오직 부흥하는 일본을 향한 노력과 그 틈새에서 자신의 욕망을 채우는 사람들, 혹은 번영하는 도시에서 방향을 잃은 채 방황하는 영혼들이 있었다.

1951년생 주인공 '나'는 단카이 세대의 끝자락에 태어났다. 단카이, '덩어리'라는 말처럼, 이들은 서로 똘똘 뭉치는 경향이 강하다. 이 단카이 세대는 1990년대에 4, 50대로 향하면서 관리직의 중추를 이루기 시작한다. 이후 종신 고용과 연공서열을 유지하며, 단카이 세대를 안전하게 구축했다. 게다가 이들은 전공투 시절을 경험했는데도, 자기 세대의 이익을 위해서는 서로 부패를 눈감아주는 현상까지 있었다. 번영하는 일본 사회에서 부패를 눈감아주는 역할은 단카이 세대가 하고 있다는 비판도 나왔다. 이에 단카이 세대가 은퇴해야 일본이 살아난다는 비판도 일고 있다. 한국에서 386세대가 나이든 586세대를 비판하는 것과 비슷하다.

1951년생인 '나'는 또한 1950년부터 1964년 사이에 태어난 '시라케(しらけ) 세대'의 특성도 갖고 있다. 시라케 세대는 '(흥미나 관심이) 사라지다', '퇴색하다'라는 의미의 '시라케루(しらける)'에서 유래된 표현이다. 이 세대는 전쟁의 패배나 시대의 번영에도 관심이 없고, 민족이니 공동체에 대한 관심도 사라진(しらける) 세대다. 단카이 세대와 버블 세대의 중간에 있는 이 세대를 포스트 단카이 세대로 부르기도 한다.

주인공 '나'는 단카이 세대와 시라케 세대의 특징 모두를 보여준다. 그래도 전공투로 대표되는 학생 운동을 경험했고 출판사에서 일했던 '나'에게 일말의 시대 의식은 있다.

결혼한 '내'가 도시에서 바를 경영하는 배경에는 고쿠분지에서 재즈 바를 경영했던 하루키의 체험이 실려 있다. '나'는 '로빈스 네스트(Robin's nest)'라는 바를 경영한다. 한 군데도 아니고 두 군데 가게를 갖고 있다. 그 가게를 '나'는 공중정원이라고 한다. '나'는 시마모토에게 가게를 설명한다.

나는 지금 두 군데에 가게를 가지고 있지. 하지만 때때로 그건 내가 내 머릿속에 만들어낸 가공의 장소에 지나지 않는다는 생각이 들기도 해. 그건 그러니까, 공중정원(空中庭園) 같은 거지. 나는 거기에다 꽃을 심기도 하고, 분수를 만들기도 하는 거야. 아주 정교하게, 아주 생생하게 만들고 있는 거지. 거기에 사람들이 찾아와 술을 마시고, 음악을 듣고, 얘기를 나누고, 그리고 돌아가. (『국경의 남쪽, 태양의 서쪽』, 9장 165면)

'로빈스 네스트'는 '붉은가슴새의 둥지'를 뜻한다. 1980~1990년대 일본은 최고의 번영을 누리는, 새의 둥지처럼 안락한 자본주의 국가였을 것이다. 놀랍게도 하지메는 그것을 '공중정원'이라고 설명한다. 최고로 안락한 곳이지만 언제 붕괴될지 모를 공간이며, 지상이 아닌 허공인 것이다.

허공, 공중정원이라 할 수 있는 이 소설의 배경지는 모두 도쿄 최고의 부자 지역이다. 하루키의 다른 소설들과 달리 이 소

로빈스 네스트.

설에는 일본 그리고 도쿄 최고의 금융 중심 지역이 배경으로 나온다. 장인의 사무실은 요쓰야에 있고, '로빈스 네스트'는 아오야마에 있다. 시마모토와 우연히 만나는 곳은 시부야다.

'나' 하지메가 특히 견딜 수 없는 것은 장인이다. 장인은 정규 교육을 전혀 받지 못했지만 빠른 판단력으로 거대한 부를 축적한 부자다. 처음에 장인은 친절하고 능력 있는 이였지만, 하지메는 장인의 행위에서 존경할 수 없는 부분을 보기 시작한다. 장인은 부동산 투기와 주가 조작을 했고, 사위인 하지메를 이용하려 한다. 하지메는 아내에게 말한다.

"주식 조작이야."라고 나는 말했다. "이제 알겠어? 회사 내부에서 고의로 주가를 조작해서 인위적으로 엄청난 이익을 내게

'로빈스 네스트'가 있는 도쿄 최고의 부자 지역. 구글맵.

해서 패거리들끼리 나눠먹는 거야. 그리고 그 돈이 정계로 흘러 들어가기도 하고, 기업의 비자금이 되기도 하는 거야. 이건 예전에 아버님이 우리에게 권해 주신 주식하고는 얘기가 다른 거야." (『국경의 남쪽, 태양의 서쪽』, 13장 248면)

이 소설에서도 하루키는 전후 일본의 모순을 조망한다. 다른 나라를 침략하던 일본의 자본가들은 이제는 타인의 고통을 생각하지 않고 남을 속여 돈의 제국을 만들었다.

하루키의 '번영하는 일본 자본주의'에 대한 비판은 계속

이어진다. 1982년 『양을 쫓는 모험』에서는 일본의 극우 파시즘의 숙주를 추적하고, 그것이 어떻게 언론과 정치와 자본과 연계해 있는지 드러낸다. 1988년 『댄스 댄스 댄스』에서는 '나'의 친구인 영화배우 고탄다를 통해 일본 고도 소비 사회의 '국제 지하 고급 섹스 산업'을 드러내고, 소설 속에서 관계자들을 모두 사망시킨다. 1992년 『국경의 남쪽, 태양의 서쪽』을 낸 뒤, 1997년 하루키는 '도쿄 지하철 사린 사건'의 피해자를 인터뷰한 『언더그라운드』를 출판한다.

1949년에 태어난 무라카미 하루키는 단카이 세대와 시라케 세대의 특징을 동시에 보여준다. 그가 쓴 『양을 쫓는 모험』은 단독자 의식이 없는 단카이 세대에 대한 경고이고, 절망하는 군상들이 나오는 『노르웨이의 숲』은 방황하는 시라케 세대에게 주는 위로일 것이다.

태양의 서쪽, 히스테리아 시베리아나

하지메와 시마모토는 어린 시절 냇 킹 콜의 노래 「프리텐드」를 뜻도 모르며 따라 부르곤 한다. 「국경의 남쪽」이라는 노래를 들으면서 그곳에 있을 막연한 무언가를 상상한다. 하지만 나중에 그곳이 멕시코라는 영어 가사의 의미를 알고는

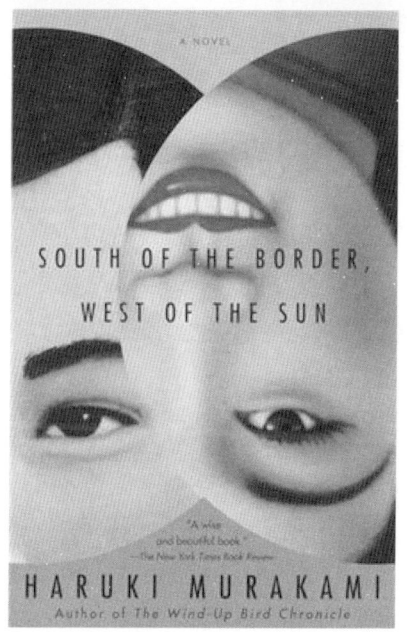

『국경의 남쪽, 태양의 서쪽』 미국판 표지. 두 여인의 밝은 웃음으로, 1970년대 번영하는 일본을 떠올리게 한다.

실망한다.

일상의 행복이 시시해지면 맹목적인 욕망에 눈이 멀 수 있다. 소설에서 '히스테리아 시베리아나'라는 병이 등장한다.

"옛날 어느 책에선가 그 얘기를 읽은 적이 있어. 중학생 때였던가? 무슨 책이었는지는 도무지 생각이 나지 않지만……. 아무튼 그건 시베리아에 사는 농부들이 걸리는 병이야. 상상해 봐. 네가 농부고, 시베리아 벌판에서 홀로 외로이 살고 있어. 그리고 매일매일 밭을 가는 거야. 아무리 사방을 둘러보아도 아무것도 보이지 않아. 북쪽에는 북쪽의 지평선이 있고, 동쪽에는 동쪽의 지평선이 있고, 남쪽에는 남쪽의 지평선이 있고, 서쪽에는 서쪽의 지평선이 있어. 그것뿐이야. 넌 매일 아침 동쪽의 지평선에서 태양이 떠오르면 밭에 나가 일을 하고, 태양이 바로 네 머리 위로 오면 일하던 손을 멈추고 점심을 먹고, 그리고 서쪽의 지평선으로 태양이 저물면 집으로 돌아가 자는 거야."

(중략)

"하지만 시베리아에서는 겨울엔 밭갈이를 하지 않을 텐데."

"겨울에는 쉬지, 물론" 하고 시마모토는 말했다. "겨울에는 집 안에 머물면서 집 안에서 할 수 있는 일을 해. 그리고 봄이 오면 밖으로 나가 밭일을 하고. 네가 그런 농부인 거야. 상상해 봐."

"하고 있어"라고 나는 말했다.

"그리고 어느 날, 네 안에서 무엇인가가 죽어버리는 거야."

"죽다니, 어떤 것이?"

그녀는 고개를 저었다. "몰라. 그저 무엇인가가. 동쪽의 지평선에서 떠올라, 하늘의 정중앙을 지나, 서쪽의 지평선으로 저물어가는 태양을 매일매일 보고 있는 동안, 네 속에서 무언가 뚝 하고 끊어져 죽어버리는 거야. 그리고 넌 땅바닥에다 괭이를 내

던지고는 그대로 아무 생각도 하지 않고 하염없이 서쪽을 향해 걸어가는 거야. 태양의 서쪽을 향해. 그렇게 뭔가에 홀린 듯이 며칠 동안 아무것도 먹지 않고 계속해서 걷다가 그대로 땅바닥에 쓰러져 죽고 말아. 그게 히스테리아 시베리아나야." (『국경의 남쪽, 태양의 서쪽』, 14장 273~275면)

중요한 이야기이기에 긴 글을 인용했다. 시베리아 벌판의 농부는 매일 동쪽에서 해가 뜨면 밭을 갈고, 서쪽으로 해가 저물면 집으로 돌아온다. 지겨울 수도 있는 이런 일상을 시베리아 농부는 반복한다. 반복되는 일상에 지치면 어느 순간 괭이를 집어던지고 태양의 서쪽을 향해 하염없이 걷다가 쓰러져 죽는다고 한다.

시마모토는 자신이 이 병에 걸려 있다고 스스로 진단한다. 또 다른 인물 이즈미도 그러하다. 사람을 만나지 않고, 고립된 상태로 유령처럼 살아가는 이즈미 역시 생명력 없는 존재로 등장한다.

죽음의 경계선에 있는 섹스

이 소설 말미에 나오는 37세 남녀의 격렬한 정사 장면에 대한 평가는 극과 극으로 나뉜다. 『노르웨이의 숲』을 부정적으로 읽은 사람이라면, 이 책을 『노르웨이의 숲』에서 나온 마지막 정사 장면을 한 번 더 반복하는 상업주의적 포르노 장사라고 비판할 수도 있겠다. 이 작품이 다른 작품에 비해 널리 읽히지 못한 까닭도, 이 소설에 대한 세평이 부정적인 까닭도 바로 이 부분 때문일 것이다.

이후 소설 막판에 갑자기 놀랍다 못해 피하고 싶은 노골적인 성 묘사가 펼쳐진다. 아내에게 만족하지 못하는 '나'는 스스로 제어하지 못하고 불륜에 빠져든다. 중년 남성의 윤리적 판단이 없는 불륜 행위를 더 이상 읽을 수 없어, 이 지점에서 책을 덮을 독자들이 적지 않을 것이다. 성 관계의 절정에 이르러 하지메는 죽음의 영역을 떠올린다.

> 나는 아무 말도 하지 않았다. 그녀에게는 그녀의 방식이 있는 것이다. 나는 그녀의 입술과 혀와 스커트 속으로 들어간 손의 완만한 움직임을 보고 있었다. 그리고 그 볼링장의 주차장에 세웠던 렌터카 속에서 딱딱하고 하얗게 질려 있던 시마모토를 문득 떠올렸다. 나는 그때 그녀의 눈동자 깊은 곳에서 본 것을 아직도 또렷이 기억하고 있었다. 그 눈동자 깊은 곳에 있었던 것은 땅 밑의 맨 밑바닥의 빙하처럼 딱딱하게 얼어붙은 암흑의 공

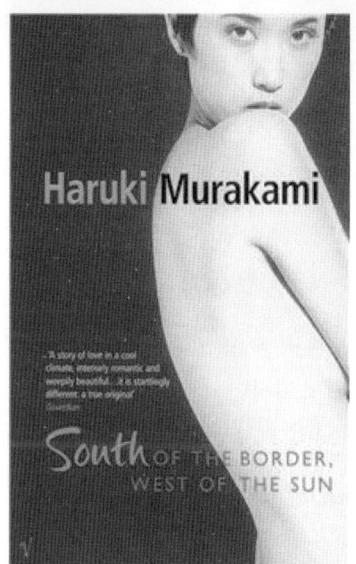

『국경의 남쪽, 태양의 서쪽』 영국판 표지. 검은색과 히얀색을 대비시키고, 과감히 여인의 벗은 상반신을 내놓았다.

간이었다. (중략) 그 암흑의 구멍에는 바닥이라는 게 없다고 나는 생각했다. (『국경의 남쪽, 태양의 서쪽』, 14장 285~286면)

인용문은 성행위 묘사 다음에 이어지는 문장이다. 하루키의 소설이 단순한 포르노 소설과 층위가 다른 이유는 그 문장 다음에 따르는 문장 때문이다. '나'는 시마모토와 격렬하게 관계하고 나서, 문득 언젠가 "그녀의 눈동자 깊은 곳에서 본" "땅 밑의 맨 밑바닥의 빙하처럼 딱딱하게 얼어붙은 암흑의 공간"을 떠올린다. 하지메는 시마모토와 함께 죽음의 세계로 갈

뻔했다. 하지메에게 태양의 서쪽은 시마모토가 있는 곳이었다. 마지막 정사 장면은 바로 그 경계에 있었던 것이다.

『노르웨이의 숲』에서 나오는 정사 장면은 주인공 와타나베가 겪은 자아 성장 과정의 의식이다. 『노르웨이의 숲』에서는 그래도 치기 어린 청년들의 사랑일 수 있지만, 『국경의 남쪽, 태양의 서쪽』에 나오는 장면은 윤리적인 삶을 추구하는 독자들에게는 읽기 거북하다. 우리말로 몰래 다른 이성과 연인 관계를 갖는 것을 '바람나다'라고 하는데, 친구 관계를 지나 연인 관계를 넘어 성관계를 가지면 명백한 불륜(不倫)이다. 『국경의 남쪽, 태양의 서쪽』에 나오는 정사 장면은 자아를 획득한 줄로 생각했던 중년층이 겪는 하나의 시험이라고 할 수 있으나, 명백한 불륜이다. 과연 이 소설의 성행위 장면을 어떻게 받아들여야 할까.

이 마지막 정사 장면을 세 가지로 생각해볼 수 있다.

첫째, 14장 전체를 판타지로 보는 경우다. 봉투를 찾지 못했다는 이야기 부분을 보면 판타지일 가능성이 크다. 정사 이후 시마모토는 사라져버린다. 아내와 두 딸을 버리고 가려고 했던 '태양의 서쪽'은 어느 날 시마모토와 함께 신기루처럼 사라진다. 행복하지 않은 세월을 지내면서 시마모토는 무한한 '태양의 서쪽'으로 사라진다. 사실 시마모토는 처음엔 '국경의 남쪽'으로 등장했다. 그 인물이 '태양의 서쪽'으로 사라진 것이다. 시마모토라는 환상적인 여성은 이제 실체는 물론이고 그림자도 없는 유령처럼 사라졌다.

이 '사라짐'은 판타지의 전형적인 구조와 닮아 있다. 가령 김시습(金時習, 1435~1493)이 쓴 『금오신화』의 「만복사저포기」는 부모를 잃고 외롭게 살아온 노총각 '양생'이 만복사라는 절에서 상상도 할 수 없는 미녀를 만나 신혼을 즐겼으나, 사실 그 여성은 억울하게 죽은 여인의 혼이라는 것을 알고, 여인이 '사라지자' 양생도 사라지는 이야기다.

김만중(金萬重, 1637~1692)의 『구운몽』은 불도를 수행하던 '성진'이 불교가 지배하는 현실 공간에서 세속적 욕망에 사로잡혀 있다가, 지상에 내려가 환상적으로 아름다운 미녀 2처 6첩과 부귀영화를 나누지만, 미녀들이 '사라지며' 일장춘몽에서 깨어나는 이야기다.

두 이야기 모두 질펀한 성행위 묘사는 없으나, 유교 문화 속에서도 대단한 묘사들이 있다. 저자들은 성행위 묘사를 통해 인간이 정신과 육체가 하나로 사랑을 나누는 지경을 보여주고, 사랑의 대상이 '사라지고' 진정한 현실을 깨닫는 설정으로 이어지는 것이다.

하루키는 소설가가 묘사할 수 있는 최대치의 행위, 사실 하루키가 쓴 정사 장면 중 이 소설이 가장 거부감을 줄 정도가 아닐까 싶을 정도로 노골적인 성행위 묘사를 했다.

둘째, 『국경의 남쪽, 태양의 서쪽』의 성행위 묘사는 일본 문학에서 허용하는 묘사 수준이다. 평론가들은 이런 소설을 와타나베 준이치(渡邊淳一, 1933~2014)가 쓴 장편 소설 『실락원』 수준의 '불륜 소설'로 평가하기도 한다. 왜 하루키가 비판받을 만한 불륜의 장면, 그것도 숨기고 싶은 자위 장면까지 소설에 넣었을까.

사실 일본 문화 예술에서 이 정도의 묘사는 얼마든지 볼 수 있다. 에도 시대에 성립한 당대 사람들의 일상생활이나 풍경, 풍물 등을 그린 풍속화 우키요에(浮世繪)에 나오는 성 묘사는 세계적으로 유례가 없는 예를 보여준다. 일본의 성인 포르노 AV 영상에서는 말할 필요도 없다.

하루키보다 13세가 많은 재일 한국인 소설가 양석일은 난민의 아이들을 성 도구로 팔고 인체 판매를 하는 범죄를 고발하는 『어둠의 아이들』, 일본 군인들의 성 노예로 죽어가는 일본군 위안부의 피해를 그대로 전하는 『다시 오는 봄』(모두 필자 번역)에서 성폭력 장면을 있는 그대로 묘사했다.

아시아의 남자는 파시즘의 병기가 되어 신체를 훼손당하고, 아시아의 여자는 병사의 위안부가 되어 신체를 훼손당한

양석일, 『아시아적 신체』.

다. 아시아의 아이들은 어른의 성적 도구가 되어 신체를 훼손당한다. 양석일은 아시아인들이 파시즘적 폭력에 의해 신체가 훼손되는 양상을 '아시아적 신체(アジア的身体)'라고 이론화했다.

셋째, '기획'과 '우연'이 동시에 작용하면서 일어난 성행위로 볼 수 있다. 먼저 하지메에게 장인은 부동산 투기와 주가 조작을 권유한다. 그것은 타락하고 '계획된 기획'이었다. 그것으로 인해 하지메는 가족에게서 마음이 떠난다. 바로 그 시기에 시마모토라는 피할 수 없는 '우연한 운명'이 다가오면서 그는 피하지 못하고, 전혀 다른 세계로 가려 했다. 그러니

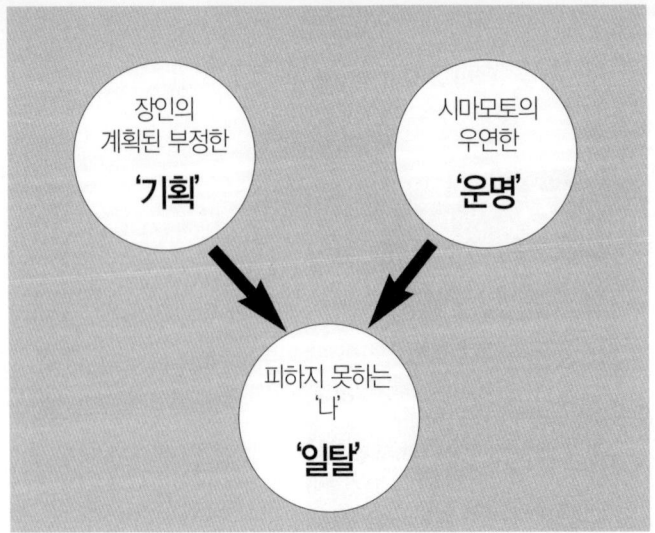

'나'에게 일탈을 강요하는 두 가지 압박. 『국경의 남쪽, 태양의 서쪽』. ⓒ김응교

까 하지메와 시마모토의 마지막 정사 장면은 그저 육체를 탐하는 결과로 나온 설정을 넘어, '기획'과 '운명'이 만난 결과였던 것이다.

'기획'과 '운명'이 동시에 작동할 때 인간은 전혀 다른 선택을 할 수 있다. 한순간에 위험한 경계로 넘어가는 것이다. 하루키는 그 '기획'과 '운명'의 침범이 일으킨 비극, 1995년 3월 20일 '도쿄 지하철 사린 사건'의 순간을 『언더그라운드』의 서문 마지막 문단에 써놓았다.

그래서 당신은 여느 때처럼 아침에 눈을 뜨고 세수를 한 다

『언더그라운드』.

음, 아침을 먹고 옷을 입고 역으로 간다. 그리고 늘 그렇듯 붐비는 전차를 타고 회사로 향한다. 여느 때와 조금도 다름없는 아침이었다. 딱히 다른 날과 구분할 필요도 없는 당신의 인생 속 하루에 지나지 않았다.

변장한 다섯 명의 남자가 그라인더로 뾰족하게 간 우산 끝으로, 묘한 액체가 든 비닐봉지를 콕 찌르기 전까지는……. (무라카미 하루키, 『언더그라운드』, 문학동네, 2010, 24~25면)

'도쿄 지하철 사린 사건'은 옴 진리교 집단의 '기획'과 우연히 1995년 3월 20일에 그 지하철 칸에 앉아 있었다는 '운

표면적인 주제	영원히 잊지 못할 첫사랑의 아픔
이면적인 주제	버블 경제기에 '공중정원'에서처럼 살다가 태양의 서쪽으로 사라지는 현대인 군상

명'이 만들어낸 비극이었다.

기획과 우연 사이에서, 정사 장면

이 작품은 인간의 바른 인식을 묻는다. 우리는 우리에게 다가오는 순간들을 바르게 인식하고 살아갈 수 있을까.

이를 테면 어떤 사건이 현실이라는 것을 증명하는 현실이 있다. 왜냐하면 우리 기억과 감각은 너무나도 불확실하며 단편적이기 때문이다. 우리가 인식하고 있다고 생각하는 사실이 어디까지가 사실이고, 어디부터가 '우리가 사실이라고 인식하고 있는 사실'인가를 식별하는 것은 대부분의 경우 불가능한 것처럼 여겨진다. 그렇기에 우리는 현실을 현실로 붙들어두기 위해서 그것을 상대화할 또 다른 현실을——인접하는 현실을——필요로 한다. 하지만 그 따로 인접해 있는 현실 역시 그것이 현실이라는 것을 실감 있게 상대화하기 위한 근거를 필요로 한다. 즉,

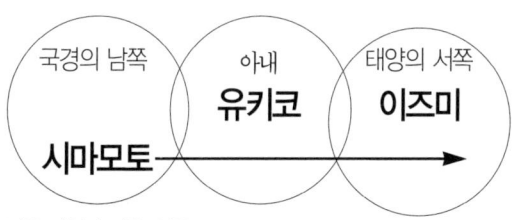

『국경의 남쪽, 태양의 서쪽』 인물도.

그것이 현실이라는 것을 증명할 또 다른 인접한 현실이 있게 마련이다. 그와 같은 연쇄가 우리 의식 속에서 끝없이 이어지고, 어떤 의미로는 그것이 이어지는 것으로 그들 연쇄가 유지되고, 그리하여 나라는 존재가 성립되어 있다고 해도 과언이 아닐 것이다. 하지만 어딘가에서 어쩌다가 그 연결고리가 끊겨버린다. 그렇게 되면 나는 어찌할 바를 모르게 된다. 중단된 저쪽에 있는 것이 진짜 현실인지, 아니면 중단된 이쪽에 있는 것이 진짜 현실인지. (『국경의 남쪽, 태양의 서쪽』, 15장 313~314면)

어린 시절부터 결핍으로 가득한 하지메는 세 여자를 만난다. 국경의 남쪽처럼 따스한 어린 시절을 살던 시마모토는 태양의 서쪽으로 사라지고, 남을 용서하지 못하는 이즈미는 행방을 모른다. 반대로 아내 '유키코'는 '완벽'에 가까운 상태일 수도 있을 것이다. 재산, 건강, 행복한 가정이지만 죽음과 남편의 배반까지 넘어선 유키코는 '결핍'을 이겨낸 유일한 존재다. 시마모토는 중간을 견뎌낼 수 없었지만, 유키코는 중간을 견뎌냈다.

"아까도 말했지만 내게는 중간이라는 게 존재하지 않아"라고 시마모토는 말했다. "내 안에는 중간적인 것은 존재하지 않고, 중간적인 것이 존재하지 않는 곳에서는 중간도 존재하지 않는 거야." (『국경의 남쪽, 태양의 서쪽』, 15장 303면)

유키코는 타인의 개입이 없는 자기만의 삶을 지켜내려 했다. 그녀가 살아남은 까닭은 하지메가 국경의 남쪽인 '결핍'의 공간도 극복하고, 그렇다고 허황한 '태양의 서쪽'으로도 가지 않았기 때문이다. 유키코는 중간 지대에서 남편과 아이와 가족을 지켜낸 단독자다.

에필로그

하루키 노트를 내놓는다

하루키는 좋겠다. 자기 소설을 이렇게 분석해주는 책이 있으니 말이다.

몰래 왔다갔다는 말도 있지만, 한국에 오지 않는 이 섭섭한 작가의 책은 출판만 되면 무조건 베스트셀러다. "성인 10명 중 6명이 1년간 책을 1권도 읽지 않는 나라, 나머지 4명이 1년간 읽은 책이 평균 3.9권인 나라."(2023년 한국의 국민 독서 실태 조사 결과)에서 하루키 책처럼 많이 팔리는 베스트셀러는 모두 좋은 책일까.

많이 읽히고 팔린다고 해서 좋은 책은 아니다. 니체는 1873년에서 1876년 사이에 발표한 네 편의 글을 한 권으로 엮은 『반시대적 고찰』에서 당시 독일에서 많이 읽히는 베스트셀러를 냉정하게 비판했다. 얼마나 나쁜 책들을 읽으면 문장이 이 토록 엉망이냐며 비판하고, 나온 지 한 달밖에 안 됐는데 쓰레기 냄새가 난다고 비판했다. 하루키 책도 베스트셀러라고 해서 무시해야만 할까.

1.

일본 문학, 나아가 세계 문학을 논할 때 비판이든 긍정이든 하루키는 한 번은 거쳐 가야 할 문제 작가인 것은 분명하다. 40년 이상 그의 책을 읽어오면서, 이해하지 못한 채 어설피 읽는 시기가 있었다. 그의 태도에 반대하며 욕하던 시기도 있었고, 엇지르며 에돌아 그를 이해하는 시기도 있었다. 읽고 쓰다 보니 두 권의 책이 되었다. 먼저 출판하는 1권은 처녀작 『바람의 노래를 들어라』를 낸 1979년부터 1992년 『국경의 남쪽, 태양의 서쪽』을 쓴 43세까지, 2권은 1993년부터 최근까지의 작품을 다루었다.

1권은 하루키와 그의 아버지 이야기로 시작한다. 아버지가 중국 난징 학살 사건과 관계있는 부대 출신이라는 사실을 알고, 하루키는 평생 그 고민에서 벗어나지 못한다. 이후로 하루키의 거의 모든 소설에는 부조리한 문제와 격투하는 서사가 배경으로 나온다.

일본 군국주의의 극우 숙주를 추적하여 폭파하는 『양을 쫓는 모험』(1982), 고도 소비 사회의 국제 지하 섹스 산업을 드러내고 관계자들을 모두 죽이는 『댄스 댄스 댄스』(1988), 부동산 투기와 주식 조작으로 부를 축적한 인물을 비판한 『국경의 남쪽, 태양의 서쪽』(1992), 1995년 '도쿄 지하철 사린 사건' 피해자를 인터뷰한 『언더그라운드』(1997)와 그 가해자인 옴 진리교 관계자를 인터뷰한 『약속된 장소에서』(1998), 전쟁 세대인 다무라 카프카의 아버지 '조니 워커'를 살해하는 『해변의 카프카』(2002), 교주가 미성년자를 성폭행하고 가족을 파괴하는 신흥 종교 '선구'를 응징하는 옴 진리교 패러디 소설 『1Q84』(2012), 난징 학살을 폭로한 『기사단장 죽이기』(2017) 등을 통해 하루키는 일본의 폭력과 부패를 고발한다. 이렇게 그의 소설에는 외롭게 투쟁하는 이야기가 깔려 있기에, 이 책에 '역사적 트라우마에 저항하는 단독자'라는 부제를 붙였다.

다만 그 고발이 지나친 성 묘사와 허허로운 판타지와 괴이쩍은 가해자의 시각에서 폭로였기에, 그 아픔을 드러내는 진정성이나 치유를 향한 고통의 연대가 간절하거나 시큰하게 다가오지는 않는다. 하루키 선생에게는 섭섭하게 들릴지 모르겠지만, 그의 소설에서는 피해자의 고통이 잘 느껴지지 않는다.

피해자의 시각에서, 작가 자신이 피해자의 고통과 함께하여 쓰기에 책읽기가 더뎌지는 한강의 소설은 하루키의 소설과 비교된다. 한강의 소설은 피해자의 압도적인 고통이 독자를 아프게 한다. 한강의 『여수의 사랑』, 『검은 사슴』, 『소년이 온다』, 『작별하지 않는다』 등과 비교해 읽으면, 하루키와 한강이 가해자의 폭력과 피해자의 고통을 어떻게 재현하는지, 그 차이가 명확하다. 슬픔이 덜하면 진지하고 아름다운 문장도 너스레로 오해될 수 있다. 그럼에도 하루키는 비참한 시대에 희망의 기척을 간간이 에피파니(epiphany)로 보여준다.

2.
이 책의 제목을 '지금 어디에 있니'로 정했다. 이 물음은 『노르웨이의 숲』 마지막에 미도리가 주인공 와타나베에게 거푸 묻는 말이다. 상실을 겪고 자신의 정체성을 찾아 순례하는 하루키 초기 소설을 관통하는 팽팽한 질문이다. '지금 어디에 있니'라는 물음 앞에 '너' 혹은 '나'를 특정하지 않아, 소설 속 인물에게 하는 질문을 넘어 하루키 자신이나 독자가 어디서 어떤 존재로 살고 있는지, 우리 삶의 자리(Sitz im Leben)를 묻는다. 질문 뒤에 의문 부호(?)가 있는지, 감탄 부호(!)가 있는지, 그 기호는 독자가 정해야 한다.

1권 표지에 어울리는 젊은 하루키 사진을 찾다가, 손을 모으고 정면이 아닌 곳을 응시하는 하루키 사진을 골라 책등에 넣었다. 어처구니없다는 표정일까, 조금 화가 났을까, 누군가의 말을 경청하는 모습일까. 문득 하루키 초기 소설에 나오는 인물들의 표정이 겹쳐 보인다. 해석하기 어려운 눈길과 겸허한 듯 조심스레 모은 손 모양에 하루키 소설의 주인공들이 보인다. 정면을 보지 않고 삐뚜름히 사물을 보는 저 눈길이 초기 소설의 아우라이며, 하루키의 실존이 드러난 공간이 아닐까.

발터 벤야민이 보관하던 카프카 사진이 떠오른다. 여섯 살쯤 되어 보이는 프란츠 카프카가 어딘가 어울리지 않는 비싼 아동복을 입고 야자수가 서 있는 열대 지역을 배경으로 한 사진관에서 찍은 사진이다. 카프카가 서부 유럽의 독일어를 잘하는 부르주아지가 되기를 바라는 아버지의 마음이 그대로 투사된 사진이다. 사실 카프카의 소설은 아버지의 욕망에 저항하는 서사였다. 발터 벤야민은 저 카프카의 멍청한 눈길에 카프카의 아우라가 있다고 썼다. 하루키의 내면을 드러낸 저 눈길과 모은 손에는, 벤야민 식으로 말하면, 하루키 초기 소설의 아우라가 보인다.

표지 시안을 보니 썩 깔끔하고 신선하여 마음에 든다. 뭔가 겹치는 사각형이 재미있다. 이어 붙인 색종이일까. 겹치고 겹친 꿈일까. 들어가면 다시 들어가야 하는 끝없는 문일까. 꼬

리에 꼬리를 물고 이어지는 이야기일까. 어떻게 해석하든 자신을 찾아 떠나는 순례의 길을 상징하는 문양이다. 무엇보다도 초기 대표작 『노르웨이의 숲』의 상징색인 미도리(みどり), 즉 초록색이 표지에 살짝 들어가 맘에 든다.

3.

대안연구공동체의 김종락 대표님께서 기회를 주어 2024년 1년 동안 20회 강연을 하여 원고를 정리할 수 있었다. 20회 강연 내내 동행해준 오용균, 문영진 선배님, 김경옥 교수님, 엄명숙 선생님, 문봄 시인 등 모든 분께 감사드린다. 준비하면서 저 텍스트를 천천히 응시했고, 참여하신 분들의 질문과 대화 속에서 원고를 깁고 다듬을 수 있었다.

인문학 영상을 제작하는 '아트앤스터디'에서 20회 강연을 1년간 촬영 편집하여 올려주었다. 사이트에 들어가면 이 책을 내용으로 강연한 영상을 볼 수 있다. 아트앤스터디 김라합 대표님과 촬영 담당 이우석 님께 감사드린다.

『일본적 마음』(2017), 『백년 동안의 증언—간토대지진, 혐오와 국가폭력』(2023)에 이어 세 번째 책을 '책읽는고양이'에서 낸다. 이전에도 그랬듯, 출판 전에 가편집본을 받았다. 저자가 마지막 확인을 하도록 만든, 이 세상에 한 권밖에 없는 책이다. '책읽는고양이' 출판사는 저자와 독자를 위해 이토록 최선을 다한다. 강연을 모두 들어주고 책을 출판해준 김현정 대표님과 원고를 다듬어준 이교혜 선생님, 모든 분들 은혜를 받아 한 권의 책을 기워낸다.

이 책이 '하루키 신화'를 더욱 강고히 하는 홍보책이 아니라, 깊이 읽고 비평하기 위한 책이 되기를 바란다. 한 번쯤은 진지한 독해를 하고 싶었던 하루키의 책, 돌아보니 1권에서는 그 비판이 헐겁고 무디기만 하다. 2권에서는 예리하게 그의 소설을 분석해보고 싶다.

일본과 아시아, 우크라이나와 팔레스타인 자치 지역 등, 지구의 폭력과 부패로 얼룩진 악의 시스템에 하루키는 소설로 응전하고자 했다. 하루키 독자들이 많은 이 나라에서는 지난 겨울, 야만스런 계엄이 일어나고, 빛의 혁명은 계엄을 바수었다. 빛의 광장을 오가며 틈틈이 이 원고를 깁고 다듬었다. 소설보다 놀라운 빛의 서사를 이룩한 위대한 나라에서, 오래 묵은 하루키 노트를 내놓는다.

2025년 6월 8일
김응교 손 모아

참고문헌

1. 무라카미 하루키 저서들(원작 출판 연대순)

『風の歌を聴け』, 講談社文庫, 1979. (『바람의 노래를 들어라』, 김춘미 옮김, 모음사, 1991.)

『1973年のピンボール』, 講談社文庫, 1980. (「1973년의 핀볼」, 『바람의 노래를 들어라』, 김춘미 옮김, 모음사, 1991.)

『羊をめぐる冒險』, 講談社, 1982. (『양을 쫓는 모험』, 신태영 옮김, 문학사상, 2021.)

『世界の終りとハードボイルド ワンダーランド』, 新潮社, 1985. (『세계의 끝과 하드보일드 원더랜드』, 김진욱 옮김, 문학사상, 2018.)

『パン屋再襲擊』, 文藝春秋, 1986.

『ノルウェイの森』, 講談社, 1987. (『노르웨이의 숲』, 양억관 옮김, 민음사, 2017.)

『ダンス ダンス ダンス』, 講談社, 1988. (『댄스 댄스 댄스』, 유유정 옮김, 문학사상사, 1995.)

『TVピープル』, 文藝春秋, 1990. (『TV 피플』, 김난주 옮김, 북스토리, 2003.)

『國境の南, 太陽の西』, 講談社, 1992. (『국경의 남쪽, 태양의 서쪽』, 임홍빈 옮김, 문학사상사, 2006.)

『アンダーグラウンド』, 講談社, 1997. (『언더그라운드』, 양억관 옮김, 문학동네, 2010.)

『邊境・近境』, 新潮社, 1998. (『하루키의 여행법』, 김진욱 옮김, 문학사상사, 1999.)

『走ることについて語るときに僕の語ること』, 文藝春秋, 2007. (『달리기를 말할 때 내가 하고 싶은 이야기』, 임홍빈 옮김, 문학사상, 2009.)

『1Q84』, 新潮社, 2009. (『1Q84』, 양윤옥 옮김, 문학동네, 2009.)

「소설가의 유명세에 대하여」, 『세일러복을 입은 연필』, 김난주 옮김, 문학동네, 2012.

『쿨하고 와일드한 백일몽』, 문학동네, 2012.

『職業としての小說家』, 新潮文庫, 2016. (『직업으로서의 소설가』, 양윤옥 옮김, 현대문학, 2021.)

『猫を棄てる―父親について語るとき』, 文藝春秋, 2020. (『고양이를 버리다』, 김난주 옮김, 비채, 2020.)

웹진, 〈무라카미 하루키 라디오〉, 2021년 8월 29일.

2. 그 외

F. 스콧 피츠제럴드, 『위대한 개츠비』, 김영하 옮김, 문학동네, 2009.
Kafka, Franz. Gesammelte Werke. Anaconda. 2012.
모리스 블랑쇼, 『문학의 공간』, 이달승 옮김, 그린비, 2010.
모리스 블랑쇼, 『카프카에서 카프카로』, 이달승 옮김, 그린비, 2013.
富岡幸一朗, 「『風の歌を聽け』-〈象〉を語る言葉」, 『ユリイカ』, 2000년 3월 임시호.
阿佐川嗣人, 「米アカデミー賞「作品賞」にノミネート！「ドライブ マイカー」に秘められた暗號を解讀する」, 『現代ビジネス』, 2022.2.15.
양석일, 『어둠의 아이들』, 김응교 옮김, 문학동네, 2010.
이기병, 『연결된 고통』, 아몬드, 2023.
川端康成, 『雪國』, 角川文庫, 2013.
칼 구스타프 융, 『인격과 전이』, 한국융연구원 옮김, 솔, 2007.

펠릭스 가타리, 질 들뢰즈, 『천 개의 고원』, 김재인 옮김, 새물결, 2001.

프란츠 카프카, 『소송』, 권혁준 옮김, 문학동네, 2010.

프란츠 카프카, 『아버지에게 드리는 편지』, 이재황 김, 문학과지성사, 1999.

프리드리히 니체, 『차라투스트라는 이렇게 말했다』, 정동호 옮김, 책세상, 2010.

호메로스, 『오뒷세이아』, 천병희 옮김, 숲, 2015.

찾아보기

가와바타 야스나리 82, 350, 352, 353
고다마 요시오 167, 185-190
구운몽 206, 433
김만중 433
나쓰메 소세키 38, 82, 209
노몬한 전투 38-40, 42, 46, 51
다나카 가쿠에이 148, 189
도스토옙스키 81, 103, 128-129, 197, 216, 310
들뢰즈 61, 153, 172
레이먼드 챈들러 81, 197
레이먼드 카버 81
리좀 153, 172
리하르트 바그너 261-263
메이지 시대 192
모리스 블랑쇼 100-101, 388
미시마 유키오 15, 82, 156-160, 186
밥 딜런 95, 98, 209, 225, 235-240, 243, 248
베트남 전쟁 94-96, 102, 177, 328, 370
비틀스 95, 300-304, 336, 363, 366, 368, 371
사후주체(死後主體) 174, 194
양 15-16, 19, 21, 24, 84, 85, 115, 157, 161, 163, 166, 168-170, 172-173, 176, 178-186, 189-191, 193-199, 383-386,

396

양석일 19-20, 434-435

에피파니(epiphany) 242, 444

오뒷세이아 8, 10, 12

오디세우스 8, 9, 12-14, 205-206

오에 겐자브로 19-20, 249

위대한 개츠비 310-312, 314, 318-322, 324-325, 342

이사도라 덩컨 394

임종국 61-62

장자 248, 253, 255-256

전공투(全共鬪) 329-331, 340, 382, 386, 414, 422

제롬 데이비드 셀린저 272

쥐 73, 75, 79, 83-89, 91, 94, 98, 103, 110, 112-113, 115, 117-118, 122, 130-133, 148, 153, 161, 174-176, 180, 191, 193-197, 199-200, 213-214, 376

차라투스트라는 이렇게 말했다 99-100, 337-338, 389-390, 392-393

카를 융 86, 209, 227-229, 231, 343

코끼리 73-78, 88-89, 144, 223, 256, 264,-269

토도로프 255

토마스 만 346-348, 350, 353

톰 존스 357

판타지 15, 37, 126, 139, 157, 163-165, 170, 173, 177, 196, 205-207, 248, 253-256, 290-294, 302, 346, 352, 365, 413-414, 432-433, 443

프란츠 카프카 10-11, 53-62, 75, 82, 103, 112-113, 119, 194, 199, 209, 216-219, 257,

290, 389, 401-402, 409, 445

프랜시스 스콧 피츠제럴드 21, 79-81, 312, 314

프리드리히 니체 99-100, 102, 129, 209, 243, 246, 261, 285, 286, 331, 336-339, 389, 392, 394-395, 441

한강 20, 444

헤테로토피아 344-346, 348-350, 352, 355, 357

호메로스 8, 10, 205

히치콕 292

히틀러 82, 261, 262, 278, 282-284, 286-287

무라카미 하루키
지금 어디에 있니
역사적 트라우마에 저항하는 단독자

1판 1쇄 인쇄 2025년 6월 24일
1판 1쇄 발행 2025년 7월 4일

지은이 김응교
펴낸이 김현정
펴낸곳 책읽는고양이 / 도서출판리수

기획 김현주
교정교열 이교혜

등록 제4-389호(2000년 1월 13일)
주소 서울시 성동구 행당로 76 110호
전화 2299-3703
팩스 2282-3152
홈페이지 www.risu.co.kr
이메일 risubook@hanmail.net

ⓒ 2025, 김응교
ISBN 979-11-92753-39-3 93810

※ 책값은 뒤표지에 있습니다.